Alles nur Theater

Katerina Jacob

Alles nur Theater

Mein abgefahrenes Leben auf Tournee

Katerina Jacob

mvgverlag

Bibliografische Information der Deutschen Nationalbibliothek
Die Deutsche Nationalbibliothek verzeichnet diese Publikation in der Deutschen Nationalbibliografie. Detaillierte bibliografische Daten sind im Internet über http://dnb.d-nb.de abrufbar.

Für Fragen und Anregungen
info@mvg-verlag.de

2. Auflage 2020

Nymphenburger Straße 86
D-80636 München
Tel.: 089 651285-0
Fax: 089 652096

Redaktion: Antje Steinhäuser
Umschlaggestaltung: Melanie Melzer
Coverfoto der Autorin: © Jan Greune, www.greune.com
Satz: Carsten Klein, München
Druck: CPI books GmbH, Leck
Printed in Germany

ISBN Print 978-3-7474-0260-3
ISBN E-Book (PDF) 978-3-86415-954-1
ISBN E-Book (EPUB, Mobi) 978-3-86415-955-8

Für meine Mutter Ellen Schwiers,
die mir alles beigebracht hat,
um in diesem Beruf zu überleben.
Danke, dass ich deine Tochter bin.

In Gedenken:

Irmgard Kelpinski, genannt Kelpi, ich sehe dich noch im Büro sitzen umgeben von Zigarettenrauch, unermüdlich Verträge und Tourneelisten tippen. Du hast gefehlt!

Heidrun Schmelzer, eine der besten Bühnenbildnerinnen. Dein Tod hat eine schmerzliche Lücke hinterlassen.

Inhalt

Es ist ein eigenes Volk, das Theatervolk, ebenso verschieden von anderen wie Beduinen von Deutschen. Vom ersten Statisten bis zum ersten Liebhaber setzt jeder Einzelne sich in der Regel in die eine Waagschale und legt die ganze übrige Welt in die andere.

Hans Christian Andersen, dänischer
Märchendichter (1805–1875)

Vorwort

34 Jahre meines Lebens habe ich auf deutschen, österreichischen und schweizerischen Straßen verbracht. Kreuz und quer! Mal in Bussen, ansonsten im PKW. Von Harrislee bis Waldkraiburg, über Quakenbrück, Lennestadt bis hin nach Vöcklabruck, Bern und Bozen. Ein Tourneefahrer kennt jede kleine Stadt, jedes chinesische oder italienische Restaurant, jedes Bürgerhaus, jede Aula, all die unbespielbaren Stadthallen, selten kommt man in wirkliche Theater. Man muss leidensfähig sein, möglichst keine Beziehung, geschweige denn eine Familie haben, über eine stahlharte Gesundheit verfügen und bereit sein, sich über Monate von Tütenfutter zu ernähren. Tourneefahren bedeutet: jeden Tag in einer anderen Stadt aufzuwachen, jeden Tag bis zu 500 Kilometer zu fahren, jeden Tag in dieselben stinkenden Klamotten zu schlüpfen, jeden Tag eine andere Bühne zu meistern und jeden Tag zu versuchen, seine Kollegen bis zum Schluss lieb zu haben. Wem dies alles gelingt, der darf sich zu Recht Schauspieler nennen! Ach ja ... ich hab die schlechte Bezahlung vergessen. Früher haben sich Kollegen nicht selten für 50 Mark am Abend abgemüht, Hotels mussten selbst bezahlt werden. Der Kampf um die billigsten Zimmer war Usus und wurde oft mit unfairen Mitteln geführt. Nicht selten hatte man über 100 Vorstellungen am Stück! Wenn man am Ende einer Tournee auf den Tacho starrte, hatte man öfters einmal die Welt umrundet, sprich über 40 000 Kilometer auf den Straßen Deutsch sprechender Länder verbracht. Wen wundert's, dass es passieren konnte, wenn man völlig zerschlagen von einer Mammuttournee nach Hause kam, dass einen die Kinder siezten, der Mann schon längst Ersatz gefunden hatte oder, im schlimmsten Fall, die Familie beschlossen hatte, der Mama was ganz besonders Gutes zu tun, indem man in ihrer Abwesenheit einen schönen Urlaub im HOTEL für die gesamte Familie gebucht hatte. Das war dann die Höchststrafe!

Mit 22 Jahren bin ich meine erste Tournee gefahren und mit 56 meine vorerst letzte. 34 Jahre habe ich auf Deutschlands Straßen verbracht, ich habe die kulturelle Entwicklung meiner Heimat mit Bedauern beobachtet. Das Tourneegeschäft ist vom Aussterben bedroht, meine Mutter Ellen Schwiers und ich sind die letzten Neuberinnen gewesen, die selbst auf der Bühne gestanden haben. Unser »Ensemble« hat 2014 seine Pforten geschlossen, nach über 30 Jahren.

Wir waren immer bemüht, bestes Theater[1] zu liefern, doch das kostet. Viele Städte haben ihre Kulturbetriebe auf über 50 Prozent zurückschrauben müssen, die Benzinkosten sind, genauso wie die Hotelkosten, explodiert und für gute Schauspieler muss man bereit sein zu zahlen. Früher verkauften wir locker über 100 Vorstellungen, nun ist man froh, wenn man die 40 erreicht. Dies Buch ist all denen gewidmet, die sich nach wie vor über deutsche Straßen quälen, all den unermüdlichen Kulturdezernenten, die versuchen, nach wie vor ihre Theaterstätten mit anspruchsvoller Unterhaltung zu füllen. Danke an alle Hotels, die uns aufgenommen und gesponsert haben und damit einen kulturellen Beitrag geleistet haben. Mein ganz spezieller Dank geht an das Publikum, ohne euch sind wir überflüssig.

1 Im Anschluss an die Schilderungen der einzelnen auf Tournee dargebotenen Stücke finden Sie in dem Kapitel »Theaterfachausdrücke« Erläuterungen zu wichtigen Begriffen aus der Theatersprache.

Ich liebe es, Theater zu spielen.
Es ist so viel realistischer als das Leben.

Oskar Wilde, irischer Lyriker, Dramatiker
und Bühnenautor (1854–1900)

Vorbereitungen

Der gemeine Tourneeschauspieler ist, im Gegensatz zu seinen Kollegen, die an festen Häusern spielen und jeden Abend nach der Vorstellung an den heimischen Herd eilen können, gezwungen, fast jede Nacht sein müdes Haupt in einem anderen Hotel zu betten. Dies bedeutet eine akribische Vorgehensweise beim Zusammensammeln der Dinge, die im Gepäck nicht fehlen dürfen. Wenn man mit dem Reisebus unterwegs ist, darf man bis zu drei Gepäckstücke einladen, im PKW nur einen größeren Koffer und Handgepäck. Ich persönlich bevorzuge die zweite Variante, da man unabhängiger und schneller unterwegs ist.

Was in meinem Koffer niemals fehlen darf, ist: ein Daunenkissen, nichts ist schlimmer als die mit Plastik vollgestopften, unbeweglichen Hotelkissen. Ein Picknickkorb, inklusive Besteck, Tellern und Gläser, für die Brotzeit nach der Vorstellung, da nach 22 Uhr, bis auf Chinesen, Italiener oder Griechen, alle Restaurants geschlossen haben. Ein Wasserkocher für die Tütensuppen, sehr zu empfehlen ist auch der Instant-Kartoffelbrei mit Röstzwiebeln und Brotcroûtons. Hausschuhe, immer noch gibt es in vielen Hotels die mit Fußpilz infizierte Auslegware, und so ein Pilz kann langwierig sein, glauben Sie mir! Tabletten gegen Migräne, Durchfall, Verstopfung, für den Kreislauf, jede Menge Halstabletten, Tropfen für die Stärkung des Immunsystems, Schmerzmittel, da meistens dann Zahnschmerzen auftauchen, wenn man es so gar nicht gebrauchen kann, und alles Erdenkliche gegen eine Erkältung, auch die Schauspielerpest genannt. Die meisten Tourneen sind von Oktober bis Dezember unterwegs und von Januar bis April, also in den wettertechnisch fiesen Monaten. Des Weiteren Bücher. Nach einer Vorstellung kann man meist nicht einschlafen, auf der einen Seite hat man Glück, da das gute Fernsehprogramm erst ab 22.30 Uhr einsetzt, auf der anderen Seite muss man morgens wieder fit sein und hat endlich Muße, die Romane zu lesen, für die man sonst keine Zeit hat. Ganz wichtig, Rei in der Tube für die kleine Wäsche zwischendurch, aber achten Sie darauf, dass erstens die Heizung geht und zweitens Sie einen Heizkörper haben, auf dem Sie Ihre Unterhosen trocknen können. Manchmal habe ich sogar eine Nespresso-Maschine dabei. Bilder der daheim gebliebenen Familie, damit man sie nach vier Monaten auch noch erkennt. Decken fürs Auto und natürlich darf mein Kuscheltier Piwi nicht fehlen. Seit dem Jahr 2000 begleitet mich ein Stofftier in Form eines deformierten Schweinchens auf meinen Reisen.

Andere Kollegen schleifen Radiatoren mit, 60-Watt-Glühbirnen, Hanteln, Alkoholika diversester Natur, Schlafsäcke, Massagegeräte, um nur einiges an bizarren Reiseutensilien zu nennen. Mein Onkel Holger Schwiers schwört auf seinen eigenen Duschkopf, da diese in den meisten Hotels völlig verkalkt sind. Man sollte seinen Koffer auch nur halb voll packen, da im Laufe einer Tournee eine Menge an Frustkäufen dazukommt. Auch empfiehlt es sich, eine kleinere Tasche dabeizuhaben, da man das ewige Kofferschleppen, besonders nach dem vierten Hotel ohne Lift, irgendwann satt hat und man seine wichtigsten Sachen umpacken kann. Meist ist weniger mehr.

Ich bin nur zwei Tourneen im Bus gefahren und fand es grauenhaft. Immer kommt einer zu spät und der Busfahrer muss alle vier Stunden Pause machen. Im PKW muss ich zwar selber fahren, aber ich kann mir meine Besatzung und die Abfahrtszeit selbst aussuchen, ganz davon abgesehen, dass man schöne Ausflüge machen kann und sehr viel schneller als der Bus unterwegs ist. Pro Auto drei Personen, das ist angenehm, vor allem seitdem es Navigationssysteme gibt und man nicht mehr von dem Kartenleser auf dem Beifahrersitz abhängig ist. Die einzelnen Teams bestücken ihre Autos immer individuell. Was bei mir nicht fehlen darf, sind Eiskratzer, Handbesen, trotz Navi-Straßenkarten (mindestens zwei), Gummibärchen, Schokolade, Decken und Kissen. Der Tourneeplan in mehreren Ausführungen und immer, immer müssen die Handys an sein, da man oft die andere Truppe erreichen muss, um vor Blitzern oder Staus warnen zu können.

Hat man sich schließlich tränenreich von seiner Familie und Freunden verabschiedet, kann es losgehen!

Das tragische Theater hat einen großen moralischen Nachteil: Es überschätzt die Bedeutung von Leben und Tod.

Nicolas-Sebastien de Chamfort (1741–1794), französischer Schriftsteller

Der Richter von Zalamea

Pedro Calderón de la Barca (1600–1681)

Ich werde aus gegebenem Anlass versuchen, eine Inhaltsangabe zu basteln, die man halbwegs verstehen kann. Die Betonung liegt auf halbwegs! Also: Das Ganze spielt im Jahr 1580. König Philipp II. von Spanien begibt sich auf den Weg ins besiegte Portugal und schleift seine Soldaten mit. Der reiche Bauer Crespo lädt den Hauptmann Don Alvaro mit seinen Männern ein, bei ihm Zwischenstation auf seinen Weg nach Portugal einzulegen. Schön blöd! Irgendwie traut er den Soldaten nicht, denn sicherheitshalber versteckt er seine schöne Tochter Isabell. Das macht natürlich den Hauptmann ganz kirre, der so ein richtiger Macho-Arsch ist und durch einen fingierten Kampf mit einem seiner Männer in die Gemächer Isabells eindringt und nun völlig hin und weg ist, denn die Kleine ist ein echter Appetithappen. Ab jetzt wird es richtig kompliziert. Der General kommt zurück, erkennt, dass seinem Hauptmann das Gehirn in die Hose gerutscht ist, und beschließt, ihn am nächsten Morgen aus Sicherheitsgründen weiterzuschicken. Nun wird er aber in der Nacht abgerufen, ich meine den General, tja, und kaum ist die Katze aus dem Haus ... Der Hauptmann ergreift die Gunst der Stunde, kidnappt Isabell und vergewaltigt sie. Ab jetzt spielt alles im Wald ... super für Tournee! Den Papa, Bauer Crespo, schlagen sie nieder und schleppen ihn ins Unterholz und fesseln ihn an einen Baum. Nachdem der Hauptmann mit Isabell fertig ist, setzt er die Geschundene auch in der Botanik aus (ab jetzt ist die Hälfte der Zuschauer eingeschlafen). Dann gibt es noch einen jähzornigen Bruder, der den Hauptmann zum Zweikampf fordert und ihn verletzt. Isabell hat ihren Papa unterdessen im Wald gefunden (wow) und befreit ihn, während sie ihm vorjammert, entjungfert worden zu sein. Papa ist zu Recht sauer, (Spanier haben ja bekanntermaßen einen eher zurückhaltenden Humor) und bevor er wutschnaubend ins Dorf eilen kann, kommt die gute Botschaft, dass er von den Dorfbewohnern zum Richter ernannt worden ist (wie Isabell ihn im Wald gefunden hat, wird für immer ein Rätsel bleiben, oder er war an einer Hauptverkehrsader an einen Baum gefesselt). Da er nun Richter ist, bittet er den Hauptmann, Isabell zu ehelichen. Die muss aber ziemlich langweilig gewesen sein, da der Hauptmann sich vehement weigert. Nun ist der Papa wirklich stocksauer und lässt den Hauptmann hinrichten. Darf er eigentlich nicht, weil der Tote doch ein Soldat und von edler Geburt ist. (Inzwischen sind gute 90 Prozent der Zuschauer eingenickt, der Rest sitzt verbissen sein Geld ab.) Dann taucht plötzlich König Philipp auf, gibt nach endlosem Gelaber dem Richter Recht und ernennt ihn zum Richter auf Lebenszeit und alles ist gut. Der Sinn des Ganzen? Bürgerlicher niederer Geburt, aber sehr weise, richtet über Adeligen von hoher Geburt und bekommt Recht. GÄHN!

Dieses aufwühlende Stück sollte das erste sein, mit dem ich touren würde. Das Unternehmen hieß »Die Szene« unter der Führung des Ehepaares Kugelgruber. Der Regisseur hieß Oswald Döpke, mit dem ich zuvor schon einige TV-Spiele verwirklicht hatte. Meist Literaturverfilmungen wie *Nathan der Weise* oder *Woyzeck*. Wir kannten und mochten uns. Der schwergewichtige Hans Wyprächtiger würde den Bauern Crespo geben, ich seine Tochter Isabell und Bernhard Letizky den Hauptmann, um nur die drei Hauptrollen zu nennen. Das Bühnenbild war, gelinde gesagt, kontraproduktiv: doppelstöckig (völlig irre auf Tournee wegen des ständigen Auf- und Abbaus), bestehend aus schwarzen Balken, die mit hellen Leinentüchern abgehängt waren. Da das Stück zur Hälfte im Wald spielt und das Bühnenbild aber nicht veränderbar war, setzte Oswald wohl auf die große Fantasie der Zuschauer. Die Klamotten waren schwer und unbequem. Einige der Szenen fanden im ersten Stock des Bühnenbildes statt, so auch das erste Kennenlernen von dem Hauptmann und Isabell sowie der Zweikampf des Bruders mit Alvaro. Wir hatten kaum Platz und die Kostüme trugen einiges zu unserer Bewegungsunfähigkeit bei.

Wir waren elf Personen inklusive des Busfahrers, der auch für die Requisite verantwortlich war und eine stumme Rolle spielte. 95 verkaufte Vorstellungen standen uns bevor.

Für mich war es das dritte Mal, dass ich auf den Brettern, die die Welt bedeuten, stehen würde. Mit 19 hatte ich das Gretchen im *Faust* auf der riesigen Freilichtbühne von Bad Hersfeld gegeben und kurze Zeit später spielte ich in dem Zweipersonenstück *Zu dir oder zu mir* in dem winzigen Contra-Kreis-Theater in Bonn. Meine Mutter tourte schon seit Jahren mit der Münchner Schauspielbühne, und so wusste ich annähernd, was mich erwarten würde (grau, teurer Freund, ist alle Theorie).

Die Proben fanden in München statt. Oswald und ich waren ein eingespieltes Team, da wir schon oft miteinander gearbeitet hatten, alle anderen waren ihm fremd. Er war ein absoluter Hypochonder und stopfte sich immer mit Zeitungen aus, um sich vor den allgemeinen Anfeindungen des Lebens zu schützen, wodurch er sehr viel dicker wirkte, als er eigentlich war, ein hochintelligenter und wahnsinnig witziger Zeitgenosse. Allerdings konnte er auch schnell wütend werden, wenn etwas nicht so klappte, wie er es erwartete. Ich war holde 22, hatte schon den Bambi für den Film *Grete Minde* eingesackt und arbeitete am Fließband fürs Fernsehen. Ich freute mich auf die Tour. Jeden Tag in einer anderen Stadt und auf einer neuen Bühne. Spannend! Wenn Oswald etwas nicht passte, fing er immer an, MICH anzubrüllen. Irgendwann beschwerte ich mich weinend bei ihm ob der ungerechten Behandlung. Er hatte mich zum wiederholten Mal im Beisein der Kollegen während der Probe zur Schnecke gemacht.

»Aber Süße! Dich mein ich doch gar nicht! Ich meine Hans!«, erklärte er.

»Aber warum schreist du dann MICH an?«

»Du kannst es vertragen und verzeihst mir und vor lauter Schiss, dass es auch deine Kollegen treffen könnte, funktionieren sie.«

Was für eine bestechende Logik, auch Feigheit genannt. Aber die Rechnung ging auf. Nur dass ich jetzt auf sein Gebrüll überhaupt nicht mehr reagierte, was die Kollegen mit Bewunderung quittierten. Doch eines Tages, als er mal wieder wie ein Berserker fluchte und schimpfte, schrie er mich an: »Jetzt mein ich DICH!« Das reduzierte meine Lässigkeit dann allerdings um ein gutes Stück.

Die Premiere sollte in Ludwigshafen am Rhein, Rheinland-Pfalz, stattfinden. Ludwigshafen ist die größte Stadt der Pfalz. Die Stadt ist vor allem als Sitz des Chemiekonzerns BASF bekannt und ist Schauplatz der Krimireihe *Tatort*, mit den von mir sehr geschätzten Kollegen Ulrike Folkerts und Andreas Hoppe. Unterwegs waren wir in einem Bus, ich saß in Reihe 13, mein Zimmer im »Maritim Hotel« hatte die Nummer 113 und die Premiere fand am 13. Januar statt. Am Tag der Generalprobe (einen Tag vor der Premiere) traf sich die Truppe nach einer erfolgreich bestandenen Vorstellung noch an der Bar. Der Aberglaube sagt: War die Generalprobe gut, wird die Premiere schlecht, und andersherum. Oswald war in Höchstform und unterhielt uns mit seinen wunderbaren Geschichten. Es wurde viel getrunken und er begann heftig mit mir zu flirten. Nach so vielen überstandenen Produktionen nun plötzlich das? Ich mochte ihn wirklich sehr und verehrte ihn als Regisseur, aber als Mann war er mir denn doch ein wenig zu alt. Ich möchte jetzt nicht alles auf den Alkohol schieben, aber ein wenig half er schon, die Hemmschwelle zu überwinden. Wir landeten in meinem Zimmer, der Rest ist Schweigen. Die Premiere war überstanden und nun konnte es losgehen. Oswald fuhr zurück nach München und überließ die Truppe sich selbst.

Wir waren ein gutes Team, bis auf eine arme Kollegin, die uns mit ihrer Sparsamkeit und ihrem Geiz in den Wahnsinn trieb. Wenn wir abends in der Kneipe saßen und aßen, setzte sie sich vor ein kleines Bier und wartete begierig darauf, ob wir etwas von unserem Essen übrig lassen würden. Schoben wir die Teller mit den Resten beiseite, schnappte sie sich diese und verputzte alles. Ab und zu erbarmte man sich und lud sie zum Essen ein. Trotzdem ärgerten wir uns. Sie bekam die gleichen Diäten wie wir und wir ließen ihr schon bei den billigsten Zimmern den Vortritt. Also beschlossen wir, sie reinzulegen.

Inzwischen waren wir an die vier Wochen unterwegs und der nächste Ort sollte Freudenstadt, in Baden-Württemberg sein, ein hübsches Städtchen im Schwarzwald, das 1599 von Herzog Friedrich I. von Württemberg gegründet worden war und in dessen zahlreichen kleinen Bergwerken im Jahr 1603 immerhin 94 Kilogramm Silber gefördert wurden. Heute ist Freudenstadt ein heilklimatischer Kneippkurort. Uns erwarteten ein schönes Theater und ein altes Hotel mit riesigen Zimmern. Kurt Sternik, der einen der Soldaten spielte, rief einen Tag vorher in dem Freudenstädter Hotel an und bestellte für die Kollegin die Besenkammer als Schlafplatz. Das Hotelpersonal war bereit, den Spaß mitzumachen, und man räumte ein winziges Kämmerchen unterhalb der Treppe aus, in dem normalerweise Putzutensilien gelagert wurden, packte ein Feldbett hinein und zum Waschen einen mit Wasser gefüllten Eimer, als Toilette diente ein guter alter Nachttopf.

Wir waren sehr auf die Reaktion der Kollegin gespannt, vor allem, da sie sich immer zuerst unsere Zimmer anschaute, bevor sie ihr eigenes bezog. Am frühen Nachmittag erreichten wir Freudenstadt. Wie immer heftete sie sich an meine Fersen. Wir betraten mein palastähnliches Zimmer mit Sonnenblumentapete an den Wänden und riesigem Doppelbett, ansonsten eher spärlich möbliert (schön ist anders). Wie immer kam von ihr ein »Ah« und ein »Oh«, dann inspizierte sie noch das Badezimmer, schaute in jeden Schrank, bevor sie sich auf den Weg in ihre Unterkunft begab. Diesmal folgte ich ihr in Vorfreude auf ihr dummes Gesicht, wenn sie die Besenkammer vorgesetzt bekommen würde. Natürlich war vorsorglich ein anderes Zimmer für sie reserviert worden. Meist bekam sie das sogenannte Fahrerzimmer, das sehr viel billiger als die übrigen war, da dort normalerweise der Busfahrer schlief. In unserem Fall hatte Amor gleich zu Beginn der Tournee die Darstellerin der Ines (die Base von Isabell) und unseren Busfahrer zusammengeführt, die sich jetzt ein Doppelzimmer teilten, daher wurde das Fahrerzimmer von ihm nicht mehr benötigt.

So tappten wir also zusammen zur Rezeption, wo uns der Rest der Truppe in freudiger Erwartung empfing. Der Kollegin wurde ein großer Eisenschlüssel überreicht und eine sichtlich gepeinigte Hotelangestellte führte uns um die Ecke und blieb vor einer Tür unter der Treppe stehen. Mit einem Knirschen des Schlosses öffnete die Kollegin die Tür und blickte in das düstere Loch. Dann verschwand sie in der dunklen Kammer – um erst Minuten später wieder zu erscheinen. Wir machten uns innerlich auf einen Riesenkrach gefasst, aber mit ungerührter Miene wandte sie sich an die Hotelangestellte und fragte: »Was kostet dieses Zimmer?« Damit hatte nun wirklich keiner gerechnet, am allerwenigsten die Angestellte. »Da müsste ich die Chefin fragen ...« Sprach's und verschwand in Richtung Rezeption.

Wir starrten uns an, das durfte doch nicht wahr sein! Sie würde doch nicht etwa ernsthaft dieses Loch als Übernachtungsmöglichkeit in Betracht ziehen? Da tauchte das Mädchen von der Rezeption wieder auf und fast flüsternd kamen die Worte »Fünf Mark« aus ihrem Mund.

»Okay, ich nehm das Zimmer, aber könnten Sie mir bitte noch eine Lampe reinstellen, damit ich lesen kann.«

Jetzt war es an uns, dumme Gesichter zu machen.

»Das geht leider nicht, da drin gibt es keinen Stromanschluss.«

»Dann geben Sie mir eine Petroleumlampe.«

»Das ist aus feuerpolizeilichen Gründen nicht erlaubt.«

»Gut, dann nehme ich eine Taschenlampe.«

Verschüchtert schlich die Kleine von dannen. Nun mussten wir die böse Tat gestehen. Der Schuss war nach hinten losgegangen, aber die Kollegin starrte uns nur verständnislos an und meinte: »Aber ich denke gar nicht daran, in ein teureres Zimmer zu gehen, mir reicht das.«

Auch wenn sie uns mit ihrem Geiz wirklich unsagbar auf die Nerven ging, dieses Loch war menschenunwürdig, und so sicherten wir ihr zu, den Restbetrag für ein normales Zimmer zu übernehmen. Auf diesen Deal ließ sie sich freudig ein. An diesem Abend haben wir alle aufgegessen.

Die letzten fünf Tage im Bus war es mir nicht wirklich gut gegangen. Ständig kämpfte ich gegen eine Übelkeit an, ich war allergisch gegen gewisse Gerüche geworden und in der Auswahl der Speisen sehr wählerisch. Was heißt wählerisch? Eigentlich hatte ich nur Lust auf Remouladensauce, Sauce hollandaise oder

Mayonnaise. Ich stopfte mir Pommes frites, ertränkt in Mayo, rein oder kaufte mir ein Hühnchen, das ich dann mit Remouladensauce beschmierte. Ein dumpfer Verdacht beschlich mich. Nachmittags beschloss ich, in die nächste Apotheke zu gehen und mir einen Schwangerschaftstest zu besorgen. In dieser Nacht schlief ich sehr schlecht. Morgens folgte ich dem Prozedere der Gebrauchsanweisung und starrte, nachdem ich auf das Röhrchen gepinkelt hatte, gebannt auf die Streifen, ob sich beide verfärben würden. 20 Minuten später hatte ich die Gewissheit, ich war in anderen Umständen, ich war schwanger.

Die menschliche Psyche ist seltsam. Bisher hatte ich meine Übelkeit einer Magenverstimmung zugeordnet und mich zusammengerissen. Doch jetzt, mit der Gewissheit, ein Kind zu erwarten, ließ ich mich total gehen und kotzte mir die Seele aus dem Leib. Dann rief ich bei meinen Eltern an, um ihnen die frohe Botschaft mitzuteilen. Als Erster ging mein Bruder Daniel an den Apparat. »Stell dir vor, ich bin schwanger!« Seine Antwort: »Ich sag nix.« Aufgelegt! Gut, vielleicht hatte er mit seinen 17 Jahren den immens wichtigen Inhalt der Botschaft nicht verstanden. Zweiter Versuch. Nach längerem Klingeln (mein Bruder schien sich verkrochen zu haben) hörte ich die verschlafene Stimme von meinem Onkel Holger, der damals bei uns wohnte, am anderen Ende. »Holger, ich bin schwanger!« Seine Antwort: »Oh, also ich sag es deinen Eltern nicht.« Aufgelegt! Allmählich begann ich zu verzweifeln. Wollte sich denn niemand mit mir freuen? Das war doch die Nachricht des Jahrhunderts! Dritter Versuch. Nach sehr langem Klingeln (Holger hatte sich offensichtlich zu meinem Bruder gesellt) nahm meine Mutter ab. »Mam, ich bin schwanger!« Pause! ... Lange Pause! Ihre Antwort: »Ich sag es deinem Vater nicht! Aber wir werden eine Lösung finden.« Aufgelegt!

DAS war ALLES? Kein »Oh Kind, wir freuen uns so!«? Zugegeben, ich hatte keinen Vater dazu zu bieten, musste das Kind allein großziehen und war natürlich auf die Hilfe meiner Eltern angewiesen, wenn ich weiterhin den Beruf der Schauspielerin auszuüben gedachte, aber derart ignoriert zu werden, das war hart. Ich würde es meinem gestrengen Vater bestimmt nicht mitteilen und natürlich hatte ich gehofft, dass mir diese schwere Aufgabe von den anderen Familienmitgliedern abgenommen werden würde. Tja, Pech gehabt!

Nach einer weiteren Kotzrunde packte ich meinen Koffer und ging an die Rezeption, um meine Rechnung zu bezahlen. Die freudige Nachricht meiner Schwangerschaft würde ich erst im Bus verkünden. Erst ließ ich alle anderen einsteigen, um dann zum wiederholten Mal an diesem Tag den Satz von mir zu geben: »Ich bin schwanger!« Diesmal gab es Reaktionen von »erfreut« bis »besorgt«. Letzteres war vor allem unser Tourneeleiter, ein kleines, hageres Männchen, der den General spielte und den ich von allen am wenigsten mochte. Ein sogenannter Korinthenkacker. So auch diesmal. Man könne auf einer Tournee keine Rücksicht nehmen. Was wäre mit den Kostümen im Falle von Gewichtszunahme? Meine Freude schwand dahin. Ich glaube, es gibt im Leben nichts Schlimmeres als enttäuschte Erwartungen. Ich fühlte mich doch so wichtig und man nahm meinen Zustand einfach nur wie nebenbei zur Kenntnis und nun bekam ich auch noch Vorbehalte um die Ohren gehauen. Ich verzog mich auf meinen Platz Nummer 13 und schmollte vor mich hin. Gekommen war ich allein, und mit dem Wissen, zu zweit zu sein, verließ ich das Städtchen Freudenstadt, das seinen Namen in diesem Fall alle Ehre gemacht hat.

Der nächste Ort würde Kamen sein, in Westfalen, ich hatte also genug Zeit, über mein weiteres Leben nachzudenken und Pläne zu schmieden. Als wir am späten Nachmittag im Hotel eincheckten, erwartete mich bereits eine Nachricht von meinem Vater, der um Rückruf bat. Mir ging der Sogenannte auf Grundeis! Mit zitternden Fingern wählte ich die heimische Nummer. Mein Vater hatte offensichtlich neben dem Telefon gesessen, denn er war sofort dran. »Da deine Mutter mich heute den ganzen Tag durch jedes Babygeschäft in Starnberg geschleift hat und ich nicht davon ausgehe, dass sie diejenige ist, die schwanger ist, und sich nur noch ein weibliches Wesen in dieser Familie befindet, bei dem eine Schwangerschaft möglich sein könnte, komme ich jetzt zu meiner Frage: Bist DU schwanger?«

»Äh, hat Mam dir nichts erzählt?«

»Nein.«

»Ja, ich bin schwanger.« Endlich waren die Worte raus!

»Willst du das Kind behalten? Wenn ja, richten wir ein Kinderzimmer bei uns ein und besorgen ein Kindermädchen, damit du weiterhin arbeiten kannst.«

»Ich will das Kind behalten.«

»Gut, dann freuen wir uns sehr. Pass auf dich auf. Wir organisieren alles.«

Alle Angst und Sorge, wie mein Vater reagieren würde, waren umsonst gewesen, und ich dankte innerlich meiner Mutter für diesen klugen Schachzug. Dann heulte ich vor Erleichterung, da ich nun sicher sein konnte, die gesamte Familie im Rücken zu haben. Auf einer Tournee schwanger zu sein, ist nicht gerade das Gelbe vom Ei. Jeden Morgen kotzte ich mir die Seele aus dem Leib, einige Aktionen auf der Bühne mussten umgestellt werden, da der Hauptmann, wenn er mich entführte, mich in meinem Zustand nicht mehr über die Schulter werfen durfte. Und leider hatte der Tourneeleiter, was die Kleiderfrage betrifft, recht gehabt. In dem Moment, da ich um meine Schwangerschaft wusste, begann sich mein Bauch auch schon zu wölben. Anfang des dritten Monats schaute ich aus wie am Ende des sechsten. Alle zwei Wochen wurden neue Kleider aus München geschickt, die meinen »Zustand« aber irgendwann nicht mehr kaschieren konnten. So stand ich als frisch entjungferte Isabell an einen Baum (es war eine Latte) gefesselt, mit dickem Ranzen, jammernd ob der gerade stattgefundenen Schändung, als aus der ersten Reihe eines Tages ein Mann laut und deutlich sagte: »Mann, der hat ja schnell gearbeitet!« Da ich gefesselt war, konnte ich mich nicht nach hinten drehen, um zu lachen, und zu allem Überfluss sah ich die feixenden Kollegen in der Nullgasse stehen. Es war fürchterlich. Noch fürchterlicher war allerdings (einer der peinlichsten Momente meiner Laufbahn), als ich dem Kollegen Letizky ausgerechnet bei dem Satz »Nicht allein ragt eure Schönheit, sondern auch der Geist hervor« vor die Füße kotzte, da er kurz vor der Vorstellung ein Bier getrunken hatte und ich den Geruch nicht vertrug. Dies passierte Gott sei Dank im ersten Stock des Bühnenbildes und so lag die Lache nicht auf der Bühne.

Ansonsten wurde ich schön und vollbusig. Wir hatten viel Spaß, trafen uns nach der Vorstellung auf den Zimmern, um dort zu picknicken und Karten zu spielen. Dann ging es Richtung

Schweiz, nach Winterthur. Winti, wie die Stadt im Volksmund genannt wird, ist die sechstgrößte Stadt in der Schweiz. Winterthur hat Zeiten als bedeutende Industriestadt erlebt. Heute ist es ein Zentrum für Bildung, Kultur und Freizeit und hat 16 Museen zu bieten. Es besitzt ein wirklich schönes Theater. Einziger Knackpunkt ... Treppen! Von den Garderoben bis zur Bühne kam man sich vor wie eine Bergziege.

Das war so gar nichts für Hans Wyprächtiger (Spitzname Wypi), der mit seinen fast zwei Metern Körperlänge und guten 140 Kilos zu kämpfen hatte. Also beschloss er, etwas zu tun, was in solchen Situationen nur unter die Todesstrafe zu stellen ist. Er nahm während der Vorstellung den Lift. Und natürlich kam es, wie es kommen musste, er blieb stecken. Da er uns von seinem Vorhaben aus gutem Grund nichts erzählt hatte, hatten wir keine Ahnung, wo er abgeblieben war. Die Kollegen hinter der Bühne schwärmten aus, um ihn zu suchen, und wir armen Schweine auf der Bühne bemühten uns, durch erfundene Texte die Zeit zu strecken. Versuchen Sie mal, im Versmaß drauflos zu dichten, keine einfache Aufgabe. Irgendwann gaben wir auf. Inzwischen hatte Wypi den Alarm ausgelöst und eine Armada von Technikern war dabei, den Lift wieder zum Laufen zu bringen. Unser Tourneeleiter war vor den Vorhang getreten, um das Publikum zu beruhigen. Das war wahrscheinlich das Highlight der Vorstellung. Die Schweizer blieben gelassen, und nachdem Wypi 20 Minuten später befreit worden war, bekam er donnernden Auftrittsapplaus. Uns musste er allerdings nach der Vorstellung eine Runde ausgeben.

Weiter ging es in das schöne Bundesstädtchen Bern im Schweizer Mittelland. Die Altstadt wurde 1983 in die Liste des UNESCO-Welterbes aufgenommen. Der Maler Paul Klee war eng verbunden mit der Stadt, und 2005 wurde das von Renzo Piano entworfene Zentrum Paul Klee eröffnet, das mit rund 4000 Werken eine der größten einem einzelnen Künstler gewidmeten Sammlungen aufweist. Auch dort erwartete uns ein schönes Theater und die Stimmung in der Truppe war gelöst.

Wir lugten wie immer vor der Vorstellung durch den Vorhang, um unser Publikum einschätzen zu können. Jawohl meine Herrschaften, auch wir beurteilen Sie! Normalerweise befinden sich in den Theatervorhängen Sehschlitze und es gibt immer einen

Kampf unter den Schauspielern, wer durchsehen darf. So präsentiert sich das Publikum noch bei Licht und man kann besser einschätzen, was auf einen zukommt. Wie ist der Altersdurchschnitt, sind mehr Frauen als Männer da, wo sitzen die verhassten Jugendlichen oder ist es gar eine Schülervorstellung (der Supergau)? Während einer Vorstellung kann ich bis zur sechsten Reihe die Leute erkennen, ab der siebenten Reihe befinden Sie sich in Sicherheit. Nun besagt eine alte Theaterregel: Wenn weniger Zuschauer im Theater sitzen, als Schauspieler auf der Bühne stehen, müssen wir nicht spielen. Wir äugten also kurz vor acht durch den Vorhang und stellten mit Entsetzen fest, dass nur fünf einsame Menschen im Zuschauerraum saßen, wir aber elf Personen auf der Bühne waren. Wir beschlossen, bis fünf nach acht zu warten, und beteten, dass sich die Anzahl nicht erhöhen möge, denn ein freier Abend war nicht zu verachten. Um exakt fünf nach acht war die Menge auf zehn angewachsen. Ha! Wir waren immer noch in der Überzahl! Wypi ging vor den Vorhang, hielt eine kleine Ansprache in dem Sinn »Pech gehabt, ihr seid zu wenige«, hinterließ ein verblüfftes Publikum und dann – nix wie raus! Wir zogen uns in Windeseile um, auch wenn unser Tourneeleiter Zeter und Mordio schrie, aber Gesetz ist nun mal Gesetz, und verließen gut gelaunt und in Vorfreude auf ein gutes Mahl die Stätte unseres Wirkens. Unserem Requisiteur, der noch abbauen musste und uns danach treffen wollte, hatten wir die Adresse des Restaurants mitgeteilt. Kaum hatten wir Platz genommen, sahen wir unseren Requisiteur um die Ecke schießen. Mit hochrotem Kopf stürzte er an unseren Tisch. »Seid ihr wahnsinnig geworden? Hat denn keiner von euch den Tourneeplan angeschaut?« In der Tat, niemand. »Die Vorstellung beginnt nicht um 20 Uhr, sondern erst um 20.30 Uhr!« Gott sei Dank war die ganze Truppe versammelt und so stürzten wir aus dem Lokal und rasten zum Theater zurück. Noch nie habe ich mich so schnell umgezogen, an Maske war allerdings nicht mehr zu denken. Um 20.35 Uhr konnte sich der Vorhang heben und eine etwas derangierte und atemlose Truppe begann zu spielen. In der Schweiz gehen die Uhren eben etwas anders. Gefuchst hat mich nur, dass wir mal wieder nicht in den Genuss eines Abendessens zu einer normalen Uhrzeit gekommen sind und dass der Tourneeleiter mal wieder recht gehabt hatte. Gefreut hat mich, dass er genauso wenig auf den Plan geschaut hatte wie wir und er uns deswegen nicht an den Karren fahren konnte.

Wenn es Menschen gibt, die Hotels beurteilen können, so ist es der Tourneefahrer. Von 365 Tagen im Jahr verweilt der von Stadt zu Stadt springende Schauspieler mindestens 120 Tage davon in den verschiedensten Unterkünften. Wir kamen nach Lünen, Nordrhein-Westfalen. Lünen gehörte als sogenannte Beistadt der mittelalterlichen Hanse an; heute ist es Mitglied im Hansebund der Neuzeit. Schicksalsjahre waren 1512, als durch einen Großbrand beinahe sämtliche Gebäude der Stadt zerstört wurden, und 1526, als eine schwere Pestepidemie wütete. Zudem das Jahr 1634, als Lünen während des Dreißigjährigen Krieges fünf verschiedene Besatzungen erleiden musste. Der Dichter Heinrich von Kleist bewarb sich 1808 um die frei gewordene Stelle des Postdirektors – kurios aus heutiger Sicht.

Unser »Hotel« befand sich etwas außerhalb der Stadt. Der Bus hielt vor einem ganz normalen, einsam gelegenen zweistöckigen Wohnhaus an, direkt neben einer Schnellstraße. Außer einem großen Parkplatz hinter dem Haus gab es nichts. Keine Nachbarn, geschweige denn Geschäfte oder Restaurants, nur Felder und Wiesen. Wenn man ein Auto zur Verfügung hat, ist es ein Leichtes, der Isolation zu entfliehen, aber wenn man im Bus unterwegs ist, ist es ein Ding der Unmöglichkeit. Zwölf Kilometer trennten uns von der Stadt. Also zu weit, um zu Fuß zu gehen. Missmutig nahmen wir unser Gepäck entgegen und machten uns auf die Suche nach der Rezeption. Da der Bus hinter dem Haus geparkt hatte, betraten wir das Gebäude durch den Hintereingang. Bis auf eine Art Bar, die neben der Treppe aufgestellt war, gab es nichts.

Auf das Rufen von Wypi öffnete sich endlich hinter der Bar eine Tür und ein freundlicher junger Mann erschien. »Ah, die Schauspieltruppe! Herzlich willkommen, sie sind unsere ersten Gäste, wir haben gestern das Hotel eröffnet. Es sind noch nicht alle Zimmer renoviert, aber ich hoffe, das macht Ihnen nichts aus.« Oh nein, ganz im Gegenteil! Sofort stürzte nämlich unsere Marketenderin nach vorne. »Ich nehme ein nicht renoviertes, wenn es billiger ist.«

»Die nicht renovierten sind aber für die drei Hauptdarsteller reserviert, tut mir leid, da sie unsere größten Zimmer sind. Kosten auch nicht weniger als die frisch renovierten.«

Das klang bedenklich! Ich hasse große Zimmer, ganz schlimm wird es bei Suiten, wenn das Schlafzimmer keinen Fernseher hat und man nur im sogenannten Wohnzimmer schauen kann.

»Herr Wyprächtiger hat die Nr. 12, Herr Letizky die Nr. 11 und Frau Jacob die Nr. 10.« (Wenigstens gab es keine Nr. 13.) »Sie sind im ersten Stock, alle anderen im Erdgeschoss.« Wir bekamen unsere Schlüssel in die Hand gedrückt und schleppten uns die Treppe nach oben. Es roch nach frischer Farbe, und da keine Bilder an den Wänden hingen, wirkte alles etwas steril. Der blaue Teppichboden im Gang war neu. Außer den drei Zimmern, die von der linken Seite des Ganges abgingen, gab es keine weiteren. Wypi, der das letzte Zimmer auf dem Gang hatte, war der Erste, der seine Tür öffnete. Bernhard und ich hörten nur einen unterdrückten Schluchzer – gefolgt von lautem Lachen. Dann öffnete Bernhard seine Tür, um sie nach einem kurzen Blick ins Innere umgehend wieder zu schließen. Das Grauen musste groß sein! Jetzt war ich an der Reihe. Beherzt stieß ich die Tür auf und traute meinen Augen nicht. Das durfte nicht wahr sein! Ich starrte auf ein riesiges knallrotes Plüschbett in Herzform, an dessen Kopfende sich diverse Schalter befanden. Über dem Monstrum hing ein Spiegel und nicht nur da. Das ganze Zimmer war mit Spiegeln tapeziert! Umrandet war das Bett von einem mattgelben Flokatiteppich, grauenhaft!

Bernhard hatte sich von seinem Schock erholt, und erneut öffnete er zaghaft seine Zimmertür, ich lugte ihm neugierig über die Schulter. Da hatte ich es ja noch gut getroffen. Er hatte offensichtlich die Folterkammer zugewiesen bekommen. Eine düstere Höhle, dunkelrot gestrichen, mit einem braunen Lederbett, an dessen Kopfende Ringe in die Wand geschraubt waren, an denen Handschellen hingen. Auch hier wieder überall Spiegel, der Teppich war schwarz und am Fußende des Bettes stand ein großer thronähnlicher schwarzer Ledersessel. Jetzt mussten wir unbedingt Wypis Zimmer sehen.

War Bernhards Zimmer düster gewesen, so war Wypis Zimmer der Vorhof zur Hölle. Schwarze Lackfarbe an den Wänden (keine

Spiegel), ein schwarzes Eisenbett, roter Teppichboden, schwarze Seidenbettwäsche, aber das Gruseligste waren zwei Kleiderpuppen, die, in schwarzes Leder gehüllt, wie Wächter rechts und links neben dem Bett standen. Wir hatten ja schon viel gesehen, aber das war das Skurrilste bisher.

»Gefallen Ihnen die Zimmer?« Der junge Mann war unbemerkt hinter uns aufgetaucht.

»Sagen wir mal ... ungewöhnlich«, antwortete Wypi.

»Ich wollte Ihnen eine Überraschung bereiten.«

»Das ist Ihnen gelungen, kann ich bitte ein anderes Zimmer haben?«, meldete sich Bernhard zu Wort.

»Tut mir leid, wir sind ausgebucht«, kam die Antwort.

»Lassen Sie mich raten, war dies hier mal ein sogenanntes Etablissement, sprich Puff?«, fragte Wypi.

»Ja, diese drei Zimmer sind die einzigen Überbleibsel. Uns ist das Geld für die Renovierung ausgegangen. Das Haus hieß ›Zur blauen Grotte‹.«

Oh ja, grottig war der richtige Ausdruck. Ich sollte also meine Nacht in einem Bett verbringen, in dem sich Hunderte von Männern ihre aufgestauten Gelüste hatten befriedigen lassen. Mich schauderte! Vielleicht ließ sich ja einer der Kollegen erweichen, mit uns zu tauschen? Weit gefehlt! Jeder, der in unsere Zimmer schaute, bedachte uns mit einem mitleidigen Blick und weg war er, selbst die Marketenderin, die sonst immer jammerte, wenn sie eins der kleinen Zimmer bekam.

Die renovierten Zimmer waren hell und freundlich, wenn auch nur halb so groß. Da ich schwanger war, konnte ich mir das Zimmer nicht mal schönsaufen. Ich beschloss, einen Spaziergang zu machen und mich so wenig wie möglich in der rot-gelben Scheußlichkeit aufzuhalten. Nach der Vorstellung hüpfte ich auf das Bett, um ja nicht mit dem fleckigen Plüschrand in Berührung kommen zu müssen. Die Knöpfe am Kopfende machten mich neugierig. Ah, ein Radio! Und der Knopf daneben? Das Kopfende fuhr nach oben, wow! Es begann, Spaß zu machen. Ein weiterer Knopf wurde gedrückt. Das Bett begann zu vibrieren, toll! Ein Massagebett! Noch ein Knopf. Das Bett begann zu rütteln, großartig! Ich genoss das Gewackele in vollen Zügen. Nach 30 Minuten hatte ich genug und drückte auf den

Aus-Knopf. Nichts passierte, immer noch wurde ich hin- und hergeschmissen. Ich drückte etwas fester. Nichts! Allmählich wurde mir schlecht, wo war der verdammte Stecker? Ich hüpfte aus dem Bett und versuchte herauszubekommen, wo die elektrische Leitung verlief, aber das Monster von Bett war offenbar einbetoniert worden. So viel ich auch schob und rüttelte, nichts rührte sich. Ich klopfte zu später Stunde an Bernhards Tür und bat um Hilfe. Mit vereinten Kräften gelang es uns, das Kabel freizulegen und zu meinem Schrecken sah ich, dass es direkt in der Wand verschwand. Also nix mit Stecker ziehen. Durchschneiden würde wahrscheinlich den sofortigen Tod bedeuten, die ganze Nacht auf einem wackelnden Bett einen grausig langsamen.

Inzwischen war es zwei Uhr nachts und ich konnte nicht einfach alle Kollegen wecken und um Hilfe betteln. Wenn ich mich auf die Kante legen würde, war das Gerüttel vielleicht nicht ganz so schlimm. Bernhard überließ mich meinem Schicksal und ich hüpfte wieder ins Bett und versuchte zu schlafen. Nun ja, versuchen Sie mal Ruhe zu finden, wenn Sie wie auf Vibratoren gebettet sind. Ein Ding der Unmöglichkeit! Um vier Uhr reichte es mir. Wut verleiht ungeahnte Kräfte und so riss ich mit Gewalt das Kabel aus der Wand. Das Schreckenszimmer sollte schließlich eh renoviert werden. Es herrschte sofort Ruhe – und leider auch völlige Dunkelheit. Hatte ich etwa mit meiner unüberlegten Tat die komplette Stromversorgung flachgelegt? Egal! Das Rütteln hatte aufgehört und ich konnte den Rest der Nacht in Ruhe verbringen. Selig schlief ich ein.

Am nächsten Morgen musste ich noch einmal Bernhards Hilfe in Anspruch nehmen, um das Monsterbett vor das Loch in der Wand zu schieben. Ich hatte in der Tat für einen kompletten Stromausfall gesorgt. Wir drei waren wie gerädert. Wypi hatte in der Nacht auf die Toilette gemusst, und da das Licht nicht anging (ups), war er in eine der Kleiderpuppen gestolpert und hatte fast einen Herzinfarkt erlitten. Der Schock war so groß gewesen, dass er danach nicht mehr einschlafen konnte und sich einen weiteren Gang auf die Toilette verkniffen hatte. Bernhard konnte aufgrund des Gepolters aus meinem Zimmer (ups) nicht einschlafen, außerdem hatte das Lederbett geknirscht und er hatte die ganze Nacht

Angst gehabt, die Handschellen könnten ihm auf den Kopf fallen. Als ich die Geschichte meiner Mutter erzählte, fing sie schallend an zu lachen. »Willkommen auf Tournee mein Kind!«

Bleibt noch zu erwähnen, dass ich in Lünen einen granatenmäßigen Verriss bekam, eine der schlimmsten Kritiken meiner Laufbahn, ob es einen Zusammenhang mit meinem Zimmer gibt, bezweifle ich allerdings.

Bei der nächsten Geschichte möchte ich aus guten Gründen weder die Stadt noch den Namen des Kulturdezernenten nennen ...

Es gibt Autobahnen, die man während einer Tournee zu hassen beginnt. Die A8 im Streckenbereich München–Stuttgart zum Beispiel oder auch die A3 von München bis Würzburg. Ganz besonders schlimm ist die Sauerlandlinie A45, zu Spitzenzeiten donnern täglich bis zu 70 000 Autos über die 122 Kilometer lange Strecke zwischen Dortmund und der hessischen Landesgrenze, zwischen Dortmund und Lüdenscheid sind es gar 90 000. Wenn es dort schneit, schneit es richtig. Unser Bus eierte über die Autobahn und wir beteten, heil anzukommen. Wir schafften es gerade mal so. Der Kulturdezernent Herr Z. nahm uns freundlich schon am Hotel in Empfang und überbrachte uns die frohe Nachricht, dass unser Laster mit dem Bühnenbild es, im Gegensatz zu uns, nicht geschafft hatte und im Stau feststeckte und das wahrscheinlich noch ein paar Stunden. Die Vorstellung fiel damit aus. Herr Z. lud die ganze Truppe zum dortigen Chinesen ein und wir nahmen dankend an. Während wir chinesisches Futter in uns hineinspachtelten, erkundigte ich mich bei Herrn Z., welche Truppen nach uns noch so bei ihnen gastieren würden.

»Nach Ihnen kommt die Münchner Schauspielbühne mit *Maria Stuart*«, gab er mir Auskunft.

Ah, dachte ich, meine Mutter, die die Elisabeth spielte, würde also auch hier auf der Bühne stehen.

Doch noch bevor ich etwas sagen konnte, fuhr Herr Z. fort: »Eine der Hauptrollen spielt diese Schwiers, die kennt man ja nur aus dem Fernsehen. Ich hoffe mal, die spricht deutlich und schafft es, mit ihrer Stimme auch die letzte Reihe zu erreichen. Das ist ja immer das Problem mit diesen Fernsehstars, die sich einbilden,

Theater spielen zu können, da bekomme ich dann reihenweise nach der Vorstellung Beschwerden von meinem Publikum, weil sie nichts verstanden haben. Ich persönlich finde diese Dame ja völlig überschätzt, kennen Sie sie?«

»Ja, recht gut«, antwortete ich.

Die Kollegen versuchten, ein Grinsen zu unterdrücken, keiner sagte etwas.

»Ach so, dann haben Sie wohl mit ihr gedreht? Wie lange kennen Sie sie denn?«

»Seit 22 Jahren«, war meine zögerliche Antwort.

»Ha, da könnten Sie ja glatt ihre Tochter sein!« Die ersten Kollegen rutschten fast unter den Tisch.

»Das bin ich auch.«

Ich schwöre Ihnen, es dauerte nicht mal eine Viertelsekunde und Herr Z. setzte ein strahlendes Lächeln auf und sagte: »Na, so eine Freude! Eine großartige Schauspielerin, die Schwiers, nicht wahr? Immer wieder gern gesehen! Und so ein Profi auf der Bühne!«

Hatte er gerade nicht das genaue Gegenteil über meine Mutter behauptet? Das nenn ich mal eine Kehrtwende. Als ich es ihr später erzählte, lachte sie sich halb tot. Seit ihrem 15. Geburtstag steht meine Mutter auf der Bühne. Sie war bei dem berühmten Heinz Hilpert in Göttingen und am Züricher Schauspielhaus engagiert. Sie hat jede große Rolle gespielt, die das Theater zu bieten hat. Das schlechte Gewissen von Herrn Z. war so groß, dass er unser Ensemble, nachdem wir uns selbstständig gemacht hatten, immer wieder gebucht hat. Wir haben jedes Stück bei ihm gespielt und es ist eine echte Freundschaft entstanden.

Ich hatte meine erste Tournee erfolgreich hinter mich gebracht und viel gesehen und erlebt. Mir hatte es Spaß gemacht, die vielen verschiedenen Bühnen zu bespielen, all die Städte kennenlernen zu können, ich hatte Blut geleckt. Meine Tochter sollte im September zur Welt kommen. Meine Mutter hatte ein Engagement bei den Freilichtspielen in Feuchtwangen angenommen, wo sie den Sommer über spielen würde, und ich begleitete sie. Da flatterte mir schon das nächste Angebot für eine Tournee ins Haus. Wieder von den Kugelgrubers, wieder unter der Regie von Oswald Döpke, wieder im Frühjahr. Das Stück hieß *Jonny Belinda* und ich war begeistert, als ich es las. Meine Tochter würde sechs Monate alt sein, wenn ich mich wieder auf die Straße begeben würde. Meine Mutter versprach mir, sich während dieser Zeit um die Kleine zu kümmern, also nahm ich das Angebot an. Mir war inzwischen klar, dass es sich bei dem Erzeuger nur um Oswald handeln konnte, noch hatte ich es ihm aber nicht mitgeteilt. Damit hatte ich die alte Moritat, die meine Großmutter uns immer vorgesungen hatte, glatt widerlegt. Der Titel: »Nein, nein, nein, ach nein, von einem Mal kann's nicht sein.«

Das Theater ist das schönste und älteste Lügengewerbe der Welt. Ein wunderbarer Zauberkasten: Es zeigt wirklich, was in Wirklichkeit nicht ist. Hamlet stirbt und geht anschließend Spaghetti essen.

Gustav Seibt (geb. 1959), deutscher Historiker, Literaturkritiker und Journalist

Johnny Belinda (Schweigende Lippen)

Elmer Harris (1878–1966)

Das Stück spielt Ende des 19. Jahrhunderts in Neuschottland an Kanadas Ostküste. Hauptpersonen sind: ein junges Mädchen namens Belinda, taub wie eine Nuss, ihr Vater Black, ihre Tante Aggie, sie leben alle zusammen auf einer Farm. Dazu stößt ein Arzt namens Richardson, der es, aus der Großstadt kommend, ganz toll findet, eine Stumme auf der einsamen und langweiligen Insel gefunden zu haben, und Belinda, die so schlecht nicht aussieht, die Taubstummensprache beibringt (offenbar wird dort niemand krank und der Arzt hat Zeit). Dann gibt es noch den bösen Nachbarsburschen namens Locky, der eines Tages Belinda vergewaltigt, und schwups ist die schwanger. Jetzt denken alle, der Arzt war es, weil der ja ständig mit ihr zusammengluckt. Und weil er ein guter Mensch ist, nimmt er sich ein Herz und heiratet sie, muss aber danach zurück in die Stadt und dort praktizieren, weil die Dorfbewohner ihn nicht mehr mögen. Belinda lässt er auf der Farm zurück. Der Böse hat inzwischen ein anderes Mädel namens Stella geheiratet, aber irgendwie argwöhnt er, dass das Kind doch von ihm sein könnte. Also besucht er Belinda, aber der Papa schmeißt ihn raus. Da droht Locky, sich das Kind ge-

waltsam unter den Nagel zu reißen. Das will der Papa Black verhindern und rennt Locky nach. Es kommt zum Kampf und Locky schmeißt Belindas Vater über eine Klippe – Exitus (diese Stelle wird nur erzählt). Nun ist Belinda mit ihrer Tante Aggie allein, und Locky kommt vorbei, um das Kind zu entführen. Stella steht da auch irgendwo im Hintergrund rum und beobachtet alles. Da kommt es zum Kampf und Belinda erschießt Locky. Sie wird des Mordes angeklagt, aber aufgrund der Aussage von Stella, die inzwischen wohl kapiert hat, dass sie den letzten Arsch geheiratet hat, auf freien Fuß gesetzt. Belinda schließt überglücklich ihr Söhnchen Johnny in die Arme, schaut verliebt Dr. Richardson in die Augen, der zum Finale wieder aufgetaucht ist, und presst das Wort »JOHHNNNYY« über die Lippen. Die Leute sind begeistert, der Vorhang fällt. Der Sinn des Ganzen? Gute Unterhaltung!
Von diesem Stück war ich restlos begeistert. Erstens musste ich keinen Text büffeln, zweitens durfte ich die Taubstummensprache erlernen und drittens war es ein tolles Ensemble. Rolf Schimpf (Ladenbesitzer Paquet) und seine Frau Ilse Zielstorff (Tante Aggie), Franz Mosthav (Vater Black), Hartmut Solinger (Locky), mit der Darstellerin der Stella hatte ich schon bei den Wunsiedler Festspielen auf der Bühne gestanden (leider komm ich nicht ums Verrecken auf ihren Namen), ein junger Kollege namens David und last not least Dr. Richardson, gespielt von ... nennen wir ihn einfach Peter.

Meine Tochter Josephine war inzwischen drei Monate alt und ich nahm sie zu den Proben mit, die in München stattfanden. Den Vater des Kindes hielt ich geheim, da Oswald verheiratet war und ich mich entschieden hatte, das Kind allein großzuziehen. Sehen eigentlich alle unehelichen Kinder ihren Vätern wie aus dem Gesicht geschnitten ähnlich? Bei meiner Tochter war es jedenfalls so. Jeder, der Oswald kannte und meine Tochter sah, schnappte erst mal nach Luft. Auf die Tour – wir hatten an die 90 Vorstellungen vor uns – würde ich sie nicht mitnehmen, aber ich hoffte, sie regelmäßig besuchen zu können.

Zunächst einmal musste ich meinen Text in Taubstummensprache lernen. Dazu wurde ein Lehrer an einer Münchner Taubstummenschule engagiert. Zeitgleich sollte Peter, der aus Hamburg stammte, das gleiche Programm wie ich in seiner Heimatstadt absolvieren. Der Unterricht machte Spaß. Ich lernte fantastische Menschen kennen, von Geburt an taub, die fast normal gesprochen haben und grandios von den Lippen ablesen konnten.

Als Peter und ich unsere erste gemeinsame Probe hatten, stellten wir mit Entsetzen fest, dass wir jeweils völlig andere Zeichen gelernt hatten. Ob es das Zeichen für Vater oder Mutter war, für Kind, Frau oder Mann, es hätte unterschiedlicher nicht sein können. Wir riefen also bei meinem Lehrer an.

»Wo hat er denn die Zeichen gelernt?«, erkundigte er sich.

»In Hamburg.«

»Das kann wohl möglich sein, jeder spricht anders.«

Das konnte nicht wahr sein! Es gab Unterschiede in der Zeichensprache? Ich erinnerte mich an einen Vorfall in der Schule, als ein marokkanischer Taubstummer um Hilfe angefragt hatte, man ihm aber nicht helfen konnte, weil kein Mensch ihn verstand. Nun mussten wir uns einigen. Oswald ließ sich von Peter und mir alle Zeichen zeigen und entschied sich dann für die bühnenwirksamsten.

Wir würden wieder mit dem Bus unterwegs sein und hatten wieder denselben Busfahrer, der die Kollegin aus dem letzten Stück *(Der Richter von Zalamea)* inzwischen geehelicht hatte. Als ich den Bus das erste Mal bestieg, glaubte ich meinen Augen kaum zu trauen. Peter, als Star, hatte sich ein Bett in den Bus stellen lassen und so fehlten mindestens sechs Reihen. Da wir ein ziemlich großes Ensemble waren, musste der Rest zusammenrücken. Während der ganzen Tour hat er es nicht einmal benutzt, verbot es aber allen anderen. So etwas macht Freunde! Er und Franz Mosthav saßen in der ersten Reihe (wo sonst?) und hatten, da beide Weintrinker waren, einen 10-Liter-Plastikcontainer, gefüllt mit Rotwein, neben dem Busfahrer installiert. Dauerte die Fahrt mal wieder länger, zapften sie sich genüsslich das ein oder andere Gläschen ab.

Peter war auch ein bekennender Schnäppchenjäger und unglaublich geizig. Wenn er mal wieder etwas entdeckt hatte, was er günstig erwerben konnte, war er glücklich. Nur dass – bei 90 Vorstellungen – der Bus immer mehr zugemüllt wurde von seinem Zeug. Als er plötzlich mit Rattanmöbeln erschien, nachdem sich schon Ölgemälde und Geschirr im Bus stapelten, flippte unser

Busfahrer aus. Wir, im hinteren Ende des Busses, sollten eben noch ein Stückchen zusammenrücken, war seine lapidare Antwort.

Vor jeder Vorstellung kam er zu mir, um sich meinen Kajalstift auszuborgen, denn zum Geiz gesellte sich noch Eitelkeit. Er bekam bestimmt das Dreifache an Gage und ich traute mich nicht, ihm den Gefallen abzuschlagen, da er älter, erfahrener und bekannter war, und vor allem konnte er so richtig fies werden. Von ihm stammt auch der Satz: »Ich bin nicht abhängig von der Qualität eines Partners, ich kann mit einem Heizkörper spielen.« Das nenn ich Hybris, denn je besser der Partner, desto besser ist man selbst, man beflügelt sich gegenseitig. Doch irgendwann schlägt das Imperium zurück.

Wir hatten eine lange Fahrt von 550 Kilometern vor uns und wurden in Freudenstadt erwartet. Uns war klar, dass wir nicht vor 18 Uhr ankommen würden, da der Bus nur 100 Kilometer in der Stunde fahren durfte und alle vier Stunden eine Pause von 30 Minuten einlegen musste. Wir starteten daher sehr früh am Morgen. Der Weg würde an Bruchsal (hat ein sehr gutes festes Ensemble) vorbeiführen, und Peter fing an, von einem Lokal zu schwärmen, in dem er während seiner Spielzeit in Bruchsal Dauergast gewesen war. Er wollte unbedingt einen Halt einlegen und dort zu Mittag essen. Er belaberte Franz so lange, bis der damit einverstanden war. Unsere Meinung war ihm egal.

Der Rest der Truppe war allerdings dagegen, erstens, weil es ein ziemlicher Umweg war, zweitens, weil wir inzwischen mitbekommen hatten, dass es sich um eine Restauration der gehobenen Art handelte und weit über unserem Budget lag. Was der Star befiehlt, wird gemacht! Geschlagene zwei Stunden dinierten die Herren, während wir in der Kälte herumspazierten und uns einen Döner gönnten. Endlich konnten wir weiterfahren und das Unglück nahm in Form eines Staus seinen weiteren Verlauf. Nun wurde es allmählich knapp. Im vorderen Teil des Busses machte sich eine gewisse Nervosität breit, denn es dämmerte den beiden wohl, was sie für einen Mist gebaut hatten. Im hinteren Teil konnten wir eine gewisse Häme nicht unterdrücken.

Selbst wenn Peter der Star unseres Stückes war, mit unserem Prinzipal Herrn Kugelgruber war nicht gut Kirschen essen, und wenn wir die Vorstellung verpassen würden, würde Peter dafür aufkommen müssen. Als es 19.30 Uhr war und unser Trupp immer noch gute 40 Minuten vom Spielort entfernt war, brach auch uns der Schweiß aus. Unser Busfahrer pfiff auf Geschwindigkeitsbegrenzungen und so hielten wir exakt um 20 Uhr mit quietschenden Bremsen vor dem Haupteingang.

Normalerweise betritt der Schauspieler das Theater durch den Künstlereingang, der sich fast immer auf der Rückseite befindet. In diesem Fall darauf gepfiffen! Wie stürmten durchs Foyer und mussten wohl oder übel durch den Zuschauerraum, als einer der Kartenabreißer uns an der Tür stoppte: »Ihre Karten bitte!«

»Wir sind die Schauspieler!«, zischte Peter.

»Das kann jeder behaupten«, blieb der Kartenabreißer unbeeindruckt.

»Erkennen Sie mich nicht? Ich bin ...!«

»Nein. Wenn Sie ein Schauspieler sind *(Blick auf die Uhr)*, warum sind Sie nicht im Kostüm?«

»Wir sind zu spät, wir standen im Stau.«

»Der Eingang für die Schauspieler ist hinten.«

Nun reichte es! Unser Jungspund David, beeindruckend groß und mit viel Muskelmasse bepackt, trat vor, funkelte den armen Mann mit bösen Augen an und sagte nur ein Wort: »Dresche?«

Sofort wurde uns der Weg freigegeben und wir rasten an einem verblüfften Publikum vorbei nach vorne, sprangen auf die Vorderbühne, um uns durch den Vorhang zu schlängeln. Unser Techniker fiel uns fast um den Hals, da er keine Ahnung gehabt hatte, ob wir überhaupt noch auftauchen würden. Nun verlangten wir von Peter, dass er als Verantwortlicher vor den Vorhang treten sollte und das Publikum aufklären und um Geduld bitten sollte, da wir uns in die Kostüme schmeißen mussten. Aber weit gefehlt, er dachte gar nicht daran. Nun, da wir sicher das Theater erreicht hatten, mutierte er wieder zum Kotzbrocken. Rolf Schimpf übernahm die undankbare Aufgabe, aber er machte das mit so viel Charme, dass das Publikum uns mit Auftrittsapplaus empfing. Ab diesem Moment habe ich Peter nie wieder meinen Kajalstift geliehen.

Wir kamen nach Kiel, Schleswig-Holstein. Diese wunderbare Stadt an der Ostsee ist der Austragungsort der Kieler Wochen, eines der größten Segelereignisse auf dem Globus. Dort ist auch das berühmte Segelschulschiff, die *Gorch Fock*, zu Hause. Hochzeitern werden Trauungen auf alten Windjammern und Leuchttürmen angeboten. Alles dreht sich um den Segelsport und Handball. Ein Besuch lohnt sich allemal. Als kulinarische Spezialitäten sind besonders die Kieler Sprotten und die Fliederbeersuppe Kieler Art hervorzuheben.

Unser Spielort war das Auditorium der Kieler Universität. Sind Sie jemals in solch einem Bau gewesen? Die Sitzreihen befinden sich fast übereinander und ragen hoch hinaus. Bei der Höhe des Raumes gab es keine schwarzen Abhänge und so konnten die Zuschauer ab der Hälfte der Reihen über unser Bühnenbild gucken, was zur Folge hatte, dass wir dicht an die Wände des Bühnenbildes geschmiegt auf unsere Auftritte robben mussten und uns kurz vor der Tür erst aufrichten durften. Da war von einigen von uns sportlicher Einsatz gefragt.

Gleich zu Beginn gab es Applaus und wir, die wir hinter der Bühne saßen, nahmen an, dass unser Star Auftrittsapplaus bekommen hatte, da er ja ein Kind dieser Region war. Uns fiel ein Stein vom Herzen, da Peter auf so etwas größten Wert legte und dann immer freundlicher gestimmt war. Kurze Zeit darauf betrat er dann auch gut gelaunt die Garderobe und sagte: »Na, seht ihr? Hier kennt man mich und schätzt mich!«

Direkt hinter ihm tauchte ein strahlender David auf und sprudelte los: »Habt ihr meinen Applaus gehört?«

»Wieso DEINEN Applaus, der galt mir!«, konterte Peter.

Da kam auch schon unser Busfahrer um die Ecke und klopfte David anerkennend auf die Schulter: »Gut gemacht, Junge!« Und dann fügte er noch hinzu: »Peter, du darfst dich bei David bedanken, der hat dich gerettet, sonst wäre dir das Bühnenbild auf den Kopf gefallen.«

Da es uns untersagt worden war, Nägel in den Auditoriumsboden zu schlagen, war das Bühnenbild nur mit Gewichten beschwert worden. Vor Peters Auftritt war eine Wand ins Kippen geraten und David war geistesgegenwärtig von der Seite auf die Bühne gesprungen und hatte die Wand so lange gehalten, bis von hinten weitere Gewichte auf die Streben gelegt worden waren. All das hatte unser Star indessen gar nicht bemerkt, und als er die

Bühne betrat, hatte sich David kurz verbeugt und war unter dem Applaus des Publikums abgegangen. Doch Peter war und blieb verstimmt, hatte man ihm doch seinen heiß ersehnten Auftrittsapplaus gründlich verhauen.

Sexualität sollte auf einer Tournee eine eher untergeordnete Rolle spielen, nach dem schönen Leitsatz »Werde nie intim im Team«. Leider ist das graue Theorie. Man kommt sich nah, sehr nah. Es kommt zu Spannungen. Man ist sieben Tage die Woche zusammen, von morgens bis abends, das kann nicht gut gehen. Man sollte sich unbedingt in einer fest zementierten Partnerschaft befinden, bevor man eine Tournee antritt. Ich habe viele Beziehungen in die Brüche gehen sehen, inklusive meiner eigenen. Wer hat schon Verständnis dafür, dass der Partner für drei bis fünf Monate kaum erreichbar ist. Heutzutage gibt es Handys, das erleichtert das Ganze, aber früher blockierten wir für Stunden Telefonzellen oder das einzige Hoteltelefon. Man geierte darauf, dass die Bedienung einen zum Telefon rief, wenn man nach der Vorstellung noch mit den Kollegen zusammensaß. Das bedeutete, dass es da draußen jemanden gab, der an einen dachte. Und wehe, der Partner zu Hause war mal nach der Vorstellung nicht erreichbar oder meldete sich längere Zeit nicht, dann gab es regelmäßig Nervenzusammenbrüche (ich nehme mich selbst da nicht aus).

Irgendwann bricht der sexuelle Notstand aus, die männliche Gattung leidet noch heftiger darunter, und man nimmt, was gerade zur Hand ist. Das sind nun mal die Kollegen(innen), die im selben Boot, sprich Hotel, sitzen. Beziehungen innerhalb der Truppe sind häufig und meistens nicht allzu ernst gemeint. Allerdings kenne ich auch einige glückliche Paare, die sich auf Tournee kennen- und lieben gelernt haben.

Ein weiteres Phänomen ist: Wenn der liebende Partner endlich auftaucht, um einen auf der Tour zu besuchen, nachdem man ihn beschworen hat, bitte dringend zu kommen, weil man es ohne ihn nicht mehr aushält, wird das ganz furchtbar. Man hat inzwischen eine Routine entwickelt, die auf keinen Fall gestört werden darf. Dazu gehört zum Beispiel das Nickerchen am Nachmittag. Der Partner will aber etwas erleben und sich in das Kleinstadtleben werfen, der Tourneeschauspieler hat dazu aber null Bock, denn hat man eine Fußgängerzone gesehen, kennt man sie alle.

Man ist mit der Truppe verschweißt und jeder Fremdkörper stört, auch wenn man ihn liebt. Also fährt der Partner leicht angesäuert wieder nach Hause, und man selbst atmet auf, um ihn nach spätestens vier Tagen wieder schrecklich zu vermissen. Einigen Schauspielern eilt der Ruf des Herzensbrechers voraus, und sind Sie mit einem solchen Exemplar auf Tournee, bleiben Annäherungsversuche natürlich nicht aus. Peter eilte der Ruf voraus, ein Frauenbeglücker zu sein, ich war gewarnt worden. Aber welche Ausmaße das Ganze annehmen sollte, konnte keiner ahnen. Mich hatte er bis dato verschont, ich hatte aber auch nicht das Gefühl, dass er mich besonders mochte oder auf mich stand.

Wir waren seit drei Wochen unterwegs, als wir nach der Vorstellung zusammen ins Hotel gingen und nach einem Bierchen auf unsere Zimmer. Der Zufall wollte es, dass Peter das Zimmer neben mir bewohnte. Als wir beide damit beschäftigt waren, die Türen aufzusperren, hielt er inne und fragte mich: »Willst du mit mir schlafen?«

Nachdem mir kurz die Kinnlade heruntergefallen war, antwortete ich kurz und bündig: »Nein.«

Nach einem erleichterten Seufzer kam von ihm: »Gut, aber fragen musste ich.« Mit diesen Worten verschwand er in sein Zimmer.

Damit war unser Verhältnis geklärt und auf den Punkt gebracht. Die Frage wurde kein zweites Mal gestellt. Wir mussten bald feststellen, dass Peter in fast jeder Stadt von mindestens einem weiblichen Wesen in freudiger Ekstase erwartet wurde. Wenn die Damen ihn nicht schon im Hotel empfingen, so warteten sie spätestens nach der Vorstellung am Künstlereingang auf ihn. Das nenn ich wahre Fans! Problematisch wurde das Ganze nur, wenn sich mit den Damen etwas überschnitt, wenn also mehr als eine auftauchte, oder – im schlimmsten Fall – seine Lebensgefährtin, und wir die in Vorfreude glühenden Verehrerinnen abfangen und, manchmal auch mit Gewalt, davon überzeugen mussten, dass ihr angehimmelter Star leider nicht zur Verfügung stand. War ein besonders hübsches Exemplar darunter, wurde es voll Inbrunst von David oder Hartmut getröstet.

Manchmal blieb den Damen nur die Flucht durchs Garderobenfenster, während Peter versuchte, seine Lebensgefährtin, die auf dem Weg zu ihrem Herzallerliebsten war, hinter der Bühne abzufangen. Peter tourte ja seit Jahren und so hatte er sich sein Stammpublikum »geschaffen«. Wir waren von so viel Einsatz beeindruckt, aber auch genervt, wenn wir mal wieder ein keifendes Weib zum Vorderausgang hinausschaffen mussten, während sich unser Star mit einer anderen durch den Hinterausgang von dannen stahl.

Weiter ging es nach Kempten, dieser wunderschönen kleinen Stadt im Allgäu, die schon in römischer Zeit Erwähnung findet und somit zu den ältesten Städten Deutschlands gehört. Das Theater dort ist wunderschön und soll schon 1392 bespielt worden sein. Natürlich nicht in seiner heutigen Form. Die Freude war groß, dass es sich endlich wieder um ein »richtiges« Theater handelte, und, als Sahnehäubchen obendrauf, sollten wir auch noch in einem schönen Hotel in der Innenstadt wohnen. Unsere Wirtin war eine bildschöne Frau. Groß, schlank, lange schwarze Haare, rassig und sehr elegant. Ihr Mann stand dem in nichts nach. Ein Grand Charmeur italienischer Abstammung. Beide waren entzückend und wir fühlten uns wirklich willkommen, was nicht immer der Fall ist, wenn eine Schauspieltruppe anrückt. Alles schien perfekt.

Ich hoffte inständig, dass mein damaliger Freund mich besuchen kommen würde, da es nur knapp 130 Kilometer bis nach München waren. Er hatte sich allerdings bei unseren Telefonaten in keinster Weise dazu geäußert und so hoffte ich insgeheim, dass er mich überraschen und ich ihn nach der Vorstellung, sexy drapiert, auf meinem Bett vorfinden würde. Die Hoffnung auf den Überraschungsbesuch trieb mich nach der Vorstellung so schnell wie möglich zurück ins Hotel. Doch meine Erwartung wurde nicht erfüllt. Mein kleines Herzchen brach, als ich feststellen musste, dass niemand mich zärtlich in die Arme schließen würde. Er war schlichtweg nicht gekommen.

Als ich mit zitternden Fingern (aus Wut) seine Nummer wählte – Gott sei Dank hatten wir den seltenen Luxus von Telefonen auf den Zimmern –, geriet meine heile Welt ins Wanken, denn es nahm eine Frau ab. Zuerst versuchte ich noch, cool zu bleiben, aber als er mir versicherte, es würde sich um die Putzfrau handeln (um 23 Uhr?), fühlte ich mich doch leicht verarscht. Als ich ihn fragte, warum er nicht gekommen wäre, meinte er nur: »Warum, ist das wichtig? Ich hatte meine Freunde zum Abendessen hier. Außerdem schaue ich nicht jeden Tag auf deinen Tourneeplan. Dann hab ich es halt verpasst, ist doch nicht schlimm.« Doch, das war schlimm! Nun würden weitere drei Wochen vergehen, bis wir wieder in die Nähe von München kommen würden. Ich war geknickt und die Sache mit der Putzfrau nagte an mir.

Nachdem ich mich auf meinem Zimmer ausgeheult hatte, schlich ich nach unten an die Bar zu den anderen, die von den Wirtsleuten noch zu einem Umtrunk eingeladen worden waren. Ich gesellte mich zu Rolf Schimpf und seiner Frau Ilse und schüttete ihnen mein Herz aus.

Verzweifelt fragte ich Rolf: »Wärst du gekommen?«

»Natürlich hätte ich dich besucht«, lautete die Antwort.

Ilse schaute ihren Mann verliebt an (in so einer Situation ist das zum Kotzen) und hauchte: »Du bist ja auch ein MANN!«

Da mischte sich Peter ein und meinte: »Ich wär nicht gekommen.«

Und Stella, die neben mir saß, antwortete wie aus der Pistole geschossen: »DU bist ja auch KEIN Mann.«

Sie hatte offensichtlich die Büchse der Pandora geöffnet, denn jetzt tobte Peter los. Mit wüsten Beschimpfungen, die in keinem Verhältnis zu ihrem doch eher harmlosen Satz standen, ging er auf Stella los. Stella nahm die Schimpftirade seltsam gelassen hin. Die schicke Wirtin sah sich genötigt dazwischenzugehen und lotste Peter an ihren Tisch. Wir waren fassungslos, so hatten wir ihn noch nie erlebt.

Stella saß lächelnd wie eine Sphinx am Tisch und sagte: »Ach wisst ihr, wir haben schon zusammen auf der Bühne gestanden und ich weiß, wovon ich rede.« Autsch! Das hatten wir nicht gewusst. Die Wirtin setzte ihren ganzen Charme ein, um Peter wieder zu beruhigen, und es schien zu klappen.

Mir war aufgefallen, dass sich eine größere Anzahl wirklich gut aussehender junger Männer in der Bar tummelte und dass immer mehr junge Mädchen dazustießen. Immer wieder hörte ich das Wort »Zimmer 209« und wie auf ein geheimes Zeichen verschwand der ein oder andere, um nach einer gewissen Zeit und etwas zerzaust wieder aufzutauchen. David beschloss, der Sache auf den Grund zu gehen. Peter war intensiv mit der Wirtin beschäftigt. Dem Ehemann schien das nichts auszumachen, denn er verabschiedete sich irgendwann und wünschte uns allen noch viel Spaß. Mir persönlich war der Spaß vergangen und so trollte ich mich auf mein Zimmer, um in mein Kopfkissen zu weinen.

Am nächsten Morgen war ich wie gerädert, Peter, David und Hartmut seltsam aufgekratzt. Natürlich wollten wir die Ursache wissen. David nahm Stella und mich beiseite: »Ihr glaubt es nicht, aber Zimmer 209 ist so was wie ein Vergnügungszimmer, und das ist noch nett ausgedrückt. Frau Wirtin wird dort wohl regelmäßig von den Knaben, die ihr gestern an der Bar gesehen habt, beglückt. Gestern ist sie mit Peter verschwunden. Aber Hartmut und ich hatten viel Spaß.« Dabei zwinkerte er uns verschwörerisch zu.

Dass Peter der Frauenwelt nicht abgeneigt war, war uns ja bekannt, und Frau Wirtin war ein steiler Zahn. Ich indessen suhlte mich in meinem Liebeskummer und mir war es ziemlich egal, was der ein oder andere trieb. Ich litt! Kurz vor unserer Abreise tauchte die Wirtin auf, im Schlepptau einen stinksauren Ehemann, der wohl doch nicht so tolerant war, wie es den Anschein gehabt hatte. Peter war plötzlich verschwunden und wir anderen wurden hochkant aus dem Hotel geschmissen. Wir kamen nicht mal dazu, unsere Rechnung zu bezahlen. Unser Frauenversteher hatte sich schon in den Bus geflüchtet und kauerte hinter einem Sitz. Wir machten, dass wir wegkamen. Alles in allem war Kempten ein rechter Reinfall gewesen.

Weiter ging es nach Bad Wörishofen, ebenfalls im bayerischen Allgäu. Sebastian Kneipp war in Bad Wörishofen als Pfarrer tätig gewesen, und so verwundert es nicht, dass insbesondere diese Stadt heute ein bekannter Kneippkurort ist. Der städtische Kurpark enthält eines der größten Rosarien Deutschlands mit mehr als 8000 Rosenstöcken und weit über 500 Sorten. Wieder erwartete uns also eine schöne Stadt und wieder ein schönes Hotel, aber die Stimmung im Bus war gedrückt. Peter redete nicht mehr mit Stella, ich heulte still vor mich hin und die anderen waren immer noch sauer wegen dem Rauswurf.

Als der Bus beim Hotel um die Ecke bog, trauten wir unseren Augen kaum. Das war doch Frau Wirtin aus Kempten, die da vor dem Hotel wartete. Peter wand sich, damit hatte er nicht gerechnet. Die Dame hatte nicht vor, ihn aus ihren Krallen zu entlassen, und war kurzerhand vorgereist. Und nicht nur das, sie hatte auch vor, ihren neu auserkorenen Herzbuben weiterhin auf der Tour zu begleiten. Wir sahen förmlich, wie Peter der Schweiß ausbrach. Mitleid konnte er von unserer Seite nicht erwarten. Vier Tage reiste sie noch mit, danach haben wir sie nie mehr gesehen. Keine Ahnung wie Peter dieses Problem gelöst hat, aber es kann nicht einfach gewesen sein. Das Kemptener Hotel gibt es nicht mehr und von Freunden, die dort ansässig sind, habe ich erfahren, dass sich die Wirtsleute kurz darauf haben scheiden lassen.

Habe ich schon erwähnt, wie wichtig Requisiten sind? Vor allem, wenn es sich dabei um Mordwerkzeuge handelt, mit denen man die Kollegen auf der Bühne meucheln muss. In *Johnny Belinda* handelte es sich dabei um ein Gewehr, mit dem ich meinen Vergewaltiger Locky, gespielt von Hartmut Solinger, um die Ecke bringen sollte. Eine altmodische Flinte mit langem Lauf.

Die Waffe war mit Platzpatronen gefüllt, aber trotzdem hatte ich jedes Mal ein mulmiges Gefühl, wenn ich Hartmut ins Visier nahm. Und jeden Abend betete ich, dass der Schuss im richtigen Moment losgehen würde, denn manchmal hatte die alte Flinte eine Ladehemmung. Zur Sicherheit stand der Busfahrer in der Nullgasse, bewaffnet mit einer Pistole, um in solch einem, hoffentlich seltenen Fall, den Schuss zu simulieren.

Wir spielten in Wesel, Nordrhein-Westfalen. Einmal jährlich findet dort seit 2007 unter dem Namen EselRock ein Open-Air-Festival mit freiem Eintritt statt. Sehenswert sind die Zitadelle, die einstmals die größte Festungsanlage des Rheinlands war, das historische Rathaus, der Kornmarkt, der heutzutage vor allem als Kneipenviertel Wesels bekannt ist. An diesem Ort passierte es, und der von mir so gefürchtete Fall trat ein, die Flinte gab keinen Mucks von sich, als ich den Abzug drückte. Die große Stunde des Busfahrers! Er sah mein verzweifeltes Gesicht und feuerte mit einer kurzen Verzögerung seine Waffe ab. Das war noch mal gut gegangen. Zwei Tage später, diesmal waren wir in Witten, Nordrhein-Westfalen, drückte ich ab und außer einem leisen »Plonk« passierte nichts. Ich schaute hilfesuchend in die Nullgasse. Dort stand der Busfahrer und fummelte verzweifelt an seiner Pistole herum. In diesen Momenten rinnt die Zeit wie Honig auf der Bühne. Alles verlangsamt sich, außer dem Herzschlag, der rast. Das Gehirn schaltet entweder ganz ab oder bietet blitzschnell multiple Lösungsvorschläge an. Ich entschied mich für den blödesten und sagte ganz laut: »PENG!« Hartmut fiel wie ein gefällter Baum um und krümmte sich am Boden (allerdings vor Lachen), dann streckte er alle viere von sich und mimte den Toten. Ich schmiss tragisch die Flinte von mir und flüchtete mich in die Arme von Ilse. In dem Moment hatte der Busfahrer seine Pistole repariert, denn nun löste sich der erhoffte Schuss und ein lautes »Entschuldigung, zu spät!« hallte über die Bühne. Jetzt setzte mein Gehirn ganz aus, während Ilse vor Lachen nur noch nach Luft schnappte und mich nicht aus ihrer Umarmung entließ, da ich ihr eine gute Deckung gab. Hartmut begann wieder zu zucken und die Kollegin, die als Stella ja die Szenen beobachten muss, wickelte sich in einen der Seitenvorhänge. Gott sei Dank lachte das Publikum mit, aber die Tragik der Szene war empfindlich gestört.

Ich hatte inzwischen richtige Panik vor dieser Stelle, denn die alte Flinte ließ mich immer öfter im Stich. Hartmut hatte mich schwören lassen, nie wieder »PENG« zu sagen, falls wir nochmals in solch eine Situation geraten sollten. Immerhin funktionierte die Pistole wieder, der Busfahrer hatte schlichtweg vergessen, sie zu laden.

Unser nächstes Ziel war Harrislee, ganz im Norden bei Flensburg. Wir wurden herzlich empfangen. Die Bühne präsentierte sich als Dreieck, garniert mit Säulen, wodurch die Zuschauer uns nur partiell zu Gesicht bekamen. Wir näherten uns besagter Szene, Hartmut stürmte auf die Bühne, um mir mein Kind zu entreißen, ich warf mich dazwischen, griff nach der Flinte, Ilse kreischte auf, ich legte an, drückte ab und ... »Plonk!«. Aus den Augenwinkeln sah ich den Busfahrer die Pistole abfeuern ... plonk. Ich legte wieder an, um dem Busfahrer und mir noch eine zweite Chance zu gönnen. »Plonk!«

Der arme Hartmut wusste nun nicht mehr, was er spielen sollte. Ilse kreischte noch immer und lenkte so etwas vom Geschehen ab, aber Hartmut musste nun mal zu Tode kommen. Diesmal hatte mein Gehirn nur einen Vorschlag parat. ERSCHLAG IHN! Ich drehte die Waffe um und schlug mit dem Kolben auf Hartmut ein, der wunderbar mitspielte und stöhnend, mit schmerzverzerrtem Gesicht zu Boden ging. Das Publikum war beeindruckt und mucksmäuschenstill. Inbrünstig betete ich, dass der Busfahrer die Finger von seiner Pistole lassen würde, aber auch er war in Ehrfurcht erstarrt. Es war ja auch hochdramatisch, was sich da auf der Bühne abspielte. Wir bekamen tosenden Schlussapplaus und verließen glücklich das Theater.

Vor dem Künstlereingang warteten noch ein paar Fans, die um Autogramme baten. »Sie waren wunderbar, großartig.«

»Danke, das freut mich«, antwortete ich.

Da erstarrte der Fan, riss mir das Autogramm aus der Hand und fauchte mich an: »Warum können Sie plötzlich sprechen? Sie sind doch taubstumm! So was ist Betrug!« In dem Moment trat Hartmut auf die Straße. »Und Sie wagen es, noch frei rumzulaufen, Sie Vergewaltiger! Sie gehören hinter Gitter!«

Der gute Mann ließ sich kaum beruhigen. Wir müssen an diesem Abend wirklich überzeugend gewesen sein.

Kostüme können ja manchmal eher hinderlich sein. Wobei die Mode um 1900 herum ja noch tragbar war. Schleppen Sie mal auf Freilichtbühnen ein 40 Kilo schweres, mittelalterliches und vom Regen vollgesogenes Kostüm über die Bretter. Da vergeht Ihnen das Lachen. Bei *Johnny Belinda* hatten wir Damen mit langen Röcken zu kämpfen, vor allem dann, wenn wir wieder mal in Garderoben saßen, die über Wendeltreppen zu erreichen waren. Auch sollten Schauspieler während einer Vorstellung tunlichst nicht auf die Toilette gehen. Ilse Zielstorff, die die Aggie spielte, hatte diesen Rat in den Wind geblasen und kurz vor einem Auftritt ihre Blase entleert. Ich befand mich schon auf der Bühne, als Ilse vor mir aufkreuzte, um das Baby aus der Krippe zu holen. Was ich sah, ließ mir das Blut in den Adern gefrieren. Sie hatte offensichtlich, nachdem sie ihr Geschäft erledigt hatte, ihre Strumpfhosen hochgezogen und leider mit dieser Aktion auch ihren Rock, der nun nicht mehr ihre Kehrseite bedeckte. Was das Ganze noch pikanter machte war, dass sie keine Unterhose anhatte und die Strumpfhose bei Gott nicht blickdicht war.

Ich hatte exakt zwei Sekunden Zeit, bis sie sich mit dem Rücken zum Publikum wenden würde, um mir mein Baby zu bringen. Mit einem Riesensatz hechtete ich nach vorne, um mich vor sie zu stellen. Ilse war verwirrt. Während ich mit dem Rücken zum Publikum stand, versuchte ich, mit wildem Augenrollen und Zwinkern Ilse die Situation klarzumachen. Ilse schaute rechts an sich herab, dann links und fand nichts. Jetzt wackelte ich mit dem Kopf. Ilse starrte mich an, als ob ich übergeschnappt wäre, drückte mir die Babypuppe in die Hand, drehte sich um, um nach hinten zum Herd zu gehen, während sie ihren Text von sich gab. Ich klebte ihr geradezu am Rücken. Irritiert durch mein komisches Gehabe, fing Ilse an, im Zickzack zu laufen, um mich abzuschütteln. Ständig zischte ich ihr aus zusammengebissenen Zähnen in den Nacken: »Dein Rock, dein Rock.« Jedes Mal wenn Ilse sich abdrehte, trippelte ich hinter ihr her. Nun ist das wirklich nicht lustig, dass, während man seinen Text aufsagt, der Partner einem ständig etwas ins Ohr zischt. Das kann sehr störend sein (meine Mutter ist darin Spezialistin). Endlich war ihr Monolog beendet und sie ging von der Bühne, nicht ohne mir vorher einen pikierten Blick zugeworfen zu haben. Das Publikum hatte, außer seltsamen Stellungen, nichts mitbekommen. Mir fiel ein Stein vom Herzen. Da hörte ich es plötzlich aus der Nullgasse schallen: »Ach du meine Güte! Wie peinlich!« Offenbar war Ilse zu dem Ganzkörperspiegel geeilt, der hinter der Bühne aufgestellt war, und hatte das Malheur entdeckt. Nach der Vorstellung gab sie mir ein Bier aus. 2015 ist diese wunderbare Kollegin verstorben, ich habe selten nettere Menschen kennengelernt als Rolf Schimpf und seine geliebte Ehefrau Ilse Zielstorff.

Unser nächstes Ziel war Recklinghausen im Ruhrgebiet, wo wir für ein paar Nächte Quartier beziehen würden. Da die Stadt mittendrin liegt, ist sie als Abstecherbasis bestens geeignet. Von dort aus werden Orte wie Herne, Marl, Gelsenkirchen, Dorsten, Solingen, Bottrop, Ahaus, Borken, Wesel, Lünen, Dinslaken, Moers, Hilden, Mettmann, Remscheid und Ratingen bespielt, um nur einige zu nennen. Bis zu 100 Kilometer hin und zurück nimmt man an Fahrt in Kauf, nur um im selben Hotel bleiben zu können. Unser erster Abstecherort würde Solingen sein, die Stadt der Messer. Unser Busfahrer war schon nachmittags gestartet, da er ja auch für die Requisite verantwortlich war und aufbauen musste. Ausgemacht war, dass er die Truppe gegen 17 Uhr beim Hotel abholen sollte. Circa 75 Kilometer trennten uns vom Spielort, also hatten wir genug Puffer, um pünktlich um 19 Uhr da sein zu können.

Wir warteten und warteten und warteten. Die Zeiger der Uhr standen inzwischen auf 18 Uhr und ein Teil der Truppe wollte schon ein Taxi bestellen, aber wer sollte es bezahlen? Also lieber noch etwas warten, es war ja auch nicht unsere Schuld. Den Busfahrer konnten wir nicht erreichen, damals gab es noch keine Handys. Als gegen 18.30 Uhr noch immer kein Bus auftauchte, brach uns der Schweiß aus. Was tun? Wir konnten nicht länger sitzen bleiben. Kurzerhand bestellten wir zwei Taxis und quetschten uns jeweils zu viert ins Auto. Sich während der Stoßzeiten durch das Ruhrgebiet zu schlagen, verlangt eiserne Nerven. Schon nach fünf Minuten hatten wir das andere Taxi abgehängt. So wirklich kamen wir nicht vorwärts, und unser Taxifahrer beschloss, sich auf Neben- und Landstraßen durchs Gewühl zu schlängeln. Der Mann war die Ruhe selbst, während wir vor Nervosität zitterten und bebten. Außerdem hatte keiner von uns genügend Bargeld dabei, um diese Fahrt bezahlen zu können, aber dies verschwiegen wir wohlweislich.

Endlich tauchte das Ortsschild von Solingen auf. Inzwischen zeigte die Uhr 19.45 Uhr, wir hatten also noch 15 Minuten Zeit, um uns fertig zu machen. Wie ein Rudel gehetzter Rehe sprangen wir aus dem Taxi und verschwanden im Künstlereingang, ohne die Fahrt bezahlt zu haben. Unser Busfahrer war nicht nur der Requisiteur, sondern auch unser Tourneeleiter und für Sonderausgaben und Diäten zuständig. Wo der Herr allerdings abgeblieben war, davon hatten wir keinen blassen Schimmer, denn der Bus war verschwunden. Das zweite Taxi hielt ein paar Minuten später vor dem Theater an. Hier hatten die Kollegen genug Geld in der Tasche gehabt, um den Taxifahrer entlohnen zu können. Nachdem unser netter Fahrer zehn Minuten vor der Tür ausgeharrt hatte, stand er dann allerdings plötzlich mitten im Garderobengang und verlangte seine Bezahlung. Wir hatten ihn in dem Durcheinander total vergessen.

Hartmut nahm den verdatterten Mann kurzerhand mit hinter die Bühne und platzierte ihn neben einen der Feuerwehrmänner. Die Feuerwehr sitzt immer rechts und links von der Bühne, in der vordersten Nullgasse, mit guter Sicht auf das Geschehen. Der arme Mann kam gar nicht dazu zu widersprechen, aber so hatte er uns gut unter Kontrolle und konnte sicher sein, dass wir nicht ohne zu bezahlen abhauen würden. Selten hat unser Spiel so viel Begeisterung bei einem Einzelnen ausgelöst. Bei besonders spannenden Szenen hielt er die Hand des Feuerwehrmannes fest oder haute ihm geräuschvoll auf die Schulter mit den Worten: »Dat jit es ja nit, dat arme Mädschen kann sisch doch nit weeehren, da musste doch einschspringen. Tu wat!« Der Feuerwehrmann versuchte sein Möglichstes, um ihn zu beruhigen und seine Lautstärke zu drosseln. Alles wurde kommentiert. Wenn von dem Tod des Vaters berichtet wird, kam die Aufklärung: »Isch wees, wers war, dat war der Locky.« Als Locky mir das Kind entreißen wollte, hatte der Feuerwehrmann alle Mühe, den aufgewühlten Taxifahrer davon abzuhalten, auf die Bühne zu springen. »Jib dat Kind zurück! Haderlump!«, schallte es über die Bühne. Wir hatten es alle schwer, ernst zu bleiben. Dann erfolgte der Schuss (diesmal klappte es), Locky brach tödlich getroffen zusammen und von links der Bühne kam der Ruf: »Endlisch is dat Arsch dot, haste jut jemacht Mädschen!« Nun lachte auch das Publikum verhalten.

Inzwischen war unser Busfahrer wieder aufgetaucht. Er hatte die Strecke bei Stoßzeit unterschätzt und als ihm klar geworden war, dass er uns niemals pünktlich ins Theater bringen würde, war er einfach wieder umgedreht. Beim Schlussapplaus bekam sich unser Taxifahrer gar nicht mehr ein und wollte uns auf der Bühne um den Hals fallen, was wiederum von dem heroischen Feuerwehrmann verhindert wurde. Als der Vorhang endgültig gefallen war, stürmte er auf uns zu und schüttelte allen die Hände. »Dat war ja mal was. Isch war noch nie im Theater, aber ab jetzt schau isch mir allet an. Isch fahr euch auch wieda zurück und die Rechnung könnt ihr verjessen, von euch nehm isch kein Jeld.«

Hoffentlich hat er bei der Auswahl anderer Theaterstücke ein gutes Händchen bewiesen und ist uns als Publikum erhalten geblieben.

Die Belinda war eine meiner erfolgreichsten Rollen. Wir waren ein gutes Team gewesen und bis auf ein paar Ausnahmen war es friedlich zugegangen. Inzwischen hatte meine Mutter ihr eigenes Tourneeunternehmen gegründet mit dem Namen »Das Ensemble«. Das erste Stück, das von unserem Unternehmen gespielt wurde, hieß *Medea* von Jean Anouilh, mit meiner Mutter in der Hauptrolle. Wahrlich keine leichte Kost. Mein erster Einsatz für das hauseigene Unternehmen sollte 1984 die Rolle der Julia werden, in dem wohl berühmtesten Stück Shakespeares, *Romeo und Julia*. Mein Töchterchen Josephine war inzwischen drei Jahre alt und die Tournee würde mit 140 Vorstellungen eine unserer längsten werden. Gestartet wurde sie im Oktober 1984, beendet im März 1985.

Hängt die Wäsche weg, die Schauspieler kommen!

Anonym

Romeo und Julia

William Shakespeare (1564–1616)

Wenn man einen normal Sterblichen auf der Straße nach dem berühmtesten Liebespaar der Welt fragt, kommt meistens wie aus der Pistole geschossen »Romeo und Julia!«, seltener lautet die Antwort Angelina und Brad.

Also: Zwei Familien in Verona sind sich spinnefeind. Die Montagues und die Capulets. Warum weiß eigentlich keiner so genau. Auf einem Maskenfest begegnen sich Romeo, ein Montague, und Julia, eine Capulet, zum ersten Mal und es haut so richtig rein. Noch in derselben Nacht versichert Romeo Julia unter ihrem Balkon seine ewig währende Liebe, sie schluchzt zurück. Wir in Bayern nennen das Fensterln. Julia wird ständig von ihrer Amme begleitet, die ihrem Täubchen aber so ziemlich alles durchgehen lässt. Wie's der Zufall so will, treffen sich die Halbstarken am nächsten Tag auf dem Marktplatz, und Romeo, völlig durchdrungen von der Liebe zu Julia, kriegt Stress mit dem Cousin Julias, dem wilden Tybalt. Während des folgenden Kampfes ersticht Romeo diesen aus Versehen und muss jetzt so schnell wie möglich fliehen. Vorher aber heiratet er noch schnell Julia mithilfe des Paters Lorenzo. Die intrigante Amme mischt im Hintergrund auch mit. Nach der Hochzeitsnacht setzt sich Romeo nach Padua ab. Julchen ist todunglücklich und Pater Lorenzo kommt auf den genialen Plan, sie mithilfe von Gift in einen todesähnlichen Schlaf zu versetzen und in der Gruft beerdigen zu lassen. Romeo soll dann mit der nach ein paar Stunden wiedererwachten Leiche ins Ausland fliehen. Da die Liebe einem völlig das Gehirn versengt, ist Julia mit allem einverstanden. Sie süffelt also das Gift, alle glauben sie sei tot. Inzwischen hat Pater Lorenzo einen Boten mit Brief (der damalige Postweg) nach Padua zu Romeo geschickt, in dem der Plan genau beschrieben wird. Aber schon damals hat die Post versagt und der Bote kommt zu spät. Romeo hat durch einen Freund, der eindeutig schneller als der blöde Bote war, von dem Tod Julias erfahren und flitzt zurück nach Verona. Er findet seine Geliebte aufgebahrt in der Gruft vor, und jetzt macht er was ganz Unmännliches, er trinkt Gift – und stirbt. Da wacht Julia auf und findet ihren Ehemann tot vor. Der hat aber das ganze Fläschchen Gift bis auf den letzten Tropfen ausgesoffen und so bleibt Julia nichts weiter übrig, als sich mit seinem Dolch zu entleiben. Nun sind beide wirklich tot. Da kommen die verfeindeten Familien am Grab zusammen und über den Leichen der Kinder vertragen sie sich wieder. Das Ganze spielt sich sage und schreibe innerhalb von drei Tagen ab. Was lernen wir daraus? Ein Missverständnis jagt das andere, wahre Liebe endet tödlich und die Post ist an allem schuld!

Zwölf Schauspieler, davon drei Damen, 140 Städte, vier PKW, Bühnenbild und Kostüme von Heidrun Schmelzer, Regie und Produzentin – meine Mutter, die gleichzeitig die Amme spielte.

Gestartet wurde in Diepholz, Niedersachsen. In Diepholz steht eine wunderschöne Wasserburg aus dem elften Jahrhundert, außerdem gibt es die obligatorische Fußgängerzone, ein wunderbares Theater mit 550 Plätzen und kein nennenswertes Hotel. Also wurde die Truppe circa 20 Kilometer außerhalb in einem kleinen, familiengeführten Hotel namens »Deutsches Haus« untergebracht. Mein Zimmerchen Nr. 11 hatte höchstens neun Quadratmeter, bestückt mit einem hohen, sehr alten Holzbett und einem winzigen Schreibtisch, Blümchentapete und Samtvorhängen, saugemütlich. Meinen Koffer musste ich aus Platzmangel unter das Bett schieben. Das Essen war hervorragend und die Wirtsleute sehr nett, wir waren zufrieden.

Der größte Teil der Truppe kannte sich schon von den Burgfestspielen Jagsthausen, da meine Mutter dort die Intendanz innehatte. Sie spielte die Amme, ich die Julia, der Bruder meiner Mutter, Holger Schwiers, den Prinzen Paris. »Mein« Romeo wurde von Willi Kowalj gegeben, einem wunderschönen jungen Mann, der im wahren Leben so gar nichts mit dem weiblichen Geschlecht anfangen konnte. Im Stück ist Romeo ja ein wahrer Künstler mit dem Degen, auch damit hatte Willi so seine Schwierigkeiten. Unser Fechtmeister Klaus Figge hatte sich wirklich alle Mühe gegeben, aus ihm einen halbwegs guten Fechter zu machen, aber eigentlich tanzte Willi eher, als zu kämpfen, also ließ Klaus den Kampf anstelle von Romeo von Benvolio, Romeos Cousin, bestreiten, und als Romeo die Kampfhähne trennen will, fällt ihm Tybalt aus Versehen ins Schwert. Problem gelöst!

Das Bühnenbild bestand aus einem Brunnen in der Mitte der Bühne, auf dem ein fetter Zwerg saß, und einem schwarzen Block, circa zwei Meter lang und 80 Zentimeter hoch, der sowohl als Tafel als auch als Aufbahrungsort diente und den man nach Bedarf hineinschieben konnte. Dann war da natürlich der berühmte Balkon, eine schwarze Eisenkonstruktion, der links von der Bühne hineingefahren wurde, des Weiteren jeweils zwei rote, 2,50 Meter hohe Plastikfahnen und zwei mal zwei Meter hohe weiße Plastikwände. Alles, bis auf den Brunnen, auf Rädern. Für die Umbauten waren die Schauspieler zuständig. Ein sehr modernes, flexibles, leichtes und schönes Bühnenbild, unser Techniker Gert jubelte. Die aufwendigen Kostüme waren alle im Stil der Renaissance gehalten und bildeten einen schönen Kontrast zum Bühnenbild.

Seien Sie froh, dass Sie als Zuschauer nicht mitbekommen, was manchmal hinter oder auch manchmal auf der Bühne passiert, das würde Ihre Illusion völlig zerstören. Mein lieber Onkel Holger, der eine sehr schöne Stimme besitzt, war von meiner Mutter dazu verdonnert worden, den Prolog zu sprechen. Heutzutage würde das über ein Tonband eingespielt werden, damals war meiner Mutter der technische Aufwand zu groß, und so musste Holger ran. Man durfte ihn aber nicht sehen, da er kurz nach dem Prolog als Prinz Paris die Bühne betreten musste, also hockte er sich zusammengekauert kurz vor der Vorstellung und schon im Kostüm hinter den Brunnen, sprach den Prolog und robbte dann auf dem Bauch wie ein Soldat im Trainingseinsatz von der Bühne. Wir lachten uns jedes Mal schlapp.

Bei den Umbauten muss natürlich jeder Handgriff zu 100 Prozent stimmen, also gab es extra Umbauproben, bis jeder im Schlaf wusste, wo und wann er die Fahnen, Wände, den Balkon oder den Tisch zu platzieren hatte. Wussten Sie eigentlich, dass es schräge Bühnen gibt? Oh ja ... Buxtehude hatte eine oder auch das wunderschöne Barocktheaterchen in Wilhelmsbad bei Hanau. Da kommt so ein fahrbares Bühnenbild besonders gut.

Wir gastierten in Buxtehude, Niedersachsen. Diese gemütliche kleine Stadt war im Mittelalter Schauplatz zahlreicher Hexenprozesse. Geprägt wird die Altstadt von Fachwerkhäusern, den sogenannten Bürgerhäusern. Wir spielten damals in der Aula des Gymnasiums, 2008 wurde dann das »Kulturforum am Hafen« eröffnet, ausgestattet mit einem modernen Theater. Die Bühne in der Aula war schräg zum Zuschauerraum geneigt, und das nicht unerheblich. Wir hatten alle unsere Fahnen und Wände mit Sandsäcken beschwert, damit sie uns nicht in den Zuschauerraum schießen würden. Für die große Tafel hatte Gert Holzpflöcke besorgt. Die Vorstellung konnte beginnen. Alles lief glatt bis zur Balkonszene, Sie wissen schon ... »Oh Romeo, warum bist du Romeo?« Dazu muss Julia natürlich auf dem Balkon stehen. Bis die berühmteste Szene im ganzen Stück drankam (»Es war die Nachtigall und nicht die Lerche« ... das nennt sich die Liebesszene), harrte der Balkon auf der Seitenbühne auf seinen Auftritt, wurde dann auf Stichwort von zwei Kollegen von links auf die Bühne geschoben, aber nur so weit, dass man die Treppe, die auf die Plattform führte, nicht sehen konnte. Gott sei Dank, denn ich hatte jeden Abend mit meinem langen Gewand und den Stufen zu kämpfen und, um nicht hinzufallen, stopfte ich mir den langen Rock sehr undamenhaft in meine Unterhose.

Der Balkon war aus schwarzen Eisenstäben gefertigt, eine lichte Konstruktion und erstaunlich leicht. Ich huschte zu meinem Auftritt und die Treppe hinauf, die Kollegen standen schon bereit, mich und den Balkon auf die Bühne zu fahren. Irgendetwas stimmte nicht. Ich hörte die Kollegen unterdrückt vor sich hin fluchen. Konnte es sein, dass der Balkon besonders schief stand? Irgendetwas stimmte so ganz und gar nicht. Konnte es sein, dass Gert alles abgesichert hatte und nur den Balkon vergessen hatte? Irgendetwas stimmte absolut nicht. Nun hörte ich auch Willi fluchen und sah, dass er wilde Zeichen in Richtung Gert, der auf der anderen Bühnenseite stand, absetzte. Jetzt wurde mir richtig mulmig. Der Balkon war nicht gerade niedrig und die Neigung der Bühne schien sich nach oben zu verdoppeln.

Das Stichwort fiel und die Kollegen schoben mich mit vereinten Kräften auf die Bühne. Bis dato hatte der Balkon an der Seitenwand gelehnt, nun gab es nichts mehr, das ihn stoppen konnte. Die zwei Jungs hingen an der Rückseite wie Windsurfer und versuchten, das Teil daran zu hindern, nach vorne zu fahren. Da man aber keinen von ihnen sehen durfte, konnten sie den vorderen Teil nicht davon abhalten, sich gemächlich Richtung Zuschauerraum zu drehen. Das war falsch, ganz falsch! Ich wollte ja nicht die Zuhörerschaft anhimmeln, während mein Romeo links von mir zurückschmalzen würde. Während die Jungs wie ein Anker den Balkon davon abhielten, mit seiner Fracht über die Rampe zu fliegen, hatte Willi, den man sehen durfte und auch musste, die Initiative ergriffen und sich an den vorderen Teil gehängt und versuchte nun, während er gleichzeitig seinen Text zum Besten gab, den Balkon wieder parallel zu stellen. Dabei stand er direkt unter mir und ich konnte ihn nicht sehen. Das war genauso bescheuert! Ich riskierte einen Blick nach unten und sah drei Herren in Windsurferpose an den Eisenstangen hängen, zwei davon mit hochroten Gesichtern und unsichtbar für die Zuschauer, Willi dagegen sichtbar. Er hatte die Fersen fest in den Bühnenboden gestemmt, hing in der Hocke mit einem Arm an der Stange, während er mit dem anderen zu seinem Text gestikulierte. Wären Sie in diesem Moment ernst geblieben? Völlig verkrampft, in Seitenlage, versuchte ich meinen Text, möglichst verliebt, von oben einem nicht sichtbaren Kollegen entgegenzuhauchen.

Das Publikum hatte die Lage überrissen und fand das Ganze genauso bekloppt wie ich. Es spendierte Willi unter Gelächter einen Sonderapplaus. Wir brachten die Szene irgendwie zu Ende und waren froh, dass der Balkon kein zweites Mal gebraucht wurde. Noch einen Nachteil besitzen schräge Bühnen: Man wird leicht seekrank und so liegt es beileibe nicht immer am Alkohol, wenn die Schauspieler nach einer Vorstellung ins Hotel zurücktaumeln.

Meine Mutter ist ein sehr sozialer und gutmütiger Mensch. Das beweist sie immer wieder bei ihren Besetzungen. So hatte sie aus purem Mitleid einen alten Kollegen namens August Holler engagiert, ein kleines weißhaariges Männchen mit den größten Augenbrauen, die ich jemals gesehen habe, fleischiger Nase, einer knarrenden Stimme und einer Pergamenthaut. Er sollte den alten Montague, den Vater von Romeo, spielen und hatte genau einen Satz an der Leiche seines Sohnes zu sagen. »Oh du Ungeratener, dich vor deinem Vater ins Grab zu drängen.« In den 140 Vorstellungen hat er es nicht ein einziges Mal geschafft, den Satz richtig zu bringen. Er war, wie wir so schön sagen, ein Knattermime. Kurz vor seinem Satz warf er sich in Pose, holte tief Atem, alle anderen auf der Bühne hielten ihn an, presste einen Handrücken gegen seine Stirn und dann kam ein lang gezogenes »OHHHHHHHHH *(Pause)* ... *(Atem holen)* DUHUHUHUH *(Pause)* ... *(Atem holen)* UUUNnnGERRRRRAAAAteeeneeer *(bei Großschreibung müssen Sie laut werden)* ... *(Pause)* dich VOHOHORRRR *(Pause)* deinem *(Atem holen)* VAAAAATTTTEEEERRRR *(Pause)* ins *(Atem holen)* GRAAAHHHAAAABB zu *(und jetzt kam der Knackpunkt, er wusste nie ob es ›legen‹ oder ›drängen‹ hieß)* DRRR ... LEEE *(Pause)* ... *(jetzt kam Holgers große Stunde. Er zischte ihm wütend zu: ›drängen‹)* DRRRÄÄÄÄHHHNNNNGEENNN!«

Geschafft, wir konnten wieder ausatmen! Jeden Abend dasselbe Prozedere, wie mache ich aus einem einfachen Satz ein abendfüllendes Programm. August Holler war nach kürzester Zeit zum personifizierten Feindbild von Holger mutiert. Noch dazu saßen beide im selben Auto. Herr Holler war ein Kettenraucher und jedes Mal, wenn er eine rauchte, zuzelte er geräuschvoll wie ein Säugling an dem Filter, inhalierte tief den Rauch, um ihn schließlich unter Husten wieder auszustoßen, dabei rieb er sich ständig seine Hände, was ein pergamentartiges Rascheln zur Folge hatte. Holger drehte fast durch, aber es gab nur ein einziges Raucherauto. Mitgefangen, mitgehangen!

Eines Tages jedoch brachte Herr Holler das Fass zum Überlaufen, indem er den vollgestopften Aschenbecher mitten auf einem Parkplatz in der Stadt einfach aus der offenen Türe auf die Straße kippte. Und das vor den Augen meines ordnungsliebenden Onkels, und so warf Holger ihn, zur Freude der anderen, kurzerhand aus dem Auto. Herr Holler kam eine Stunde später ins Hotel geschlichen, und als meine Mutter ihm eröffnen wollte, dass ihm gekündigt wäre, kam er ihr zuvor und schmiss alles hin. Es war aber auch wirklich nervig und auf den Montague konnte man notfalls verzichten. Außerdem hatten wir meinen Vater in der Hinterhand, der sich bereit erklärt hatte, falls alle Stricke reißen würden, Herrn Holler zu ersetzen. So sahen wir ihm kurze Zeit später mit leichtem Herzen zu, als er sich mit seinem Gepäck in Richtung Bahnhof bewegte.

Mein Vater war indessen mit dem Auto zu uns unterwegs und sollte gegen 18 Uhr eintreffen. Wir saßen noch alle zusammen in der Lobby, als Willis Blick an mir vorbei zur Eingangstüre ging und er die Hautfarbe wechselte. Pures Entsetzen stand in seinem Gesicht geschrieben. In der Halle stand Herr Holler in Begleitung des Mercutio-Darstellers und trippelte auf Muttern zu. »Frau Schwiers, der Kollege konnte mich überzeugen, doch noch weiterzumachen, und ich ziehe meine Kündigung hiermit zurück.« Mercutio hatte den verwaisten August am Bahnhof stehen sehen und ihn kurzerhand wieder mitgebracht. Was haben wir ihn gehasst dafür. Mein Vater, der sich aus Zeitplanungsgründen regelmäßig von den Autobahnraststätten aus meldete, war, nachdem wir ihm die Schreckensnachricht mitgeteilt hatten, schlichtweg wieder umgekehrt.

Dieser unselige Mensch hatte noch einen Tick. Anstelle des Frühstücks bestand er auf einem Cognac, wir reden hier von den frühen Morgenstunden. Dann saß er im Restaurant, trank mindestens fünf Tassen Kaffee, rauchte wie ein Schlot und nippte an seinem Cognacschwenker. Das hatte er sich sogar vertraglich zusichern lassen. Außerdem sah er kleine Männchen. Kein Witz! Er hatte sogar ein Buch über seine ständigen Begleiter geschrieben und hatte als Beleg Bilder beigefügt, die die Existenz selbiger beweisen sollten. So sehr wir uns auch bemühten, und ich bin gut bei Wimmelbildern, wir sahen nur Baumrinden oder Steine. In den Garderoben saßen die Männchen sehr gerne auf den Vorhangstangen oder hingen in den Gardinen, manchmal hockten sie sogar auf den Schultern von Kollegen. Fast waren wir gewillt, ihm zu glauben, da er jedes Mal voll Inbrunst mit den Geistergestalten kommunizierte. Eines Tages behauptete er, die

Männchen würden auf der Stoßstange des voranfahrenden Autos sitzen, Holger, als Fahrer, hätte gefälligst Abstand zu halten, um die Kleinen nicht zu gefährden. Eine Zeit lang jammerte August vor sich hin, als sich plötzlich sein Gesicht aufhellte und er der Truppe freudestrahlend berichtete: »Die Kleinen haben sich jetzt Sturzhelme übergezogen, du kannst wieder Gas geben!« Ab dem Zeitpunkt durfte er die Männchen nicht mehr erwähnen.

Einer der Darsteller war mit seinem eigenen Auto unterwegs. Als Gepäck nannte er zwei riesige schwarze Taschen sein Eigen. Uns war es ein Rätsel, was er alles mitschleppte, denn die eine Tasche konnte man kaum vom Boden heben, so schwer war sie. Außerdem klimperte es geheimnisvoll im Gepäck, wenn er sich an uns in Richtung Zimmer vorbeischleppte. Lachend meinte er immer: »Ich bin auf Tour mit Johnnie.« Irgendwann traf es auch ihn mit einer Zimmerparty und endlich wurde das Geheimnis seiner Taschen gelüftet. In der einen hatte er seine Hanteln verstaut und in der anderen seinen Begleiter Johnnie Walker, einen, wie wir feststellen durften, guten Whisky. Aber wir sahen auch rote Lackpumps aus einer der Taschen hervorlugen, trauten uns aber nicht, nach deren Sinn zu fragen.

Wir gastierten in Bad Harzburg, Niedersachsen. Dort gibt es ein anerkanntes Sole-Heilbad. Ich persönlich mag den wilden Harz mit seinen wunderbaren Wanderwegen und den etwas düsteren Wäldern. Hier drehte ich 1979 meinen ersten Film, *Grete Minde* nach Theodor Fontane. Also waren mir weder die Stadt noch das Hotel, in dem wir wohnen würden, unbekannt. Der »Harzburger Hof« war ein riesiger Kasten mit Holzfassade aus dem Jahr 1851. Das Hotel beherbergte auch ein Casino. Ewig lange Gänge, hohe Zimmerdecken mit Lüstern, bunte Teppiche, schwere Möbel, alles etwas verstaubt, ein bisschen erinnerte mich das Gebäude an den Horrorfilm *Shining*.

Die Jungs wollten alle umgehend ins Casino und ich hatte aus Spaß am Abend vorher schon immer die Zahlen 17, 21 und 33 vorhergesagt. Holger nahm sich nicht einmal die Zeit, auf sein Zimmer zu gehen, sondern stürmte gleich ins Casino. Als ich nach einer halben Stunde dort auftauchte, kam er mir freudestrahlend entgegen, umarmte mich, gab mir zwei Küsschen links und rechts auf die Wangen: »Alle deine Zahlen sind gekommen, ich hab richtig viel gewonnen!« Und nicht nur er, die anderen hatten sich an ihn drangehängt und hatten richtig abgesahnt. Nicht einer hat mich auf ein Bier oder ein Glas Wein eingeladen – und ich muss wohl nicht erwähnen, dass ich nur verloren habe.

Wir wohnten alle zusammen auf einem der langen Gänge. Ganz hinten links besagter Darsteller, daneben ich. Die Zimmer waren nicht besonders groß, aber dafür sehr hoch. Es gab ein Eisenbett, einen hohen bedrohlichen Schrank, einen kleinen Schreibtisch, grünen Teppichboden und lange, verstaubte Samtvorhänge mit Blümchenmuster. Der besagte Herr hatte Besuch von seiner Freundin bekommen, einer sehr netten Kollegin. Nach der Vorstellung tranken wir alle noch etwas an der hoteleigenen Bar. Er und seine Freundin heizten sich dort schon kräftig ein und verschwanden dann auch bald auf ihr Zimmer. Scherzhaft meinten die Kollegen zu mir, dass ich eine unruhige Nacht haben würde, da die Turteltauben direkt neben mir wohnten. Wie sehr sie damit den Nagel auf den Kopf getroffen hatten, wurde uns einige Stunden später klar. Ich war gerade dabei einzuschlafen, als ich durch lautes Wummern hochgeschreckt wurde. Es klang ungefähr so ... BummBummBumm ... BummBummBumm ... BUUUMMM ... BUUUUMMM ... eindeutige Begattungsgeräusche. Das Eisenbett donnerte bei jedem Stoß gegen meine Wand.

Nach fünfzehnminütiger Beschallung plötzlich Stille. Dann Stimmen: »Du Drecksau, ich schlag dich tot!« Klatsch, Klatsch. »Lass mich zufrieden, du Idiot!« Klatsch, Klatsch. »Fass mich nicht an!« – »F...!« Klatsch, Klatsch. Dann folgten Schimpfwörter, die ich nicht wiedergeben möchte. Dazwischen immer wieder Geräusche, als würde jemandem der nackte Hintern versohlt werden. Dann wurden, dem Krach nach, Möbel durch das Zimmer geschmissen, allmählich fürchtete ich um das Leben von einem der beiden.

Ich beschloss, meine Mutter zu Hilfe zu holen, denn offenbar zerlegten die Kämpfenden nicht nur sich selbst, sondern auch die Zimmereinrichtung. Ich trat auf den Gang hinaus und traf auf einige Kollegen im Nachtgewand, die der Lärm ebenfalls aus den Zimmern gelockt hatte. Da flog plötzlich die Zimmertür auf und der im Liebeswahn Befindliche stürmte wie ein Rachegott an uns vorbei, seine Freundin, die sich am Boden wie ein Zitteraal wand, an den Haaren hinter sich herziehend. Wäre ja an sich ein tolles Bild gewesen, hätte er dabei nicht schwarze Strapse und die roten Lacklederpumps angehabt.

Er schleifte die zappelnde Nackte bis zum Ende des Ganges, drehte um, raste mit seiner Last wieder an uns vorbei, uns dabei völlig ignorierend, und verschwand wieder in seinem Zimmer. Wortlos, unter Schock, zogen wir anderen uns zurück. Es herrschte Stille. Ich hatte mich gerade wieder hingelegt, da ging ... BummBummBumm ... BummBummBumm ... der ganze Mist von vorne los. Wenigstens wusste ich jetzt, wofür er die roten Pumps benötigte.

Die beiden hielten uns die ganze Nacht wach und keiner traute sich, die bizarre Handlung zu unterbrechen. Während der Kollege und seine Herzensdame am nächsten Morgen blendender Laune waren, litt der Rest der Truppe noch unter akutem Schlafmangel. Wir hatten ab jetzt nur ein Ziel: vor dem Herrn das nächste Hotel zu erreichen und das am weitesten entfernte Zimmer zu ergattern, um nicht erneut Zeuge dieser Begattungszeremonie werden zu müssen.

Bleiben wir beim Sexualtrieb. Die Darsteller bestanden zum größten Teil aus sehr gut aussehenden Exemplaren der männlichen Gattung. Allen voraus Willi, aber der hatte mit der Damenwelt nichts am Hut. Mein Onkel Holger war in festen Händen, ebenso wie Mercutio und Lorenz Hugener, der den Tybalt spielte. Der Jüngste der Truppe war Oliver Hörner, dessen Eltern Günter Hörner und Ingrid Stein ebenfalls mitspielten. Oliver war ein Herzensbrecher, groß, mit wunderschönen Augen und sinnlichen Lippen. Kein Wunder, dass die weibliche Jugend ihm völlig verfallen war.

Wir kamen nach Stockach, Baden-Württemberg, und wohnten im Hotel »Zur Post«. Ein gemütliches, kleines, familiengeführtes Haus, das (bis dato) schauspielerfreundlich war. Der Wirt besaß ein hübsches Töchterchen, das beim Anblick von Oliver sofort dahinschmolz. Die beiden fingen an, heftigst miteinander zu flirten. Unser Berufsstand wird nach wie vor kritisch beäugt, wenn es sich um potenzielle Schwiegersöhne beziehungsweise -töchter handelt. Mit einem Wort, der Papa war eindeutig irritiert, dass seine Tochter dabei war, sich Hals über Kopf in einen Schauspieler zu verlieben. Dies galt es zu verhindern. Also wurde die Tochter zum Küchendienst verdonnert.

Doch Liebende sind erfinderisch. Irgendwie hatte das Töchterchen es fertiggebracht, Oliver heimlich mitzuteilen, wo er sie nächtens finden konnte. Auf leisen Sohlen schlich er sich also tief in der Nacht auf die Privatetage und öffnete in freudiger Erwartung die Tür, hinter der er seine Herzdame vermutete. Aber entweder war unser Jungspund zu aufgeregt oder die Wegbeschreibung des Töchterchens nicht ganz korrekt, denn er befand sich mitnichten im Zimmer seiner Angebeteten, sondern im elterlichen Schlafzimmer, wo der Papa selig vor sich hin schnarchte. Das Töchterchen hatte indes den ganzen Abend hinter ihrer Tür auf Oliver gelauert und somit Gott sei Dank mitbekommen, dass ihr Herzensbube sich in der Tür geirrt hatte, und schleuste ihn flugs ins richtige Gemach.

Am nächsten Morgen saßen wir alle beim Frühstück und bekamen ... nichts. Nicht mal einen Kaffee. Uns schwante Böses. Wir hatten alle die Affinität der Tochter des Hauses zu unserem jugendlichen Adonis mitbekommen und ahnten, dass es nicht bei einem Flirt geblieben war. Als der stocksaure Wirt auftauchte und uns mitteilte, dass es kein Frühstück für uns geben würde, wurde diese Annahme bestätigt. Wir wurden gebeten, unsere Sachen zu packen und uns von dannen zu trollen. Dabei wäre alles gut gegangen, denn die Eltern hätten rein gar nichts von der nächtlichen Aktion und Olivers »Fehltritt« mitbekommen, wenn die Kleine am nächsten Tag nicht verschlafen hätte. Sie war aber zum Frühstücksdienst eingetragen und hatte, als der Vater sie morgens aus dem Bett schmiss, unter Tränen den Eltern das nächtliche Techtelmechtel gebeichtet. Vorauseilenden Gehorsam nennt man so was.

Wir waren ziemlich sauer, da das Frühstück im Zimmerpreis enthalten war und wir jetzt hungrig auf die Straße mussten. Andererseits zeigten wir auch Verständnis für den nächtlichen Ausflug. Oliver ist inzwischen ein erfolgreicher Schauspieler (*Die Rettungsflieger*, *Landarzt*, *Polizeiruf 110*, um nur einige zu nennen), ist glücklich verheiratet und hat zwei entzückende Kinder.

Eine Stadt in Nordrhein-Westfalen hatte uns gebucht. Wir sollten in der neu eröffneten Stadthalle spielen. Meine Mutter hatte uns im »Hotel Stadt Bremen« (es war wohlgemerkt nicht Bremen) untergebracht, das ein Schwimmbad, eine Sauna, eine Kegelbahn und ein sehr gutes Restaurant besitzt. Die Zimmer waren in Ordnung, allerdings konnte man gewisse Vorbehalte unserem Berufsstand gegenüber deutlich spüren.

Um 19 Uhr war die Begehung der Bühne angesagt. Die Stadthalle, ein brandneuer Bau, präsentierte sich als ein, für die damalige Zeit, futuristisches Gebäude mit großen Glasfenstern und einem schönen Zuschauerraum. Die Garderoben lagen wie so oft im Keller und waren relativ klein, aber sauber. Alles war zu unserer Zufriedenheit. Die damalige Kulturreferentin erschien und legte uns das Gästebuch hin. Auch das gehört zu einer Tournee und jedes Mal stöhnen die Kollegen auf, denn nie hat man Zeit oder besser gesagt Lust, sich am Ende einen Spruch einfallen zu lassen. Die Feuerwehr und einige der Angestellten bekommen von allen Schauspielern unterschriebene Programmhefte. Das ist lästig! Auf der anderen Seite kann man den Gästebüchern aber auch gut entnehmen, wie es den Kollegen vor einem ergangen ist.

In diesem Fall gab es nur drei Eintragungen, die uns allerdings schwer zu denken gaben. Maria Becker hatte geschrieben: »Applaus ist das Brot der Schauspieler!«, und Maria Schell den kryptischen Satz »Ich habe alles bezahlt!«. Ein uns unbekannter Kabarettist sogar: »Benehmen ist nicht jedermanns Sache.« Was uns aber wirklich übel aufstieß, waren die in altdeutscher Schrift verfassten Kritiken, die unter den Gästeeintragungen zu finden waren, die konnten nur von einem verkalkten Lehrer stammen. Alles war mit erhobenem Zeigefinger geschrieben und strotzte nur so von Dünkel und Moral. Ekelhaft! Bisher war unsere Tournee ein voller Erfolg gewesen und die Leute begeistert, warum also nicht auch die Bevölkerung dieses Landstriches?

Voller Elan bestiegen wir die Bühne zum Maskenfest – und ich traute meinen Augen kaum. Auf der Rampe standen Coca-Cola-Flaschen, es lagen Chipstüten herum und der ein oder andere in der ersten Reihe hatte lässig seine Füße auf der Bühne geparkt. Die Zuschauer unterhielten sich laut miteinander, mache aßen sogar Pommes frites, deren Geruch nach frittiertem Öl bis zu uns nach oben waberte. Offensichtlich dachten die Zuschauer, sie wären in einer Kinovorstellung. Man schenkte uns kaum Beachtung.

Meine Mutter kochte! Nach gut 20 Minuten, während denen wir uns redlich abmühten, die Aufmerksamkeit auf uns zu ziehen, zischte sie mir hinter der Bühne nur das Wort »DURCH« zu, ich verstand und gab Gas. Willi nahm meine Geschwindigkeit auf und so schossen wir durch die Balkonszene. Ich kann verdammt schnell sprechen und so geriet das Liebesgeflüster zu einem Stakkato aneinandergereihter Wörter. Man hörte uns sowieso nicht zu. Die Vorstellung, die normalerweise zwei Stunden dauerte, ratterten wir in knapp anderthalb Stunden herunter. Weltrekord würde ich mal meinen. Der Applaus war verhalten, nur Einzelne unternahmen den müden Versuch zu klatschen, nun ja, in diesem Fall zu Recht. Die Eintragungen unserer berühmten Kolleginnen begannen, einen Sinn zu ergeben. Meine Mutter stürzte sich nach der Vorstellung auf das Gästebuch und schrieb: »Wie du mir, so ich dir!«

Normalerweise stehen nach einer Vorstellung immer ein paar Fans vor dem Ausgang, hier würdigte man uns indessen keines Blickes, die Frauen klammerten sich an ihre Täschchen, senkten den Blick zu Boden und schleiften ihre Männer zum Auto, als wenn wir geflohene, gewaltbereite Straftäter wären. So etwas war uns noch nie passiert.

Wir gingen zurück ins Hotel, dort saß ein großer Teil der Zuschauer im Restaurant. Normalerweise bekommt die Truppe dann noch mal einen zweiten Applaus, hier verstummten alle Gespräche auf einen Schlag und man musterte uns mit feindlichen Blicken. Wir quetschten uns an den für uns reservierten Tisch und bestellten als Erstes ein Bier. Wir saßen da wie auf einem fremden Planeten gestrandete Astronauten, und die Aliens überlegen, ob die menschliche Rasse futtertauglich ist, so wurden wir zumindest taxiert. Wir fühlten uns ins Mittelalter zurückgeschleudert, als man Schauspieler noch außerhalb der Stadtmauern verscharrte, und wenn die Truppe in die Stadt kam, schnell die Wäsche weghängte.

Während wir noch unbehaglich auf unseren Stühlen herumrutschten, raunte uns meine Mutter plötzlich zu: »Sie wollen Schauspieler, sie kriegen Schauspieler, gebt Gas!« Mit leiser, aber sehr deutlicher Stimme fing sie an, ein Gedicht zu rezitieren: »Am Ende ihres Lebens kam sie in einen Puff, doch alles war vergebens, es wollte keiner ruff, Hängetitten, abgeritten und mit einem Klapp-*(in die Hände klatschen)*-Popo, holdrioh, holdrioh!« Während des »Gedichtes« war es immer stiller im Restaurant geworden, offensichtlich wollte man die Konversation an unserem Tisch nicht verpassen, selbst schuld. Wie sagt man so schön: Der Esel an der Wand hört seine eigene Schand'. Ich muss allerdings zugeben, auch ich war sprachlos. So hatte ich meine Mutter noch nie erlebt. Willi konterte konservativer mit dem Lied »Die Gedanken sind frei, wer kann sie erraten ...«. Der gute Ansatz wurde von Mercutio sofort mit den Worten »Frau Wirtin hat auch einen Mimen mit 'nem besonders großen Riemen und spart das Publikum mit dem Applaus, dann steckt er ihn zum Vorhang raus und droht dem trägen Hause« zunichtegemacht. Nun schmiss Günter Hörner einen weiteren Wirtinnenvers in die Runde: »Frau Wirtin hatt' auch einen Mann, doch der kam nur sehr selten dran, da sie den Wechsel liebte und nach bestimmtem Stundenplan es mit den Gästen übte.«

Da verließen die ersten Gäste unter Protest den Raum, aber wir waren wie entfesselt. Die Jungs schmetterten Ritterverse in die Runde, der Wirt zeigte offene Verzweiflung und versuchte vergeblich, uns zu stoppen, indem er uns anbot, den Nebenraum freizugeben und uns dort, und nur dort, eine Runde auszugeben. Da sprang Willi auf den Tisch und krähte: »Schneewittchen hat nen geilen Po, Supertitten sowieso. Täglich hat sie wilden Sex mit den Zwergen eins bis sechs. Nur der schwule siebte Zwerg fickt mit Hänsel hinterm Berg.« Wir waren begeistert! Nun wurden Unmutsrufe der anderen Gäste laut und meine Mutter beschloss, die Situation nicht weiter eskalieren zu lassen und das Angebot des Wirtes anzunehmen. Also packten wir unsere Sachen und steuerten Richtung Nebenraum.

In dem Bewusstsein, diesen Spießern so richtig eingeschenkt zu haben, wurde es für uns einer der lustigsten Abende auf Tournee. Bis um drei Uhr morgens haben wir noch gekegelt, bis auch die letzte Frustration über dieses Publikum verraucht war. Meine Mutter sagt immer: »Jedes Publikum bekommt die Vorstellung, die es verdient.« Auch ein komplett unerfahrenes Theaterpublikum muss erzogen werden. Danach haben wir noch oft in diesem Ort gespielt, und das sehr gerne. Das Publikum hat sich gemausert und das Gästebuch in dieser Form gibt es nicht mehr. Stattdessen Getränke und Süßigkeiten für uns und alle sind entzückend. Im Gegenzug versuchen wir, der dortigen Bevölkerung erstklassiges Theater zu liefern. So soll es sein! Der Wirt hat sich an Schauspieler gewöhnt und uns diesen Abend verziehen. (Noch ein kleines Quiz zwischendurch: Dieser Ort in Nordrhein-Westfalen fängt mit B an und hört mit N auf. Viel Spaß beim Suchen!)

Wir fuhren gen Fulda in Hessen. Diese Stadt erschlägt mich immer ein bisschen mit ihren vielen pompösen barocken Kirchen, kein Wunder – Fulda ist eine Bischofsstadt mit Bischofssitz des gleichnamigen Bistums. Die Grünanlagen des Stadtschlosses sind traumhaft und die historische Altstadt sehenswert. In einem Seitenflügel des Schlosses befindet sich auch das barocke Theater mit fast 700 Sitzplätzen. Das Besondere an diesem Haus ist die Decke im Zuschauerraum. Tausende von Glasstäben in verschiedenen Längen hängen von der mit Stuck verzierten Decke, der Akustik wegen. Hier finden viele Konzerte statt, für das Sprechtheater ist diese Konstruktion indessen eher hinderlich. Wir müssen jedes Mal enorm Gas geben, damit uns auch die hinterste Reihe versteht. Die Freude ist aber immer groß, wenn man den Namen dieser Stadt auf seiner Tourneeliste findet. Angenehmes Hotel, angenehme Stadt, angenehmes Theater und eine sehr nette Crew. Doch sollte ich hier eine weitere Lehrstunde bekommen zum Thema »Wie wichtig sind Requisiten«.

Die Vorstellung lief hervorragend, das anspruchsvolle Publikum lauschte uns gebannt. Romeo hatte gerade seinen Tod zelebriert und war neben mir gestorben. Nun sollte ich aufwachen, jammernd zusammenbrechen, da er mir kein Gift übrig gelassen hatte, und mich mit seinem Dolch ermorden. Willi lag parallel zur Rampe, die Gesichtshälfte, die dem Publikum zugewandt war, bewegte sich kein bisschen, mit der anderen Gesichtshälfte allerdings zog er seltsame Grimassen und zischte ständig ein Wort, das ich beim besten Willen nicht identifizieren konnte. Es hörte sich an wie »dschmesche, dschmesche«. Ständig und in offensichtlicher Panik, denn sein eines Auge rollte wild hin und her, versuchte er, mir irgendetwas immens Wichtiges mitzuteilen. Das, müssen Sie zugeben, ist ziemlich irritierend für den Kollegen, der gerade versucht, eine Szene zu spielen.

Ich gab mein Bestes, mich nicht aus dem Konzept bringen zu lassen, und beschloss, die Anstrengungen meines Kollegen, soweit es ging, zu ignorieren. Ich jammerte, was das Zeug hielt, auch um die Zischlaute, die immer lauter wurden, zu übertönen. Theatralisch warf ich das leere Giftfläschchen von mir, was bei dem Kollegen auf der einen Gesichtshälfte konvulsivische Zuckungen auslöste, dann griff ich zu dem Dolch, der an Willis Gürtel befestigt war und griff – ins Leere. Ah ... das hatte er mir mitteilen wollen. Kein Dolch! KEIN DOLCH???? Nachdem mein Gehirn sich für zwei Sekunden abgeschaltet hatte, begann es auf Hochtouren zu arbeiten. Ich dumme Kuh hatte das Giftfläschchen von mir geschleudert und hatte, laut Text, eindringlich darauf hingewiesen, es sei leer. Hätte ich die Zischlaute nur entziffern können! Herzinfarkt, Gehirnblutung, Schlaganfall (hätte ich in dem Moment nicht spielen müssen) hätten einer Erklärung bedurft, aber ich MUSSTE irgendwie zu Tode kommen. Mit dem Kopf gegen eine der Wände zu rennen oder mit der Stirn rhythmisch auf den Boden zu schlagen, kam mir zwar als Option in den Sinn, aber viel zu aufwendig. Mich selbst erwürgen? Lächerlich! Das Stück musste zu Ende gehen, und zwar mit dem Tod von Julia.

Meine Mutter hatte mich gelehrt, dass Theater wie ein Zauberkasten funktioniert und dass die Menschen im Publikum unsere Verbündeten sind, die nur zu gern bereit sind, sich auf optische Täuschungen einzulassen (bei den meisten Tourneen habe ich gelernt, dass die wenigsten wirklich genau zuhören oder uns ihre volle Aufmerksamkeit widmen). Genau ... eine optische Täuschung, das war die Lösung! Ich würde so tun, als ob ... Ich griff zu dem für die Zuschauer nicht sichtbaren, da auf der anderen Seite von Willis Körper befindlichen Dolch, zog das unsichtbare Ding blitzschnell hoch und rammte es mir in den Magen, klappte zusammen und starb. Keiner aus dem Publikum, wirklich kein Einziger, hat den Schwindel bemerkt. Wie heißt es so schön – »die Welt will beschissen werden«.

Diese Geschichten klingen alle sehr lustig, trotzdem hing ein großer Schatten über dieser Tour. Mein jüngerer Bruder Daniel war drei Jahre zuvor unheilbar an Leberkrebs erkrankt. Die Ärzte gaben ihm damals nur noch sechs Monate, er war, wie man das nennt, »austherapiert«. Durch den unermüdlichen Einsatz meiner Mutter lebte er immer noch. Sie war mit ihm nach Russland zu einer Wunderheilerin gefahren, das zweite Mal hatte ich ihn begleitet. Meine Mutter hatte teure Medikamente aus Japan kommen lassen, wo diese seltene Form von Krebs häufig auftritt. Sie hatte alles, wirklich alles versucht. Doch mein Bruder war müde geworden, es ging zu Ende.

Viele werden sich jetzt fragen, warum meine Mutter nicht bei ihrem sterbenden Kind geblieben ist, aber sie musste Geld verdienen, um die Pflegerin und die Haushälterin zu bezahlen. Ich war alleinerziehend und hatte, genauso wie meine Mutter, ein Jahr pausiert, um die Familie bei der Pflege meines Bruders zu unterstützen. Auch ich musste wieder dringend Geld verdienen. Mein Vater, der zu Hause geblieben war, kümmerte sich liebevoll um meinen Bruder. Natürlich hatte meine Mutter Vorkehrungen getroffen, falls der schreckliche Moment während dieser Tour auftreten sollte, und Ingrid Stein, die meine Capulet-Mutter spielte, hatte gleichzeitig die Rolle der Amme gelernt. Eine andere Kollegin, Monika Goll, hatte sich bereit erklärt, sofort für Ingrid einzuspringen. Der Beruf kann grausam sein.

Wann immer es ging, fuhren wir nach Hause, bis zu 300 Kilometer nach den Vorstellungen, nur damit wir wenigstens ein paar Stunden am Krankenbett meines Bruders, der zu Hause lag, verbringen konnten. Man muss dazu auch eines wissen: Tourneen werden auf den Namen prominenter Schauspieler verkauft, ich hatte damals noch keinen großen Namen, hatte zwar schon den Bambi, aber für eine Tournee war mein Name noch nicht ausreichend. Die Tour war ausschließlich auf meine Mutter verkauft. Dann kam eines Tages der gefürchtete Anruf meines Vaters. Es ging zu Ende. Meine Mutter eilte umgehend nach Hause zu ihrem sterbenden Sohn. Für den Rest der Truppe allerdings hieß es: »The show must go on.« Wir hatten nur noch ein paar Vorstellungen zu spielen, bevor es in die vierzehnwöchige Osterpause gehen sollte. Ich betete, dass mein Bruder es noch so lange aushalten würde und ich mich verabschieden konnte.

Er schaffte es! Eine Woche war uns noch gegeben, dann musste er ins Krankenhaus verlegt werden. Da wog dieser wunderschöne Junge mit 1,85 Meter Größe noch knappe 40 Kilo. Bis zum Schluss weigerte er sich, starke Morphine zu nehmen mit der Begründung: »Ich hatte keine Zeit, ein Kind zu zeugen oder ein Buch zu schreiben, habe zwar einen Baum gepflanzt, aber sonst? Das Einzige, was ich noch erleben kann, ist mein Tod. Ich möchte in Würde gehen.« Das hat er getan! Am 22. Februar 1985 um sechs Uhr morgens hat er uns im Alter von nur 21 Jahren verlassen. Meine Mutter war die ganze Zeit an seiner Seite. Ich war in jener Nacht den Kreuzweg auf und ab marschiert, an dem mein Elternhaus steht. Als ich an der Station »Jesus fällt zum ersten Mal« vorbeiging, schrie ein Käuzchen drei Mal, da wusste ich, dass mein Bruder seinen langen Leidensweg beendet hatte.

Er hatte sich immer einen amerikanischen Kühlschrank gewünscht, einen General Electric, damals extrem schwer in Deutschland zu bekommen. An seinem Sterbetag wurde er endlich geliefert, leider zu spät. Nur einen Tag nach seinem Tod stand meine Mutter morgens in der Küche und war über Nacht weiß geworden. Ich konnte noch bis zur Beerdigung bleiben, doch schon am nächsten Tag hieß es, wieder auf Tour zu gehen.

Die erste Stadt nach der Pause war Bayreuth in Franken, vor allem durch die jährlich stattfindenden Richard-Wagner-Festspiele bekannt, wo sich die Prominenz aus Kultur und Politik gern auf dem roten Teppich zeigt. Das markgräfliche Opernhaus gehört seit 2012 zum UNESCO-Weltkulturerbe. Die Stimmung war mehr als gedrückt. Ich schob Panik, ob ich die Vorstellung durchhalten würde. Wir hatten vor Beginn eine Ansage gemacht, dass meine Mutter aus privaten Gründen die Vorstellung nicht spielen würde, aber die meisten Zuschauer waren schon durch die Presse informiert. Alles lief gut bis zu der Stelle, an der Julia auf dem Balkon steht und sagt: »Und stirbt er einst, zerteil in kleine Sterne ihn. Er wird des Himmels Antlitz so verschönern, dass alle Welt sich in die Nacht verliebt und keiner mehr der eitlen Sonne huldigt.« Das war der Moment, an dem ich für eine Minute zusammenbrach, doch das Publikum zeigte größtes Verständnis. Der Kritiker weniger. Den schlimmsten Verriss meiner Karriere bekam ich an diesem Abend. Ich wäre weinerlich gewesen und kaum zu ertragen. Diese Vorstellung hatte ich im Stillen meinem Bruder gewidmet, deswegen traf mich diese Kritik mitten ins Herz. Doch viel später sollte ich erfahren, dass dieser Herr privat einen Hass auf mich schob, denn egal mit welcher Rolle ich in Bayreuth auftrat, ich wurde von ihm in der Luft zerrissen. Als ich dort mit der *Widerspenstigen Zähmung* gastierte, mit großem Erfolg, schrieb er den Satz: »Trotz Standing Ovation und einem viertelstündigen Applaus, Frau Jacob war eine schauderhafte Katharina.« Nach dieser Kritik habe ich mich geweigert, jemals wieder in Bayreuth aufzutreten. Lieber Herr Kritiker, unserer beider Berufe haben viel mit Ethik und Moral zu tun. Als Kritiker dürfen Sie sich nicht von persönlichen Animositäten leiten lassen. Doch möchte ich Ihnen hiermit auch meinen Dank aussprechen, denn aufgrund ihres unqualifizierten Geschreibsels habe ich gelernt, nichts, aber auch gar nichts auf Kritiken zu geben.

Von allen Tourneen ist mir *Romeo und Julia* am meisten im Gedächtnis geblieben. Nicht nur, weil mein geliebter Bruder während dieser Tour gestorben ist. Auch mein schöner Romeo Willi Kowalj, dieser so begabte junge Schauspieler, starb wenige Jahre später an Aids.

Ihr wisst, auf unseren deutschen Bühnen
probiert ein jeder, was er mag.

Johann Wolfgang von Goethe (1749–1832), deutscher Dichter

Macbeth

William Shakespeare (1564–1616)

Ganz viele verschiedene Thans (Adelige) springen in dem Stück herum. Einer von ihnen ist Macbeth, der für den schottischen König Duncan eine Schlacht gewonnen hat. Auf dem Heimweg treffen er und sein Freund Banquo auf drei Hexen, die ihm lauter wirres Zeug vorhersagen, unter anderem, dass er mal König wird. Da er ein Depp ist, blendet er alles andere aus. Seine junge, schöne Frau, super machthungrig, macht ihm die Hölle heiß, und so bringt er den König, der zu Gast auf seinem Schloss weilt, um. Die junge, schöne Lady, ein richtiges Biest, hat inzwischen die Kammerdiener mithilfe von Gift um die Ecke gebracht. Banquo, der nicht so blöd ist, verdächtigt Macbeth des Mordes und so lässt Macbeth, dreimal dürfen Sie raten, ja genau, er lässt Banquo meucheln. Nun steht der Krönung nix mehr im Weg und bei dem Festbankett taucht plötzlich der Geist von Banquo auf und bringt Macbeth völlig aus dem Gleichgewicht. Nun rennt er wieder zu den Hexen, die brabbeln irgendwas von laufenden Wäldern und von einer Bedrohung durch den entkommenen Sohn Duncans, der aber in England ist. Da lässt Macbeth kurzerhand dessen ganze Familie, die in Schottland weilt, hinrichten. Die böse Lady ist inzwischen übergeschnappt und begeht Selbstmord, was man ihr mittlerweile richtig gönnt. Dann kommt es zum finalen Kampf, bei dem Macbeth im Zweikampf mit Macduff (dessen Familie er den Garaus gemacht hat) endlich fällt. Man lernt daraus, niemals Frauen zu trauen, richtig zuzuhören, und ansonsten ist es das wohl brutalste und blutigste Werk Shakespeares. Außerdem soll es Unglück bringen, und dem kann ich mit vollster Inbrunst nur zustimmen.

Ich weiß nicht, was meine Mutter gebissen hat, als sie sich entschloss, dieses Stück auf deutsche Kleinstadtbühnen zu bringen, und das Ganze auch noch als Tournee. Außerdem ist es extrem personenlastig. Wir würden 15 Darsteller sein, manche in Doppelrollen. Elf Männer und vier Frauen. Reiner Scheibe sollte den Macbeth geben, ich die böse Lady. Meine Mutter eine der Hexen und die Amme, Josefine Merkatz und Angela Koschel die übrigen Hexen. Die anderen mögen mir verzeihen, wenn ich sie nicht nenne, zu ihrem eigenen Schutz. Für das Bühnenbild und die Kostüme war Heidrun Schmelzer verantwortlich. Den Regisseur habe ich verdrängt, mit Recht.

Das Bühnenbild war alles andere als geeignet für eine Tournee: eine riesige, im Durchmesser zehn Meter große, runde Stahlscheibe im Rost-Look. In der Mitte eine Art Gullideckel, von dem aus tortenstückartige Teile nach oben aufklappbar waren, die mit Spiegeln beklebt wurden und unter denen man die Erscheinungen durchziehen konnte. Das Ungetüm stand schräg, damit man drunter durchkriechen konnte, und war je nach Bedarf zu verkleinern. Er war für ein Staatstheater gebaut und sauschwer. Die Kostüme standen dem Bühnenbild in nichts nach. Alles handgefertigte, geflochtene Lederharnische, Lederhosen und Stiefel. Allein der Königsumhang von Macbeth wog 40 Kilo und war ein bodenlanger roter Ledermantel mit weißem Hermelinbesatz. Ich dagegen hatte eine sechs Meter lange Schleppe aus Fallschirmseide zu bewältigen. Alles zusammengenommen war es die teuerste Produktion, die meine Mutter je gestemmt hat.

Die Proben fanden in einer alten Holzturnhalle in Berg am Starnberger See statt, die groß genug war, um das Bühnenbild aufbauen zu können. Eines Tages besuchte uns mein Vater, schaute mit versteinerter Miene eine Zeit lang dem Treiben auf der Bühne zu, verließ die Halle grußlos und sagte meiner hinter ihm her eilenden Mutter die weisen Worte: »Das ist der größte Mist, den ich je gesehen habe.« Das war für dieses Megaunternehmen nicht gerade aufbauend. Mein lieber Kollege Herr Scheibe hatte indessen nicht ein Wort Text gelernt und hangelte sich von Satz zu Satz. Nun hat man auf Tournee höchstens drei Wochen Probezeit und nicht wie an einem Staatstheater drei Monate. Mir wurde angst und bang. Erst als es zu einem handfesten Krach kam, begann er, intensiv zu lernen. Die Premiere rückte näher und uns wurde immer schlechter.

Unser damaliger Techniker Gert Piller schüttelte nur besorgt den Kopf aufgrund des Bühnenbildes, welches es zu transportieren galt. Die Schauspieler hatten sich, um wilde schottische Thans darzustellen, seit dem ersten Probentag weder Haupt- noch Gesichtshaar geschnitten. Alle waren, bis auf zwei Ausnahmen, riesig. Nicht einer unter 1,90 Meter. Was wir hier auf die Bühne stellten, sah wirklich bedrohlich aus, was die Hotels leider auch so empfanden. Denn jedes Mal wenn wir eincheckten, verschwanden die Rezeptionsdamen erst mal panisch im Hintergrund, um dann mit männlicher Verstärkung wieder aufzutauchen.

Unterwegs waren wir mit zwei VW-Bussen mit jeweils fünf Personen und einem PKW. Der Darsteller des Duncan fuhr allein in seinem umgebauten Bus, in dem er auch nächtigte, um sich seine Diäten zu sparen. Damals musste man von 85 Mark alles selbst bezahlen, inzwischen übernehmen die Unternehmen die Hotelgebühren und man bekommt nur noch einen Tagessatz. Wir hatten 143 Vorstellungen am Stück.

Schon bald sollte sich allerdings herausstellen, dass die Konstellation der Truppe nicht wirklich kompatibel zu nennen war. Anders ausgedrückt, man konnte sich nicht ausstehen. Lauter Männer im schwierigen Alter zwischen 30 und 50, da waren Hahnenkämpfe an der Tagesordnung. Das Ganze gipfelte eines Tages in einer Schlägerei, und zwar in Arnsberg im Sauerland. Wunderschön ist das Schloss und der Glockenturm in der Innenstadt. Im Kloster Wedinghausen wurden bereits im 17. und 18. Jahrhundert Schauspiele und Opern aufgeführt. Der heutige Rittersaal im alten Rathaus wurde von wandernden Schaustellern benutzt. Wir spielten im 1968 entstandenen Sauerlandtheater, einer Aula. Der Kollege R. musste den Satz von sich geben: »Ah, unser Pochen hat ihn aufgeweckt!«, doch stattdessen gab er mit klirrender Stimme »Ah, unser Wecken hat ihn aufgepocht« von sich. Wäre ja nicht weiter schlimm gewesen, doch die Hysterie hatte uns alle zu diesem Zeitpunkt schon fest im Griff und ich bin von Haus aus eine fürchterliche Lachwurzn. Beim Abgehen des Kollegen hörte ich nur wütendes Gemurmel. Nun hätte meine Mutter ihren Auftritt gehabt, und ich wartete auf mein Stichwort, doch es kam nichts außer unterdrücktem Schluchzen. Also startete ich, um meine Wahnsinnsszene hinter mich zu bringen.

Auf der Bühne stand meine Mutter mit Veit Stübner, der den Arzt spielte, und umklammerte seinen Brustkorb und alles an ihr wackelte. Veit grinste wie ein Honigkuchenpferd. Zuerst dachte ich, sie heult, aber als ich an den beiden vorbeimarschierte, sah ich, dass sie sich totlachten. So komisch war der Versprecher nun auch wieder nicht gewesen, um derart aus den Latschen zu kippen. Nun musste ich auch lachen, vor allem weil die beiden nicht daran dachten, endlich die Bühne zu verlassen. Irgendwie schaffte ich es unter lautem Schluchzen, die Szene hinter mich zu bringen.

Nach meiner Szene folgte der Auftritt von Kollege R. mit Kollege L., die sich wohl in der Garderobe ob des Versprechers gestritten hatten. Nun war Kollege L. an der Reihe mit dem aufwühlenden Satz: »Verwandle Schmerz in Zorn!« Noch immer wütend über seinen Kollegen holte er tief Luft und schmetterte ihm entgegen: »Verschwandle Merz in Worn!« Nun war Polen offen. Nicht nur, dass meine Mutter nun völlig zusammenbrach, nein, der Kollege R., kaum um die Ecke, überschüttete Kollege L. mit wüsten Schimpfwörtern. Wir hörten nur »Scheißsynchronsprecher«, »Provinzmime« und Ähnliches – und leider nicht nur wir, sondern auch das Publikum kam in den Genuss der lautstarken Auseinandersetzung, bis es dem Beschimpften reichte und er kräftig zuschlug. Bis in die Garderoben haben sie sich geprügelt und danach bis zum Ende der Tournee kein Wort mehr miteinander gesprochen. Bis heute redet man in Arnsberg von der Vorstellung, das Publikum war sehr beeindruckt.

Dieses Unglücksstück beginnt mit der Erzählung des blutigen Kriegers, dargestellt von ... nennen wir ihn einfach mal E.K., der dem Publikum in einer ausführlichen Passage klarmachen muss, wer wer ist in diesem verwirrenden Namensspiel. E.K liebte es, sich zu schminken, vor allem als blutiger Krieger haute er sich tonnenweise Make-up ins Gesicht und tropfte nur so von Blut. Blöd nur, dass er kurze Zeit später als einer der Königssöhne wieder auf der Bühne zu stehen hatte.

Es war ziemlich am Anfang der Tour und er schmiss sich nur so in seinen Monolog. Er kroch also schmerzgepeinigt auf die Stahlplatte und holte tief Atem und es kam ... nichts! Alle standen um ihn herum und starrten ihn erwartungsvoll an. Endlich, endlich hob er den Kopf und es kamen genau drei Worte aus seinem blutbesudelten Mund: »Wir haben gesiegt!« Das nenn ich mal eine Zusammenfassung und einen Strich! Dann beschloss er, dramatisch zu sterben, eigentlich hätte er abgehen müssen. Weiß der Geier, was ihn gebissen hatte. Nicht nur, dass jetzt das Publikum keine Ahnung hatte, um wen es sich denn im Einzelnen in diesem Stück handelt und um was sich das Ganze eigentlich dreht (ehrlich gesagt hat man das auch nach dem Monolog nie ganz kapiert), nein, jetzt hatten wir plötzlich eine »Leiche« auf der Bühne, die kurze Zeit später als Königssohn wieder auftauchen sollte. Die Kollegen machten ungerührt im Text weiter und ließen die »Leiche« links liegen, der es allmählich angst und bang wurde, denn sie hätte schon längst in der Garderobe sein und sich abschminken und umziehen müssen. Also begann sich E.K., ganz langsam und wie von Geisterhand gezogen, auf den Rand der Platte zuzubewegen. Gott sei Dank war er ziemlich weit oben »gestorben« und hatte nur einen halben Meter zu bewältigen. Irgendwann hörten wir einen lauten Plumps, er hatte es geschafft.

Nur leider war nicht mehr genügend Zeit, um sich in den Königssohn zu verwandeln. Zum Abschminken hatte es leider nicht mehr gereicht und so hatte er sich in Beduinenart einen Schal um den Kopf gewickelt. Alle Kollegen spielten die folgende Szene mit dem Rücken zum Publikum. Danach wurde er weitaus zurückhaltender, was seine Maskerade anbetraf.

Der Tourneealltag hielt uns inzwischen fest im Griff. Morgens packen, frühstücken und, je nachdem wie viel Kilometer man an dem Tag zu bewältigen hatte, zwischen neun und zehn Uhr Abfahrt. Damals gab es noch kein Navi und man musste sich über die Route im Klaren sein und der Kartenleser jeden Tag aufs Neue sein Können beweisen. Ich fuhr mit meiner Mutter im Auto und konnte mich beruhigt zurücklehnen, da sie wirklich jede Stadt und jedes Hotel kannte. Nicht so in Bus eins, dort schlug man sich die Köpfe ein. Wie gesagt, die Herrschaften waren nicht wirklich kompatibel.

Irgendwann reichte es dem Fahrer und er schmiss den Kollegen mitten auf der Autobahn einfach aus dem Bus. Auch der Protest der anderen, den Geächteten wieder ins Auto zu holen, da man die Vorstellung nicht durch das Fehlen eines, wenn auch noch so unbedeutenden, Thans gefährden wollte, fruchtete bei dem verärgerten Fahrer wenig. Genug war genug! Gott sei Dank erbarmte sich ein netter LKW-Fahrer des Ausgestoßenen und brachte ihn unversehrt ins Hotel, wenn auch erst kurz vor der Vorstellung. Wir haben während dieser Tournee insgesamt 15 Mal die Konstellationen in den Autos verändern müssen, sonst wäre die Truppe nie vollständig in der nächsten Stadt angekommen.

Der Nächste, der das Handtuch schmiss, war unser geliebter Techniker Gert. Das Bühnenbild war für einen Einzelnen einfach nicht zu stemmen. Auch wenn die Städte jeden Abend mehrere Hilfen zur Verfügung stellten, war die Platte einfach zu schwer und zu kompliziert im Aufbau, dazu kam die Beleuchtung. Er wurde einfach nicht fertig. Wir mussten in den sauren Apfel beißen und noch einen Techniker bestellen, der Gert wenigstens die Beleuchtung abnehmen sollte.

Es kam ein junger Mann namens Jan, der für meine Mutter schon Regieassistenz gemacht hatte. Dies bedeutete aber noch ein zusätzliches Hotelzimmer und eine weitere Person im Bus. Das Leben eines Tourneetechnikers ist alles andere als lustig. Er fährt nicht nur den Laster, sondern lebt auch in ihm. Nach der Vorstellung muss er das Bühnenbild einpacken, meist mithilfe von Rentnern oder Schülern, die keine Ahnung haben. Nur in richtigen Theatern hat er professionelle Unterstützung. Dann macht er sich in der Nacht noch auf den Weg, um möglichst nah an die nächste Stadt zu kommen. Nach ein paar Stunden Schlaf im Laster macht er sich wieder auf den Weg, denn um spätestens 14 Uhr muss er am Theater ankommen. Wenn er Glück hat, kann er dort duschen und es bleibt ihm etwas Zeit, um etwas zu essen. Dann beginnt um etwa 15 Uhr der Aufbau und danach, wenn das Bühnenbild steht, kümmert er sich um die Beleuchtung. Die Kostümschränke müssen auch noch in die Garderoben gebracht werden, die sich meistens im Keller befinden. Um 19 Uhr kommen die Schauspieler und machen eine Bühnenbegehung und beziehen ihre Garderoben. Während des Stückes fährt der Techniker normalerweise die Beleuchtung und den Vorhang. Kein einfaches Leben!

Inzwischen waren wir bei der Hälfte angekommen und es häuften sich die Versprecher und Hänger. Es ist ein Irrglaube, dass man im Lauf der Zeit immer besser wird. Im Gegenteil! Plötzlich verliert man seine Form und hat keine Ahnung, warum. Ganz schlimm traf es Reiner, der sich immer öfter sein Hotelzimmer schönsoff und sich bis zum Abend leider nicht immer von seinen Saufarien erholt hatte. Auch machte ihm die Rolle zu schaffen, denn der Macbeth ist alles andere als ein Spaziergang.

Wir hatten zudem nicht immer gute Kritiken und das ganze Unternehmen begann, an unseren Nerven zu zerren. Ich hatte mit Asthmaanfällen zu kämpfen und mit schlimmem Heimweh. Die Stimmung war mies. Das Stück schien uns mit seinem Fluch zu belegen. Es häuften sich Krankheiten und Streitereien, die leider manchmal auch auf der Bühne ausgetragen wurden. So flippte Reiner eines Abends völlig aus. Der Geist des toten Banquo betrat die Bühne und setzte sich auf den Platz von Macbeth, während dieser eine Rede an seine Thans hielt. Wir anderen saßen im Halbrund auf dem Rand der Platte und sollten unserem König in seiner Ansprache lauschen. Da entdeckt Macbeth plötzlich Banquo, der mit dem Kopf nickt, und schreit ihn an: »Wenn du nicken kannst, so sprich auch!« Doch Reiner, der an dem Abend neben sich stand, schrie: »Wenn du sprechen kannst, so nicke!« Nun wusste der arme Banquo nicht mehr, was er denn nun tun sollte, und nickte noch stärker. Inzwischen bemerkte Reiner seinen Fehler und schrie geradezu: »Wenn du sprechen kannst, so nicke, äh, ich meine, nicken, NICKE, nein – verdammt noch mal, du sollst SPRECHEN, ich meinte SPRECHEN! Scheiß drauf, mach, was du willst.« Und mit diesen Worten ging er ab.

Da wir frontal zum Publikum saßen, durften wir nicht lachen. Ich hab mir so was von in die Backe gebissen, dass es geblutet hat, und die anderen saßen da wie Wackelpudding und dem ein oder anderen lief eine Träne übers verbissene Gesicht. Dann schoss

Reiner plötzlich wieder auf die Bühne und fing die ganze Szene von vorne an. Leider war keiner mehr fähig zu antworten oder zu reagieren, da wir innerlich von Lachkrämpfen geschüttelt waren. Das hat er uns wirklich übel genommen.

Inzwischen lag hoher Schnee, es war Januar und wir hatten noch 60 Vorstellungen vor uns. Wir mussten in den tief verschneiten Schwarzwald. Die Aufführungsstätte hieß »Bärensaal«, an die Stadt erinnere ich mich nicht mehr, nur an den Schock, als wir den Saal betraten. Vollgehängt mit Faschingsdekoration. Dort sollten wir *Macbeth* geben? Gert war einem Nervenzusammenbruch nahe. Nicht mal in der kleinsten Version passte unsere Platte auf diese Minibühne. Sie hing einen halben Meter in den Zuschauerraum. Wir wurden zu einer Krisensitzung einberufen. Die Garderoben befanden sich im Keller und waren saukalt und muffig. Die Männer mussten sich mit einer Garderobe zufriedengeben, die höchstens 20 Quadratmeter groß war. Mit den vielen Kostümen eine Zumutung. Viel schlimmer war jedoch, dass wir keine Möglichkeit hatten, hinter der Bühne von links nach rechts zu wechseln, da die Platte direkt an die Rückwand stieß. Das war ein Riesenproblem! Wir mussten sehr oft und sehr schnell von links nach rechts bzw. rechts nach links wechseln, um zu unseren Auftritten zu gelangen.

Gert zeigte uns den einzig möglichen Weg – und der verlief außerhalb des Theaters. Wie gesagt, es lag hoher Schnee. Es gab sowohl rechts als auch links eine Tür, die nach draußen führte. Der schmale Trampelpfad, der die beiden Türen um das Gebäude herum miteinander verband, war höchstens einen Meter breit und eingefasst von der hohen Wand des Theaters und dem gegenüberliegenden hohen Fachwerkhaus. Es war stockfinster und unheimlich! Die Türen konnten von außen nicht geöffnet werden, also musste jemand abgestellt werden, der auf unser Klopfen hin öffnen würde. Das war die einzige Möglichkeit.

Der erste schnelle Wechsel musste nach Duncans Tod stattfinden. Ich war nackt bis auf ein Höschen, hatte eine knielange Perücke an, war barfuß und in einen glitzernden roten Sari eingehüllt, der meine Blöße verdecken sollte. Die Jungs sahen wirklich wild aus. Zerzauste, langhaarige, riesige Gestalten in ihren Lederpanzern, bewaffnet mit blitzenden Zwihändern (große Kampfschwerter). Ich sollte als Erste auf die Bühne stürzen, gefolgt von Macbeth und fünf Thans. Wenn der erste Schrei der Kammerfrau, die die Leiche Duncans entdeckt hat, ertönte, mussten wir starten. Wir begaben uns in die Startlöcher, der Schrei ertönte und wir raus aus der Tür. Eiskalte Luft schlug uns entgegen, als wir in die dunkle, nicht beleuchtete Gasse stürmten. Macbeth mit gezücktem Schwert vorneweg. Da ich barfuß war, fand ich kaum Halt auf dem eisigen Boden. Ich hielt mich dicht hinter dem riesigen Rücken von Reiner und konnte dadurch nicht sehen, was sich vor uns abspielte. Da hörte ich plötzlich einen schrillen Schrei, Hundegebell, ein Keuchen und Reiners donnernde Stimme: »AUS DEM WEG!« Um seinen Worten Gewicht zu verleihen, fuchtelte er wild mit seinem Schwert in der Luft herum.

Ausgerechnet zu dem Zeitpunkt, als wir wechseln mussten, führte ein älteres Ehepaar seinen Dackel zur letzten Pipirunde aus, und wir trafen uns genau in der Mitte der düsteren Gasse. Wir müssen ein grauenhaftes Bild abgegeben haben. Eine Horde von Riesen mit gezückten Waffen und eine halb nackte Inderin. Die Frau hatte sich mit dem Rücken fest an die Mauer gedrückt und schrie wie am Spieß, ihr Mann lag keuchend am Boden, der Dackel kläffte wie blöd, als wir wie die Berserker heranstürmten, über den am Boden Liegenden hinwegfegten und zu unserem Entsetzen feststellen mussten, dass die Tür zu war. Das durfte doch nicht wahr sein! Selbst auf Klopfen und Hämmern reagierte niemand auf der anderen Seite. Die Frau schrie immer noch, der Mann gab inzwischen nur noch ein leichtes Schnaufen von sich und der Dackel war verstummt, als die ganze Horde wieder zurücktobte. Doch diesmal entschuldigten wir uns immerhin, als wir über den am Boden kauernden Mann hinweghopsten. »Entschuldigung, Entschuldigung, tut uns leid ...« Da öffnete sich die Tür und wir tobten wieder zurück. Die Frau war dem Wahnsinn nahe, ihr Mann inzwischen still und von dem Dackel nichts zu sehen.

Genau auf unser Stichwort hin stürmten wir auf die Bühne. Gott sei Dank, das war noch mal gut gegangen. Nur Banquo fehlte. Auf der Seitenbühne hörte ich plötzlich seltsame Geräusche, es klang wie Knurren, dann ein Winseln, die Hintertür wurde aufgerissen und ich sah, wie Banquo irgendetwas an die Luft beförderte. Dann erschien auch er auf der Bühne. Aha, deshalb hatte ich den Dackel nicht mehr gesehen. Er hatte sich in die Beinschiene von Banquo verbissen, als wir über sein Herrchen gehopst waren, und konnte oder wollte nicht mehr loslassen.

Noch während wir die Szene spielten, hörten wir das Martinshorn eines Krankenwagens näher kommen. Liebes unbekanntes Ehepaar, ich weiß bis heute nicht, ob der Herr überlebt hat und wie viel psychischen Schaden wir bei Ihnen angerichtet haben, auch für den Hund tut es mir leid, aber das Wichtigste in einem Schauspielerleben ist es nun mal, pünktlich auf der Bühne zu erscheinen. Da nehmen wir auch wissent- und willentlich Kollateralschäden in Kauf. Trotzdem möchte ich mich, auch im Namen meiner Kollegen, bei Ihnen für diesen Vorfall entschuldigen.

Natürlich hatten wir ein schlechtes Gewissen, trauten uns aber nicht nachzufragen, wie schlimm es um das Ehepaar bestellt war. Am nächsten Tag mussten wir weiterziehen und irgendwie hatte uns dieser Vorfall zusammengeschweißt. Zumindest herrschte Waffenstillstand. Die Jungs fingen an, sich nun jeden Abend nach der Vorstellung die Kante zu geben. Sexueller Notstand war bestimmt auch einer der Gründe, der Trieb musste irgendwie betäubt werden. Durch die Saufarien wurden sie nachlässig. Sie übten weder ihre Schwertkämpfe, noch kümmerten sie sich um ihre Waffen. Die großen Kampfschwerter mussten regelmäßig nachgezogen werden, sonst drohte die Klinge zu brechen. Meine Mutter tobte, und das zu Recht.

Vom Schwarzwald ging es zurück Richtung Nordrhein-Westfalen. Inzwischen passierte bei jeder Vorstellung irgendetwas Absurdes. Nur einen Tag nach dem Vorfall mit dem Ehepaar, keine Ahnung, wo wir waren, wurde unser Königsauftritt von unseren Kostümen gründlich versaut. Wie? Die schräg stehende Platte war an ihrer höchsten Stelle circa 2,10 Meter hoch. Rechts und links führte jeweils eine Art Hühnerleiter nach oben, gerade breit genug, dass man mit den Kostümen durchpasste. Ich sollte als frisch gekrönte Königin von links und Reiner, im vollen Königsornat, von rechts auf der obersten Kante der Platte erscheinen, und das Ganze bitte gleichzeitig. Dann sollten wir uns hoheitsvoll in der Mitte treffen und Hand in Hand würdevoll unsere Thans abgehen und deren Huldigungen entgegennehmen. Zu diesem Zweck waren alle Schauspieler auf der Bühne.

Reiner hatte eine schwere bronzene Krone auf seinem Haupt, ich nur einen leichten Stirnreif. Sein Mantel wog 40 Kilo, meiner, da aus Falschschirmseide, so gut wie nichts. Allerdings hatte ich besagte sechs Meter lange Schleppe, mit der ich jeden Abend zu kämpfen hatte, da das Ding mich auf der Schräge immer überholte und ich mich schon mehrfach fast auf den Hintern gesetzt hätte, hätte mich Reiner nicht jedes Mal aufgefangen. Sobald man auf die Fallschirmseide zu treten kam, verwandelte sich diese nämlich in Glatteis. Also hatte ich mir winzige, kleine, schlurfende Schrittchen angewöhnt, wie eine Geisha.

Unser Hornsignal ertönte und ich erklomm die Hühnerleiter. Oben angekommen musste ich indessen feststellen, dass ich mutterseelenallein war. Von meinem Macbeth keine Spur. Dann endlich erblickte ich die Spitze der Krone, die sich wippend nach oben bewegte. Reiner war gleich auf der ersten Stufe auf den Saum seines Mantels gestiegen, leider bei der zweiten Stufe mit dem anderen Fuß noch einmal, und so wurde er bei jeder Stufe immer kleiner. Nun versuchte er, durch Hüpfen aus seiner misslichen Lage zu kommen, dadurch knallte aber die Krone bei jedem Sprung auf seine Nase. Nun sah er nichts mehr. Als er endlich oben angekommen war, präsentierte sich mir ein höchstens 1,40 Meter großer Gnom mit Buckel, einer blutenden Nase und schief sitzender Krone. Noch immer stand er auf seinem Mantel und durch Hopsen richtete er sich allmählich zu seiner eigentlichen Größe auf. Doch der königliche Auftritt war im Arsch!

Die Kollegen hatten sich blitzartig mit dem Rücken zum Publikum gewandt und ich starrte in grienende Gesichter. Das war zu viel! Ich marschierte auf einen hysterischen Lachanfall zu und der bitterböse Blick meines Partners fachte diesen noch mehr an. Alles an mir wabbelte vor Lachen. Reiner versuchte, die Situation zu retten, indem er mehr als würdevoll auf mich zutrat und meine Hand packte und sie zu zerquetschen drohte, wohl, um mich zur Besinnung zu bringen. Mir war alles egal. Ich konnte mich einfach nicht beruhigen. Das Publikum lachte inzwischen verhalten mit, denn es hatte von der Aktion ja auch etwas mitbekommen.

Wir machten den Schritt auf die Platte und wie immer, schlapp, schlapp, schlapp, überholte mich meine Schleppe. Und es kam, wie es kommen musste, ich trat auf die Seide und kam ins Rutschen. Wie immer vertraute ich darauf, dass Reiner mich stützen würde, doch diesmal ließ er meine Hand einfach los, ich versuchte noch, mit Armrudern die Situation zu retten, und drehte mich nach hinten, um nicht mit dem Gesicht aufzuschlagen, doch dadurch kam ich auch mit dem zweiten Fuß auf die glitschige Seide und schlug der Länge nach hin. Nun lag Königin Macbeth auf dem Bauch und kam nicht mehr hoch. Viel schlimmer! Mein ganzes Kostüm bestand aus dieser Seide und so begann ich mit den Füßen nach vorn auf dem Bauch liegend in Richtung erste Reihe zu rutschen. Glauben Sie ja nicht, irgendwer von den Kollegen hätte geholfen! Die krümmten sich inzwischen vor Lachen. Da stand ein Herr in der ersten Reihe auf und sagte: »Ich fang sie auf!« Ob Sie es nun glauben oder nicht, nachdem sich alle, das Publikum und wir, vom Lachen erholt hatten, wurde es eine unserer besten Aufführungen. Trotzdem hatten Reiner und ich nach der Vorstellung einen Riesenkrach.

Dieser Vorfall war lustig gewesen und ging gut aus, was man vom nächsten nicht behaupten konnte. Wie gesagt, die Jungs wurden nachlässig. Wir befanden uns in Verden, Niedersachsen, dem Zentrum der Pferdezucht. Dort kann man das Domherrenhaus besichtigen, in dem sich eines von drei der ältesten Holzartefakte der Menschheit (eine Lanze) befindet, das deutsche Pferdemuseum und den Freizeitpark Magic Park Verden. Wir wohnten in einem beliebten Tourneehotel namens »Grüner Jäger«. Riesige Zimmer mit scheußlichen Tapeten, die Duschkabine mitten im Zimmer, aber man bekam abends nach der Vorstellung noch etwas zu essen und man durfte bis elf Uhr frühstücken. Ideal für uns. Der Wirt war Schauspieler und deren Macken gewohnt. Drei Tage sollten wir dort Station beziehen und von dort aus Abstecher fahren. Also hatten wir Zeit, mal wieder zu waschen und auszuschlafen. Und wenn man ausschlafen kann, kann man auch abends saufen.

Ich glaube, es war in Rheda-Wiedenbrück, dieser hübschen kleinen Stadt mit dem schönen Schlösschen, als das Unglück passierte. Reiners Kampf mit Macduff fiel diesmal besonders aggressiv aus, die beiden legten ihren gegenseitigen Hass in jeden Schlag, vielleicht auch nur, um sich irgendwie abzureagieren. Die Schwerter gaben, wenn sie in der Luft zusammenprallten, klirrende Geräusche von sich. Das hörte sich nicht gut an. Und dann passierte es. Die Klinge von Reiner brach und flog mit Karacho in den Zuschauerraum. Sofort wurde die Vorstellung unterbrochen und der Ruf nach »Licht im Saal« wurde laut. Gert reagierte sofort und auf einen Schlag wurde es taghell im Zuschauerraum.

In der fünften Reihe Mitte saß ein Herr, dem die Schwertspitze aus dem Oberschenkel ragte. Wir sprechen hier von einem satten Meter Schwert, Zwihänder sind fast zwei Meter lang. Die Spitze hatte sich bis in den Knochen gesenkt. Nun kam der Ruf, den man am wenigsten hören möchte: »Ist ein Arzt anwesend?« Daraufhin winkte der gepeinigte Herr ab und sagte: »Das bin ich selbst, könnte bitte jemand die Rettung rufen und mich zum Ausgang begleiten? Dann können die Herrschaften weiterspielen.« Das haben wir mit einer kurzen Unterbrechung auch getan.

Meine Mutter machte sich große Sorgen, ob dieser Vorfall ein gerichtliches Nachspiel haben könnte, aber wir haben nie wieder etwas von dem tapferen Herrn gehört. Vielleicht war er auch froh, frühzeitig diese Vorstellung verlassen zu dürfen. Reiner war zum ersten Mal auf dieser Tour reumütig und ab diesem Zeitpunkt wurde sich um die Waffen wieder gekümmert. Allerdings nahm die Truppe diesen Vorfall zum Anlass, sich abends dem ultimativen Besäufnis hinzugeben. Ich muss sagen, dass früher viel mehr auf Tourneen getrunken wurde. Vielleicht der verzweifelte Versuch, sich seine grässlichen Hotelzimmer schönzusaufen.

Ein ehemaliger Minister mit seinen drei schönen rothaarigen Töchtern war in der Vorstellung gewesen und besuchte die Truppe danach im Hotel (ich hatte mal ein kleines Intermezzo mit seinem Sohn gehabt). Keine so gute Idee, seine Töchter, alle im begattungswürdigen Alter, einer Truppe von sexuell ausgehungerten Männern im besten Alter vor die Nase zu setzen. Selten, eigentlich nie, habe ich die Herren so charmant erlebt. Irgendwann zog sich der Vater zurück, denn die Damen dachten gar nicht daran, das Feld zu räumen. Umschwärmt von gut aussehenden Männern, die mit Komplimenten nur so um sich warfen, genossen sie jede Minute.

Einer unserer Schauspieler war ein Israeli. Ein geheimnisvoller, gut aussehender, dunkler Typ, vor dem alle Respekt hatten. Er war es auch gewesen, der den Kollegen aus dem Bus geschmissen hatte. Normalerweise hielt er sich grundsätzlich aus allem heraus. Obwohl ihm eine der Schwestern schöne Augen machte, zeigte er sich als Einziger desinteressiert. Der Wirt schmiss um drei Uhr morgens das Handtuch, gab die Bar frei und zeigte auf einen kleinen Nebenraum, in dem er circa 30 kleine Schnapsgläser mit Schwedentrunk aufgebaut hatte. Ein wahrhaft teuflisches Gesöff, das man anzünden muss und das wie eine Mischung aus Ratzeputz und Sambuca schmeckt.

Ich weiß bis heute nicht, wie es passierte, aber ich fand mich mit unserem Israeli allein in diesem Raum wieder. Die anderen waren alle verschwunden, samt den Schwestern. Alles, was umsonst ist, muss verarbeitet werden! Schauspielerregel Nr. eins!

Ich wurde morgens von Schlägen ins Gesicht geweckt und starrte in das wütende Gesicht meiner Mutter. Ich lag auf dem Gang vor meinem Zimmer, immer noch die Hand auf der Türklinke, aber zu mehr hatte es offensichtlich nicht mehr gereicht. Ich fühlte mich hundeelend. Meine Mutter schleifte mich ins Zimmer und fauchte mich an: »Wo sind die anderen? Und vor allem, WO SIND DIE AUTOS?« Dann flößte sie mir ein grauenhaftes Getränk ein, bestehend aus rohem Ei, Tomatensaft, den Rest will ich gar nicht wissen. Zumindest zeigte es Wirkung, denn ich erbrach mich sofort. Ich wollte einfach nur möglichst rasch sterben!

An diesem Morgen hatten wir 450 Kilometer bis zur nächsten Stadt vor uns. Das bedeutet Koffer packen. Ich war zu nichts in der Lage! Meine Mutter hatte ganz andere Sorgen. Bis auf das Ehepaar Koschel, Josefine Merkatz und die Herren, die von den Schwestern verschmäht worden waren, waren alle verschwunden und mit ihnen die Autos. Unser Israeli befand sich wie ich in einem komatösen Zustand. Wir hatten den 30 Schwedenschnäpsen schließlich allein den Garaus gemacht. Um neun Uhr hätte Abfahrt sein sollen, jetzt ging es auf elf Uhr zu. Da, endlich, bog der erste VW-Bus um die Ecke, am Steuer unser bleichgesichtiger blutiger Krieger. Den Schlangenlinien nach zu urteilen, mit denen der Bus in die Einfahrt fuhr, ging es E. K. ähnlich wie mir.

Kaum dass das Auto stand, schoss meine Mutter zur Fahrertür und riss diese auf. Daraufhin fiel der Kollege wie ein gefällter Baum vor Mutters Füße und erbrach sich. Der zweite VW-Bus, am Steuer Reiner, folgte kurze Zeit später. Zumindest war Reiner ansprechbar und seinem Gesichtsausdruck nach zu urteilen hatte er eine schöne Nacht verbracht. Dann, als Letztes, kroch der Kombi um die Ecke. Am Steuer Banquo und neben sich thronend eine der Schwestern. Wir wurden Zeuge eines nicht mehr enden wollenden Abschieds, während meine Mutter wie Rumpelstilzchen um uns herumhüpfte und allen kräftig die Leviten las.

Nun hatten wir ein Problem. Alle Fahrer der Autos hatten noch eine gigantische Menge an Restalkohol im Blut und fielen aus. Von den anderen hatte einer nur einen Arm, drei keinen Führerschein und einer fuhr so beschissen, dass sich die Kollegen bis dato beharrlich geweigert hatten, ihn ans Steuer zu lassen. Es blieben nur meine Mutter und Josefine übrig. Wir hatten aber drei Autos. Banquo opferte sich, da er einen lettischen Führerschein besaß.

Drei Tage war ich krank, das war der schlimmste Rausch, den ich je hatte, und ich schleppte mich mehr schlecht als recht über die Bühne. Den anderen ging es nicht viel besser. Wir waren so emotionslos, dass wir die besten Vorstellungen hinlegten. Trotzdem hat meine Mutter zum ersten Mal Strafgeld verlangt. Wir hatten mit unserer Orgie definitiv den Verlauf der Tournee gefährdet.

Inzwischen stanken unsere Klamotten, die tagsüber in den Kostümschränken hingen, so erbärmlich, dass man sich ein Tuch vor Mund und Nase binden musste, wenn man einen Schrank aufmachte. Die Ledersachen der Herren waren nicht zu reinigen und der Schweiß von über 100 Vorstellungen machte sich bemerkbar. Manchmal gab es sogar Beschwerden aus dem Publikum. Wir sahen nicht nur versifft aus, wir stanken auch wie eine Iltisherde. Dazu kam noch ein intensiver Knoblauchgeruch, denn wir bekamen nach der Vorstellung, die bis 23 Uhr dauerte (das arme Publikum), nur noch griechisches oder italienisches Futter. Chinesen waren zu dieser Zeit eher selten. Eine gewisse Geruchsentwicklung macht aber das Zusammenspiel auf der Bühne nicht einfacher. Inzwischen redeten alle nur noch das Nötigste miteinander und meine Mutter betete, dass diese Tournee ohne Mord zu Ende gehen würde.

Nach 143 Vorstellungen am Stück war es endlich geschafft, wir trennten uns ohne Abschied, es gab nichts zu feiern, außer dass wir diese Höllentour überlebt hatten. Drei ganze Jahre bin ich nach *Macbeth* keine Tournee mehr gefahren, so schrecklich war die Zeit gewesen. Dieses Stück hat keinem Glück gebracht, ganz im Gegenteil. Reiner Scheibe, der Darsteller des Macbeth, starb kurze Zeit später an Krebs. Er hatte diese tödliche Krankheit wohl schon in sich getragen und nach dieser Tour ist der Krebs dann ausgebrochen. In England ist es verboten, während der Proben den Namen Macbeth auszusprechen, da es Unglück bringen soll. Vielleicht hätten wir uns auch daran halten sollen.

Welttheater: Jeder spielt seine Rolle, es spielt keine Rolle, welche.

Walter Ludin (geb. 1945), Schweizer Journalist

Biografie: Ein Spiel

Max Frisch (1911–1991)

Der todkranke Verhaltensforscher Kürmann (Lungenkrebs) erhält von dem Registrator (Gott) die Möglichkeit, sein Leben noch einmal neu zu beginnen. Der Registrator zeigt ihm auf, was passieren würde, wenn er verschiedene Ereignisse in seinem Leben verändern würde. Der größte Wunsch Kürmanns ist es, ein Leben ohne seine Frau Antoinette zu führen (irgendwie nachvollziehbar). Doch jedes Mal, wenn es zu einer Entscheidung kommen soll, macht Kürmann einen Rückzieher und geht den alten Weg (typisch Mann). Selbst mit dem Rauchen will er nicht aufhören, wissend, dass er an Lungenkrebs sterben wird (kennt man). Irgendwann reicht es dem Registrator und er gibt Antoinette, die Möglichkeit, ihr Leben zu ändern. Im Gegensatz zu den vergeblichen Versuchen Kürmanns, und ohne mit der Wimper zu zucken, verlässt sie ihren Ehemann. Daraufhin schaut Kürmann belämmert aus der Wäsche und der Registrator verkündet ihm, er sei nun frei und habe noch sieben Jahre zu leben.

Was lernen wir daraus ... Frauen sind konsequenter, Männer feige und es kommt, wie es kommen soll.

Meine Mutter hatte bei der Uraufführung 1968 am Züricher Schauspielhaus die Antoinette gespielt und war in dieser Zeit mit Max Frisch befreundet gewesen. Nachdem sie auf der Suche für ein spielbares Stück für ihr eigenes Theaterunternehmen *Das*

Ensemble nichts Geeignetes finden konnte, las sie aus purer Verzweiflung noch einmal *Biografie* und fand es hervorragend, aber mit einer Besetzung von nahezu 30 Personen für ein Tourneetheater indiskutabel.

Eines Abends saß sie mit Christian Quadflieg zusammen, der bei dem noch nicht gefundenen neuen Stück Regie führen sollte, und diskutierte, wie man *Biografie* tourneetauglich gestalten könnte. Christian hatte schon eine überarbeitete Fassung für zwölf Personen zur Hand, immerhin eine Reduzierung von über 50 Prozent. Also rief meine Mutter bei Max Frisch an, um ihn zu fragen, ob er Christians Fassung akzeptieren würde. Sie hatte keine Ahnung mehr, nach so langer Zeit, immerhin 16 Jahre, ob sie sich früher mit ihm geduzt hatte, also fing sie das Gespräch vorsichtig an und meldete sich mit: »Hallo, hier ist die Ellen Schwiers.« Es herrschte Schweigen am anderen Ende, dann, Minuten waren verstrichen, antwortete Frisch mit Schweizer Dialekt: »Ja, Ellen! Weißt du, dass ich mal ganz schrecklich verliebt in dich gewesen bin?« Damit war das Eis gebrochen.

Also packte meine Mutter Christian und dessen Frau Renate ein und fuhr mit ihnen nach Zürich, um Frisch die neue Fassung schmackhaft zu machen. Meine Mutter wollte zuerst allein mit Frisch sprechen und bat Christian, in einem Lokal zu warten, aus diplomatischen Gründen. Frisch wusste nach dem Telefonat um das Anliegen, hatte sich aber am Telefon weder positiv noch negativ geäußert. Mit klopfendem Herzen klingelte meine Mutter, die Tür wurde aufgerissen, ein freudestrahlender Max Frisch stand vor ihr und begrüßte sie mit den Worten: »Komm rein, Ellen, aber eins sag ich dir, du bekommst das Stück nur, wenn du es mit fünf Personen spielst.« Meiner Mutter fiel ein Stein vom Herzen.

Frisch hatte *Biografie* in Paris gesehen. Eine Studentenaufführung, die das Ganze auf fünf Personen reduziert hatte – und es hatte ihm ausgesprochen gut gefallen. Meine Mutter holte Christian und seine Frau dazu und Frisch versprach, eine neue Fassung zu schreiben und sie meiner Mutter für die Uraufführung zu geben. Also konnte meine Mutter loslegen und *Biografie: Ein Spiel* auf Tournee anbieten und die Kollegen engagieren. Die Rollen von Kürmann, Antoinette und dem Registrator blieben gleich, alle anderen Rollen sollten von zwei Schauspielern übernommen werden, die »die Assistenten« genannt wurden.

Die Vorbereitung einer Tour dauert bis zu einem Jahr und bis dahin hoffte meine Mutter, die überarbeitete Fassung in den Händen halten zu können. Frisch war fleißig und schon bald kam der erste Teil und löste allgemeine Begeisterung aus. Mit Spannung wurde nun Teil zwei erwartet. Doch er kam und kam nicht! Irgendwann hielt es meine Mutter nicht mehr aus und rief beim Verlag an. »Wir warten selbst verzweifelt. Rufen Sie ihn doch bitte an.« Meine Mutter nahm sich ein Herz, Frisch meldete sich: »Wenn ich geahnt hätte, wie viel Arbeit das ist, hätte ich nie damit angefangen. Versprecht mir wenigstens, mich mit einem Prozentsatz zu beteiligen, damit ich mein Dach decken kann.« Meine Mutter hätte zu dem Zeitpunkt alles versprochen.

Endlich kam der zweite Teil und sowohl Christian als auch meine Mutter waren entsetzt. Jetzt waren es nur noch drei Personen und es war schlecht. Sie hatte schon die Kollegen, die die Assistenten spielen sollten, engagiert, und plötzlich sollten sie im zweiten Teil gar nicht mehr vorkommen. Ihr war klar, dass in diesem Fall die Kollegen abspringen würden, immerhin handelte es sich dabei um Christiane Maybach und Wolfgang Wahl. Also wieder auf nach Zürich. Ihr ganzes diplomatisches Können war nun gefragt.

In dem Moment jedoch, als sich die Tür öffnete und Frisch sie erwartungsvoll anschaute, war jegliche Diplomatie vergessen und sie schleuderte ihm die Worte entgegen: »Max, ich muss es dir leider sagen, aber der zweite Teil ist scheiße!« Daraufhin fing Frisch schallend an zu lachen und meinte nur. »Hab ich mir schon gedacht, sonst wärst du wohl kaum gekommen.« Meine Mutter ließ nicht locker und so überarbeiteten die beiden gemeinsam den misslungenen zweiten Teil.

Das Endergebnis wurde ein voller Erfolg und wurde 1986 vom *Ensemble* uraufgeführt. In diesem Jahr wurde zum ersten Mal von der Inthega (Interessenverband Deutscher Städte) ein Preis für die beste Tourneeaufführung vergeben und unser *Ensemble* wurde mit dem ersten Platz ausgezeichnet. Da es so ein großer Erfolg gewesen war, entschloss sich meine Mutter, dieses Stück 1988 zu wiederholen, diesmal jedoch mit einer anderen Besetzung.

Mein Onkel Holger Schwiers übernahm den Registrator, Felix von Manteuffel den Kürmann, Zsoka Duzar die Antoinette, Thomas Ney und ich waren die Assistenten. Regie führte Christian Quadflieg zusammen mit meiner Mutter.

Ich musste in insgesamt 14 Rollen schlüpfen, bis auf die schnellen Umzüge, die eine echte Herausforderung darstellten, machte es einen Riesenspaß.

Wir fuhren alle zusammen in einem Chrysler Van, der für uns fünf genügend Platz bot. Unterwegs waren wir von Januar bis April. Vom Wetter her hatten wir bisher Glück gehabt, der Winter schien uns zu verschonen. Doch in Warstein, Nordrhein-Westfalen, erwischte es uns richtig. Warstein ist vor allem durch sein Bier bekannt. Der Ort war im Mittelalter ein Mitglied der Hanse, wodurch Warstein zu einem gewissen Wohlstand kam. Fachwerkhäuser bestimmen das Ortsbild und über allem thront der Lörmecke Turm, der eine wunderbare Aussicht über das Sauerland bietet. Der Leser erahnt bereits, dass es sich um hügeliges Gelände handelt. Warstein liegt im Tal, in einem tiefen Tal. Das kann einem zum Verhängnis werden, vor allem wenn Väterchen Frost beschließt, sein weißes Zeug ausschließlich über einer Stelle auszuschütten. In diesem Fall Warstein.

Als wir morgens aufwachten, war nichts mehr wie zuvor. Eine hohe weiße Schicht lag über allem und ein Schneesturm tobte. Wir konnten kaum die Hand vor Augen sehen. Unser Wagen war unter diesen Schneemassen nicht mehr auffindbar. Nur aufgrund seiner Größe wurden wir fündig, und die Männer schaufelten das Auto frei, aber der Schneefall war so stark, dass es zu einer nimmer endenden Aktion zu werden drohte. Wir hatten 350 Kilometer vor uns und waren schon spät dran. Gert war den Abend zuvor gefahren und war mit den Kulissen heil im nächsten Ort angekommen. Unser Wagen besaß keinen Vierradantrieb, war schwer und unhandlich, mit einem Wort – für dieses Wetter äußerst ungünstig. Da niemand mit einem derartigen Wintereinbruch gerechnet hatte, hatten wir auch keine Schneeketten an Bord.

Einige Vertreter, die mit uns das Hotel geteilt hatten, beschlossen zu bleiben, da inzwischen im Radio gesperrte Autobahnen gemeldet wurden. Wir MUSSTEN aber los! Holger und ich waren die Fahrer. Wie auf Eiern schlichen wir aus der Hoteleinfahrt, nach

50 Metern gab der Scheibenwischer zum ersten Mal auf, da er die Schneemassen nicht mehr schaffte. Aussteigen, alles wegfegen, weiter. Die erste Steigung kam in Sicht, noch war Holger, der am Steuer saß, guter Dinge. Doch nach zehn Metern begannen die Räder durchzudrehen, das schwere Trumm von Auto drehte sich zur Seite und rutschte ungebremst den Hang wieder zurück. Aussteigen, Scheibenwischer sauber fegen, weiter. Der zweite Versuch misslang wie der erste. Dieser Hang war zu steil, also einen anderen Weg suchen.

Ich muss wohl nicht dazusagen, dass wir die einzigen Wahnsinnigen auf der Straße waren. Alle 50 Meter mussten wir wegen des verdammten Scheibenwischers anhalten. Nun steuerten wir den nächsten Hügel an, Serpentinen. Im völligen Blindflug, da wir es uns nicht leisten konnten, wegen der Steigung anzuhalten, krochen wir beharrlich nach oben. Die Fenster geöffnet, um Holger die Kurven anzusagen, schafften wir es bis auf die Kuppe, um dort festzustellen, dass diesen Weg ganz Warstein am Morgen genommen hatte und sich ein kilometerlanger Stau in beiden Richtungen gebildet hatte, da ein Laster umgekippt war. Also das Ganze wieder zurück. Rauf geht ja noch, aber runter begann unser Auto, ein beängstigendes Eigenleben zu entwickeln. Ständig drohte uns das eigene Hinterteil zu überholen. Doch Holger meisterte die Situation bravourös.

Zurück also zu unserem ersten Hügel. Alle 50 Meter aussteigen, Scheibe fegen, weiter. Inzwischen waren wir durchgefroren und nass. Holger meinte, wenn wir uns alle auf die hintere Stoßstange stellen würden, hätten wir eine Chance, diesen Hügel zu schaffen. Da er schwerer war als ich, übernahm ich das Steuer. Der Schneesturm tobte unvermindert weiter. Schlotternd vor Angst klemmte ich mich hinter das Lenkrad, die anderen an das Heck. Selten habe ich trotz Kälte so geschwitzt. Ich konnte kaum etwas erkennen und hatte keine Ahnung, wohin ich eigentlich fuhr. Der Wagen schleuderte von rechts nach links, und da ich nur nach vorn starrte, um nicht von der Fahrbahn abzukommen, hoffte ich, meine Fracht, in Form von vier durchgefrorenen Personen, die sich auf der Stoßstange stehend an die Fensterrahmen festklammerten, nicht verloren zu haben.

Wie durch ein Wunder schafften wir es nach oben. Der Anblick meiner Mitreisenden war erbarmungswürdig. Völlig eingeschneit, bibbernd vor Kälte und Nässe, drängten sie sich wieder ins Wageninnere. Holger übernahm das Steuer, denn jetzt ging es wieder nach unten. In so einem Schneetreiben ist man ziemlich orientierungslos und wir hatten kein Navi. Zügig kamen wir sowieso nicht vorwärts, da wir ja alle 50 Meter ... aussteigen, fegen, einsteigen, weiter.

Endlich legte sich das Schneetreiben, weit waren wir nicht gekommen. Inzwischen konnte man die Straße nur noch ahnen. Im Zwanziger-Tempo zuckelten wir dahin, so würden wir es niemals schaffen. Niemand außer uns war unterwegs, wirklich niemand, alles menschen- und autoleer. Plötzlich tauchte rechts an der Straße ein großes blaues Schild auf. Moment! Das war eindeutig ein blaues Autobahnhinweisschild. Wir waren doch nicht etwa auf der Autobahn und, wie wir dem Schild entnehmen konnten, auch noch in der richtigen Richtung unterwegs? Aber warum waren wir so allein? Richtig, die Autobahnen waren gesperrt, so hatte es heute Morgen aus dem Radio geschallt.

Holger erhöhte das Tempo. Sage und schreibe 80 Kilometer fuhren wir auf einer einsamen Autobahn, ein erhebendes Gefühl, bis wir von einer Polizeisperre gestoppt wurden. Der Polizist traute seinen Augen kaum. »Wie sind Sie auf die Autobahn gekommen und vor allem, wo?«

»In Warstein«, antworteten wir wahrheitsgemäß.

»Die Auffahrt ist gesperrt.«

»Da war keine Sperrung.« Er griff zum Funkgerät. Nach einem kurzen Wortwechsel kam er zu unserem Auto zurück. »Da ist eine Sperrung! Also, wo sind Sie auf die Autobahn aufgefahren?«

»Wir haben wirklich keine Ahnung, wir sind nur froh, dass wir es bis hierher geschafft haben.«

»Das spielt keine Rolle, Sie bekommen eine Anzeige.«

Was für ein Korinthenkacker! Das war zu viel für unsere angekratzten Nerven. Unter Todesgefahr hatten wir es bis hierher geschafft und sollten nun für unseren wagemutigen Einsatz zum Wohle der Kultur bestraft werden? »Wir sind Schauspieler und müssen zum nächsten Spielort!«, schrien wir fast.

»Was ändert das an der Tatsache, dass Sie eine Straftat begangen haben?«

Was für ein Megakorinthenkacker! Unser Beruf ist heilig, hallo? Dem Ansturm von fünf hysterischen Schauspielern war dieser junge Polizist nicht lange gewachsen und er ließ uns endlich gnädig von dannen fahren. Pünktlich zur Vorstellung kamen wir im nächsten Spielort an. Wie es uns auf die Autobahn verschlagen hat, wird wohl immer ein Geheimnis bleiben.

Jetzt wird sich so mancher fragen, warum wir nicht, wie die Vertreter, im sicheren und warmen Hotel geblieben sind und den Schneesturm einfach ausgesessen haben? Ganz einfach. Unsere Kulisse war angekommen und das Publikum vor Ort. Wenn wir nicht aufgetaucht wären, hätte die Stadt die Vorstellung absagen müssen und wir hätten kein Geld bekommen. Andersrum, sind wir vor Ort und das Publikum kommt nicht, weil eingeschneit, ist die Stadt verpflichtet, uns auszuzahlen oder es wird ein zweiter Termin vereinbart.

Kurz bevor wir auf Tournee gingen, bekam ich regelmäßig äußerst unangenehme Anrufe eines mir unbekannten Herren, der entweder ins Telefon stöhnte, dies meist nachts, oder mir drohte, falls ich mir einen Freund zulegen würde (ich war damals Single), mich zu ermorden, da ich ausschließlich ihm gehören würde. Mit einem Wort, ich wurde gestalkt. Das Ganze gipfelte eines Tages darin, dass er mich anrief und mir mitteilte, dass er mich am Abend vorher, während ich auf dem roten Teppich flanierte auf meinem Weg zum Filmball, unbemerkt berührt hätte und mich leicht hätte abstechen können. Nun beschloss ich, die Polizei einzuschalten. Man richtete eine Fangschaltung ein. Drei Tage später stöhnte er mir wieder etwas vor und der Anruf konnte zurückverfolgt werden.

Einen Tag später rief mich ein netter Polizist an: »Frau Jacob, der Herr, der Sie belästigt, wohnt in Köln und saß 15 Jahre wegen Raubmordes im Gefängnis. Er arbeitet im Gebrauchtwagenhandel. Wir werden Polizeischutz anfordern.«

Bitte, wie war das? Ich sollte am nächsten Tag auf Tour gehen.

»Das würde ich an Ihrer Stelle nicht tun.«

Spaßvogel, ich konnte unmöglich einen Tag vor der Premiere die Tour absagen, kam gar nicht in Frage.

»Dann können wir Sie nicht schützen.«

Nun ja, ich würde jeden Tag in einer anderen Stadt sein und bezweifelte sehr, dass mein potenzieller Mörder mir folgen würde, geschweige denn, dass er die kleinen Orte, in denen wir spielen würden, überhaupt finden konnte.

»Eine Streife wird ihn aufsuchen und ihm auferlegen, dass er sich Ihnen nicht auf 200 Meter nähern darf.«

Immerhin besser als eine Armlänge. Trotzdem blieb ein mulmiges Gefühl. Holger verbot mir, allein zum Theater zu gehen, und wenn die Vorstellung vorbei war, wurde ich von den Kollegen abgeschirmt, vor allem wenn Fans vor dem Künstlereingang standen und auf Tuchfühlung gehen wollten. Man konnte ja nicht wissen. Das Ganze zerrte an Holgers Nerven mehr als an meinen, er war schon fast hysterisch. Der Weg zum und vom Theater gestaltete sich immer mehr wie ein militärischer Kampfeinsatz. Doch eines Tages kam die erlösende Nachricht. Der Herr hatte es nicht nur auf mich abgesehen und war auf frischer Tat ertappt worden, als er einer anderen Frau an die Wäsche wollte. Nun saß er wieder im Knast und, da er ein Wiederholungstäter war, wohl für längere Zeit. Die Erleichterung war groß.

Apropos Fans. Ich mag meine Fans, wirklich. Einige sind mir seit Jahren treu ergeben und mir fast freundschaftlich verbunden. Doch es gibt auch eine Sorte, die ich ehrlich gesagt nicht ausstehen kann. Diejenigen, die keine Scheu haben, einem im Restaurant, wenn man gerade die Gabel zum Mund führt, auf die Schulter zu hauen, schon das Handy für das obligatorische Selfie mit Star gezückt haben und, während man noch verzweifelt versucht, das gerade in den Mund geschobene Stückchen Fleisch zu schlucken, einfach drauflos fotografieren. Die einen duzen, man kennt sich ja so gut durch die Glotze, sich völlig respektlos einfach mit an den Tisch setzen und dann zutiefst beleidigt sind, wenn man sie bittet, wieder zu verschwinden. Dann gibt es die Autogrammsammler, die mit riesigen Büchern bewaffnet vor dem Theater stehen, denen man zig Fotos unterschreiben muss (werden dann untereinander getauscht ... zum Beispiel ein Bild von Frau Ferres gegen zehn von mir), sich dann mit der Lebensgefährtin, dem Onkel, der Tante, der Großmutter abfotografieren lassen muss (einigen der Herrschaften sei gesagt ... es gibt

Wasser und Seife und ein Deo wäre auch nicht schlecht), die sich aber keine einzige Vorstellung anschauen, sondern, nachdem sie einen gehörig genervt haben, sofort zum nächsten Termin verschwinden. Und last, not least der Herr, der einen immer so eng umschlungen hielt, dass er mit der rechten Hand meinen Busen umfassen konnte und dies auch hingebungsvoll tat. Beim ersten Mal war der Überraschungseffekt noch auf seiner Seite, als er zum zweiten Mal auftauchte, war ich um einiges klüger geworden und hielt Abstand.

Eine kleine Geschichte am Rande. Meine Mutter und ich waren in einer all dieser sich wie ein Ei dem anderen gleichenden Fußgängerzonen unterwegs, als uns eine Frau mit einem etwa sechsjährigen Kind entgegenkam. Als sie uns erblickte, erstarrte sie zur Salzsäule, dann riss sie ihr Kind an sich, ohne den Blick von uns zu wenden, zeigte mit dem Finger auf uns und sagte zu dem Mädchen: »Schau mal, zwei lebendige Schauspieler!«

Ansonsten war *Biografie* eine eher langweilige Tournee. Man verstand sich, es war ein Erfolg, alles lief rund. Da beschloss meine Mutter das Stück, mit dem sie die Ära des *Ensembles* eingeläutet hatte, wieder auf die Bretter, die die Welt bedeuten, zu bringen. Damals hatte sie die Hauptrolle gespielt, jetzt war ich dran. *Medea* von Jean Anouilh. Nicht gerade eine Komödie.

Es gibt Bühnenstücke, denen gegenüber nur das Publikum durchfallen kann.

Christian Friedrich Hebbel (1813–1863), deutscher Dramatiker

Medea

Jean Anouilh (1910–1987)

Das Stück gibt es in mehreren Versionen. Von Euripides, Seneca, Pierre Corneille, Jan Vos, Richard Glover, Hans Henny Jahnn, Anouilh und mindestens 20 anderen.

Medea, eine Königstochter aus Kolchis, verliebt sich unsterblich in den schmucken Argonauten Jason, der auf der Suche nach dem sagenhaften goldenen Vlies an die Küste gespült wurde. Und weil Liebe in diesem Fall nicht nur blind und taub macht, sondern auch äußerst brutal, ermordet sie kurzerhand ihren jüngeren Bruder und noch ein paar mehr, die ihr im Weg stehen (spätestens da hätte Jason gewarnt sein müssen), schnappt sich das Vlies und haut mit Jason ab. Die Flucht verschlägt die beiden nach Korinth zum König Kreon, der eine hübsche Tochter hat. Medea hat inzwischen zwei Söhne zur Welt gebracht, da die Reise doch ziemlich zeitaufwendig war. Jason tapert nun zum König, um für sich und seine Familie um Asyl anzufragen, Medea lässt er mit den Kindern und der Amme zurück. Nun kommt er ewig nicht wieder und Medea schwant Böses. Wie recht sie hat, denn es taucht ein Bote auf und berichtet, dass Kreon beschlossen hat, Medea des Mordes anzuklagen, Jason dagegen hält er für unschuldig. Und weil der Argonaut ein ganz ansehnlicher Typ ist, der offenbar mächtig Eindruck gemacht hat, übergibt er ihm, als Sahnehäubchen obendrauf, seine hübsche Tochter als Gemahlin.

Medea allerdings soll hingerichtet werden (die Welt ist schlecht). Immerhin gelingt es Jason, das Todesurteil in Verbannung umzuwandeln (was ein schlechtes Gewissen so alles bewirkt). Nützen tut es ihm nichts, denn nun ist Medea ernsthaft sauer, und dass mit ihr nicht gut Kirschen essen ist, hat sie ja schon bewiesen. Es kommt zu einer Aussprache zwischen Kreon und Medea, der ihr Jason aber nicht zurückgeben will und sie des Landes verweist. Das macht sie noch saurer. Dann kommt endlich Jason angeschlichen, aber der hat sich inzwischen zu einem Weichei entwickelt und will nur seine Ruhe und die junge Prinzessin. Das macht Medea super, super sauer und jetzt holt sie zum ultimativen Rundumschlag aus. Sie gibt den Boten ein wunderschönes Schmuckstück für die Braut mit, das - wie hinterhältig - vergiftet ist. Weil das kleine Prinzesschen eitel ist, legt sie sich natürlich den Schmuck an und stirbt unter schrecklichen Schmerzen am Tag der Hochzeit. Kreon will seiner Tochter während ihres Todeskampfes den Schmuck entreißen und geht auch über den Jordan. Und um Jason den Rest zu geben, ermordet Medea noch schnell die gemeinsamen Söhne und anschließend entleibt sie sich selbst. Das nenn ich mal konsequent! Jason, der Waschlappen, bleibt mutterseelenallein zurück und mutiert zum Politiker.

Was lernen wir daraus ... Frauen sind brutal und konsequent, Männer können granatenmäßige Arschlöcher sein, die Asylfrage war schon damals nicht geklärt, und wenn man kein Rückgrat mehr hat, wird man Politiker.

Meine Mutter spielte die Amme, Stephan Koch den Jason, Holger Schwiers den Kreon, ich die Medea, unser Techniker Gert einen Wächter und den Boten.

Das Bühnenbild hätte das Herz eines jeden Technikers vor Freude hüpfen lassen. Es wurden schwarze Abhänge benötigt, die fast jedes Theater besitzt (leider kommen immer mehr bunte Abhänge in Mode, völlig bescheuert), sodass die Bühne komplett schwarz war. Eine Feuerstelle in der Mitte und etwas rechts hinten ein Zelt aus Leinenstoff. Über allem hing ein überdimensionaler, goldener Widderkopf (das Vlies) aus Pappmaschee, an dem ein Widderfell hing. Das war's. Wenn wir nicht eigene Beleuchtung und, zur Sicherheit, schwarze Abhänge mitgeschleift hätten, hätte alles in einen Kleinlaster gepasst. Auch die Kostüme waren leicht und es reichte ein Schrank, da sich niemand umzog. Das Tolle an diesem Stück – es dauert eine Stunde und 20 Minuten und wird normalerweise ohne Pause gespielt. Doch diese fast eineinhalb Stunden sind extrem intensiv und eine Herausforderung sowohl für die Schauspieler als auch für das Publikum.

Wir kamen nach Sankt Augustin, Nordrhein-Westfalen. Schon mal da gewesen? Tja ... bestechend scheußlich! Neu gegründet im Zuge einer Gebietsreform im Jahr 1969, erhielt die Gemeinde 1977 ihr Stadtrecht. Es gibt das Stadtzentrum in Form eines Platzes, um den herum sich ein Einkaufszentrum, ein Ärztehaus, Büros, ein chinesisches Restaurant, das Rathaus und das »Hotel Regina« befinden. Außerhalb dieses Platzes ist das Albert-Einstein-Gymnasium mit seiner Aula, eine Mehrfachsporthalle, ein Hallenbad, die Post und das Finanzamt und sonst nix. Das alles im Betonlook. Die Aula ist durch eine Brücke zu erreichen, die über die Schnellstraße führt, dann muss man einem Trampelweg durchs Gebüsch folgen und steht vor dem Hintereingang der Aula. Nachts ist das Ganze etwas unheimlich. Das »Hotel Regina« mochte Schauspieler und gab immer Sonderpreise, ansonsten waren die Zimmer relativ groß und boten immerhin eine Badewanne. Nach der Vorstellung ging man zum Chinesen. Beides, Hotel wie Restaurant, gibt es seitdem ich auf Tournee gehe, also ein ziemlich beständiges Geschäft. Meistens blieben wir mehrere Tage und fuhren von dort Abstecher.

Es erwartete uns eine Schülervorstellung, der absolute Albtraum eines jeden Schauspielers. Ich war in der Tradition von japanischen Noh-Masken geschminkt, weiß, mit starkem schwarzem Augen-Make-up, welches im Laufe der Vorstellung immer mehr verschmierte und das mich zum Schluss wie eine Höllenerscheinung aussehen ließ. Gefundenes Fressen für die Schülermeute. Bei meinem ersten Auftritt erscholl aus 300 Kehlen. »HUI BUH, das Schlossgespenst!«, und so ging es in einem fort weiter. Je lauter wir wurden, desto lauter wurden auch die Jugendlichen, ab und zu übertönt von den Lehrern und dem restlichen Publikum, die verzweifelt versuchten, die losgelassene Schülerschaft zur Raison zu bringen. Nichts fruchtete. Es wurde an den unpassendsten Stellen geklatscht und gejohlt, es war nicht zum Aushalten.

Ich kenne meine Mutter und weiß, wann es ihr reicht. Dann bekommt sie ganz schmale Lippen, ihre Augen fangen an zu glühen und sie wird zehn Zentimeter größer. Eine Viertelstunde hatten wir überstanden, wir befanden uns in der Szene zwischen Medea und der Amme, als meine Mutter plötzlich aufhörte zu spielen. Pause. Die Schüler machten ungebremst weiter. Pause. Die ersten Randalierer bemerkten, dass etwas nicht stimmte. Pause. Man begann, sich auf die Bühne zu konzentrieren. Pause. Die Verunsicherung stieg. Pause. Es wurde stiller. Pause. Es war still. Meine Mutter reckte sich zur vollen Größe auf, drehte sich ganz langsam um, ging ganz nach vorne zur Rampe, blieb stehen und starrte bedrohlich in den Zuschauerraum. Jedem normalen Menschen wäre spätestens jetzt der Angstschweiß auf die Stirn getreten. Stille! Ich folgte ihr und stellte mich neben sie. Zusammen fixierten wir einzelne Schüler, ohne ein Wort zu sagen. Nervöses Kichern machte sich breit. Dann begann sie ganz leise zu sprechen: »Meine Damen und Herren! Sie behindern mich bei der Ausübung meines Berufes, ich verdiene damit mein Geld.« Kichern schwoll an. Meine Mutter wurde lauter. »Wer sich nicht auf dieses Stück einlassen möchte, möge bitte gehen.« Lachen! Sie streckte ihren Arm in Richtung Ausgang und brüllte aus dem Stand los. »Sofort!« Schlagartig Stille! Ruhiger fuhr sie fort: »Wir unterbrechen für vier Minuten und geben jedem die Möglichkeit, dieses Theater zu verlassen. Wer sitzen bleibt, hat den Mund zu halten.« Eisige Stille. Keiner stand auf. Ich hatte mir ein paar Schüler gemerkt, die besonders Radau geschlagen hatten. Mit dem Finger zeigte ich auf jeden Einzelnen und meinte nur: »Raus.« Aber keiner stand auf. Wir müssen ein erschreckendes Bild abgegeben haben, zwei wütende Racheengel, von denen einer aussah wie ein gerade dem Grab entstiegener Zombie und denen man ansah, dass sie es ernst meinten. Vier lange Minuten fixierten wir mit blitzenden Augen unsere Zuhörerschaft, es herrschte absolute Stille, dann drehten wir uns langsam um und begannen die Szene erneut. Bis zum Schluss herrschte Ruhe, keiner traute sich mehr aufzumucken, die normalen Zuschauer genauso wenig wie die Schüler. Die Wut hatte uns eine Intensität verliehen, die sich auf das Publikum übertrug.

Der Applaus war überwältigend. Die Schüler trampelten, johlten vor Begeisterung, verlangten Zugaben (hahaha) und kriegten sich gar nicht mehr ein. Nach der Vorstellung warteten ganz viele am Bühnenausgang und bedankten sich aus vollem Herzen für die tolle Vorstellung. Einige entschuldigten sich und versprachen, in Zukunft nicht mehr zu stören. Oh ja, meine Mutter kann wirklich angsteinflößend sein!

Anschließend verschlug es uns nach Balingen, Baden-Württemberg, eine hübsche Stadt mit einem schönen Theater. Im Jahr 863 wird Balingen zum ersten Mal erwähnt, das Wahrzeichen der Stadt sind das imposante Zollernschloss im Fachwerkstil und das Gerberviertel, auch »Klein Venedig« genannt. Man ist als Tourneefahrer immer sehr froh, wenn man in eine Stadt kommt, in der es mehr als ein Restaurant und ein professionelles Theater gibt. Beides ist in Balingen der Fall. Zu einem professionellen Theater, und um den Ablauf einer Vorstellung zu sichern, gibt es die liebe Feuerwehr. Die Herrschaften kommen immer etwa eine halbe Stunde vor Vorstellungsbeginn, inspizieren die Bühne, erkundigen sich, ob offenes Feuer (Rauchen etc.) zum Ablauf gehört und begeben sich kurz vor der Vorstellung auf ihre Sitze, die sich rechts und links in den Nullgassen, direkt hinter dem Hauptvorhang, befinden. Von dort hat man eine gute Sicht auf das Geschehen. Mit einem Wort, auch wir können sie gut sehen, sie befinden sich quasi auf der Bühne. Manchmal gehen die Herren und Damen der Feuerwehr richtig gut mit, aber auch das hat sich geändert. Heutzutage sind es meist junge Leute, die sich während der Vorstellung eher ihren Handys widmen, als zuzuschauen. Das ist *irritierend*! Oder sie latschen mit ihren schweren Arbeitsschuhen, alles andere als leise, hinter der Bühne umher. Das ist *sehr irritierend*! Ganz besonders gern habe ich es, wenn ich schnelle Umzüge auf der Hinterbühne habe, fast nackt bin und dann biegt plötzlich ein Feuerwehrmann um die Ecke und denkt gar nicht daran, sich zu verpissen. Das macht mich *wütend*! Aber man muss miteinander auskommen, was nicht immer gelingt. Falls es wirklich einmal brennen sollte (wenn etwa Feuer auf der Bühne ausbricht durch einen Kabelbrand oder dergleichen), senkt sich sofort der eiserne Vorhang und trennt den Zuschauerraum von der Spielfläche. Der »Eiserne« befindet sich hinter dem Hauptvorhang und man darf das Bühnenbild auf keinen Fall davor bauen.

Zurück zu unserer *Medea*-Vorstellung. In den eineinhalb Stunden kommt Medea nicht ein einziges Mal von der Bühne und die Rolle ist alles andere als ein Spaziergang. Vor allem die Szene, bevor sie ins Zelt geht und ihre Kinder ersticht, ist ein Monolog der Sonderklasse. Da redet sich Medea in eine Art Raserei. Ich wiegte mich also am Lagerfeuer auf Knien hin und her, verschmierte mein Make-up, schrie, weinte, tobte, griff zum Dolch, stand schwankend auf und schritt mit hoch erhobenem Mordwerkzeug auf das Zelt zu, schlug die Zeltplane beiseite und erblickte mitten im Zelt sitzend ... einen Feuerwehrmann, der, zu Tode erschrocken, abwehrend seine Hände vors Gesicht hielt und stammelte: »Bitte, bitte nicht zustechen!«

Nun war es an mir zurückzustammeln: »Was um Himmels willen tun Sie hier?«

»Ich seh von hier aus besser.«

»Sie sitzen mitten auf der Bühne«, zischte ich zurück.

»Bitte tun Sie mir nichts«, jammerte der völlig verängstigte Mann.

Für wen hielt der mich? Im Zelt stand ein Eimer Theaterblut, mit dem ich jetzt das Messer, meine Hände und mein Gesicht beschmieren sollte, aber der Eimer war verschwunden.

»Wo ist das Blut?« Inzwischen war ich ausgesprochen wütend.

Mit zitternden Händen griff der Mann unter seinen Schemel und reichte mir den Eimer. Ich tunkte das Messer ein und bespritze mich mit der klebrigen Masse. Wenn ich vor dieser Aktion schon wild ausgesehen hatte, sah ich jetzt wirklich und wahrhaftig zum Fürchten aus, das Ungeheuer aus der Elm Street hätte bei mir Nachhilfeunterricht nehmen können. Der arme Mann war einem Herzinfarkt nahe.

»Sie bleiben sitzen und rühren sich nicht!«

»Äh, ich muss Ihnen etwas sagen ...« Allmählich wurde diese Diskussion zu langatmig, ich musste wieder auf die Bühne und mich selbst töten. Gerade als ich das Zelt verlassen wollte, flüsterte er in meinen Rücken: »Ich musste so dringend auf die Toilette und da war nur der Eimer ...« Wie sagt man so schön ... Ehrlich währt am längsten, aber auf diese Information hätte ich gern verzichtet.

PS: Ich habe ihn nicht umgebracht.

Wie bekommt man jemanden von uns aus der Rolle? Antwort: Man ist mit jemandem wie meinem Exmann Oliver verheiratet. Wir gastierten in Schüttorf, Niedersachsen. Sehenswert in dieser gemütlichen Kleinstadt ist das Rathaus, ein zweigeschossiger Quaderbau aus Sandstein mit Staffelgiebel aus dem 15. Jahrhundert. Wir wohnten in »Uschis Kaminstübchen« (das Hotel hieß wirklich so). Es war mein Geburtstag. Da ich am 1. März zur Welt gekommen bin und dieser Termin immer auf eine Tournee fällt, ist es mein Schicksal, meine Geburtstage irgendwo in der deutschen Provinz feiern zu müssen.

Der Schüttorfer Kulturreferent bildete auch Hostessen aus, die er regelmäßig, wenn eine Schauspieltruppe auftauchte, auf jene losließ. Nett gemeint, vor allem die männlichen Schauspieler freuten sich über die in blauen Uniformen umhereilenden Mädchen, die uns vor und nach der Vorstellung umhegten und verwöhnten. Man versprach mir eine Überraschung nach der Vorstellung, mir schauderte. Ich hasse Überraschungen. In diesem Fall zu Recht, ich hatte aber nicht die leiseste Ahnung, was auf mich zukommen würde.

Die Vorstellung lief, ich steigerte mich wieder in meine Raserei, nahm meinen Dolch, schwankte zum Zelt, schlug die Plane beiseite und mich traf der Schlag! Was ich im Zelt erblickte ließ mir das Blut in den Adern gefrieren, denn dort lag mein Mann Oliver, den ich in München wähnte, zusammengekrümmt mit unserem Techniker Michael, Arm in Arm. Beide nackt bis auf Windeln, auf dem Kopf Duschhauben und einem Schnuller im Mund. Beide nuschelten: »Bitte, Mami, nicht umbringen!«

Bitte stellen Sie sich zwei behaarte Männer vor, davon einer mit Bart, die lächerliche Schnuller in Pink im Mund haben und wie tote Käfer auf dem Rücken, in Fötushaltung, hin und her schaukeln. Für mich hörte das Stück in dem Moment auf, völlige Blutleere machte sich in meinem Gehirn breit und eine Lähmung ergriff mich. Wie ein Roboter drehte ich mich um, verließ das Zelt und stürzte zurück auf die Bühne. Erst nach guten drei Minuten hatte ich das Bild, welches sich mir geboten hatte, verarbeitet. Und dann kam der Lachkrampf. Der normale Zuschauer kann kaum einen Lach- von einem Weinkrampf unterscheiden, meine Mutter sehr wohl. Diesmal rammte ich mir sehr schnell den Dolch in den Leib, um dann in den Armen der Amme zu verenden. Ich vergrub meinen Kopf im Schoß meiner Mutter und zuckte vor mich hin. Eine sehr lebendige Leiche. Meine Mutter lag zum Schluss fast auf mir drauf und drohte mich zu ersticken, aber ich konnte mich nicht beruhigen. Dann sah ich auch noch aus dem Augenwinkel meine Tochter in der Nullgasse stehen. Nun kam die Freude hinzu. Endlich, endlich fiel der Vorhang!

Mann, war ich geladen und erst meine Mutter! Gerettet wurden die beiden Übeltäter von den Hostessen, denn jetzt kam die Überraschung (haha, mein Mann war nicht zu toppen) in Form einer Geburtstagstorte auf die Bühne. Dies nutzten Michael und Oliver, um sich aus dem Zelt zu stehlen und aus dem Gesichtsfeld meiner Mutter zu türmen. Als die Zeremonie auf der Bühne beendet war, hatten sich unsere Gemüter schon wieder beruhigt und wir konnten über den gelungenen Streich lachen. Mein verrückter Mann war extra von München aus angereist und hatte mir mein schönstes Geschenk in Form meiner Tochter mitgebracht.

Bühnenarbeit ist sehr hierarchisch. An erster Stelle sollte der Regisseur stehen, danach der/die Hauptdarsteller und dann kommen die Nebenrollen. Doch junge Schauspieler neigen dazu, sich als den Nabel der Welt zu betrachten. Frischlinge, die gerade die Schauspielschule beendet haben und nun auf die Welt losgelassen werden. Man muss sich manchmal fragen, was diese Herrschaften bewogen hat, sich ausgerechnet den Schauspielerberuf erwählt zu haben. Ohne Ausstrahlung und Talent, mit einem schrecklichen Dialekt behaftet, den auch ein intensives Sprechtraining nicht beseitigen kann, schwänzt so mancher schlicht einen anderen Beruf. Die Einzigen, die von diesen Möchtegern-Künstlern profitieren, sind private Schauspielschulen, die den zukünftigen Arbeitslosen das Geld aus der Tasche ziehen, anstatt ihnen von vornherein eine Absage zu erteilen.

Leider ist der Beruf des Schauspielers nicht geschützt und jeder, der will, kann sich so bezeichnen. So ein Exemplar war der junge Mann, der den Boten gab. Zwei Auftritte hatte er zu bewältigen. Ein dürres, kleines Jüngelchen von gerade mal Mitte 20 mit der Ausstrahlung einer Kaulquappe. Ich nannte ihn nur die Ratte. Seine hervorragendste Eigenschaft war, dass er sich unglaublich wichtig nahm. Bei den Proben saß er neben der Regie und machte sich Notizen zu unserem Spiel, die er nach der Probe mit uns diskutieren wollte (wir ignorierten ihn). Wenn er selbst auf der Bühne stand, feilte er an jedem Wort so lange herum, bis ich vor Langeweile eingeschlafen war. Als er allerdings damit anfing, mir Tipps zu geben, wie ich meine Rolle zu gestalten hätte, war bei mir der Ofen aus. Wenn ich brülle, brülle ich richtig! Doch selbst meine Brüllarien schienen die kleine Ratte null zu beeindrucken, ich biss auf Granit. Ich hasste ihn!

Nun ist es aber leider so, dass wir alten Hasen eine Menge Tricks auf Lager haben. Als junge Schauspielerin bekam ich von den älteren Kollegen auch die Leviten gelesen, was teilweise sehr schmerzhaft, aber sehr lehrreich war. Ich hatte meine Lektionen gelernt und war bereit, mein Wissen weiterzugeben. Wir spielten in der Nähe von Stuttgart und die Ratte war extrem aufgeregt, da seine ganze Familie sich angesagt hatte, um seine ersten Schritte auf den Brettern, die die Welt bedeuten, zu bewundern. Natürlich wollte er besonders glänzen. Ich dagegen fand den Zeitpunkt ideal, ihm eine kleine Lehrstunde auf der Bühne zu erteilen. Ja, ich kann sadistisch sein.

Vor der Vorstellung bekam man ihn schon nicht mehr von dem Guckloch im Vorhang weg. Mit roten Bäckchen hüpfte er aufgeregt wie Rumpelstilzchen auf der Hinterbühne hin und her und machte uns wahnsinnig. Dann kam sein erster Auftritt. Er stürmte auf die Bühne und schmiss sich mir zu Füßen, mit unglaublicher Intensität schmetterte er mir seinen Text mit doppelter Lautstärke wie sonst entgegen (Lautstärke ersetzt kein Können, nur mal so am Rande). Was er in seiner Aufregung nicht bemerkte, war, dass ich mich sehr langsam, aber stetig nach hinten bewegte, was zur Folge hatte, dass er sich mitdrehte und so seinen ganzen Text mit dem Rücken zum Publikum sprach. Lektion eins.

Bei seinem nächsten Auftritt entschied ich mich für eine andere Strategie. Jetzt würde er nicht nur mit dem Rücken zum Publikum stehen, sondern auch noch mit einem vermeintlichen Hänger zu kämpfen haben. Ja, ich kann sehr sadistisch sein. Wieder raste er auf die Bühne. Nach seinen ersten zwei Sätzen sollte ich antworten. Um den Kollegen zu schmeißen, machen sie Folgendes: Setzen Sie ein erstauntes Gesicht auf, zucken Sie leicht mit den Schultern, angedeutetes Kopfschütteln, jetzt wird er innerlich ins Schleudern geraten und sich hinterfragen, ob er sein Stichwort abgeliefert hat. Haben Sie den Mut, mit Ihrer Antwort zu warten, starren Sie dem Kollegen mit gerunzelten Augenbrauen starr in die Augen. Diese Sekunden werden Ihnen zwar wie Minuten vorkommen, aber um den anderen völlig aus seiner Rolle zu kippen, müssen Sie die Nerven bewahren. Nun zischen Sie mit zusammengebissenen Zähnen das Wort »Text«, spätestens jetzt beginnt der andere zu transpirieren in dem Glauben, einen Hänger zu haben, dann holen Sie ergeben Atem und servieren ihm mit leicht süffisantem Unterton Ihre Antwort. Nun ist er endgültig von der Rolle und wird garantiert bei seinem nächsten Einsatz einen echten Hänger haben. Stotternd und nach Worten suchend, völlig hilflos wird er Ihnen flehend in die Augen schauen. Lassen Sie ihn hängen, und während er um sein Leben kämpft, bewegen Sie sich wieder nach hinten, postieren sich und geben ihm den rettenden Einsatz. Nun wird er seinen Text glücklich, mit dem Rücken zum Publikum, herunterrattern und froh sein, von der Bühne zu kommen. Und ganz lange darüber nachdenken, was eigentlich schiefgelaufen ist. Nach der Vorstellung müssen Sie ihn zur Rede stellen und ihm so den finalen Endschlag versetzen. Lektion zwei.

Meine Aktion war von Erfolg gekrönt, denn als die Familie nach der Vorstellung ihre Aufwartung in den Garderoben machte, meinte die Mutter der Ratte auf dessen hoffnungsvolle Frage, wie er denn gewesen sei: »Wissen wir nicht, da wir leider nur deinen Rücken gesehen haben. Du kannst Frau Jacob wirklich dankbar sein, dass sie dich gerettet hast, als du einen Hänger hattest.« Ja, ich kann sehr, sehr sadistisch sein.

Manchmal probieren es gestandene Kollegen, sich gegenseitig durch einen Gang nach hinten in die Rückenposition zu bringen. Dann wird man oft Zeuge, wie sich zwei Schauspieler während ihres Textes ständig überholen und zum Schluss an der Kulisse kleben. Man kann aber auch, anstatt dem anderen nach hinten zu folgen, in die andere Richtung, nämlich an die Rampe gehen und seinen Text nach vorne sprechen, dann ist der Schuss nach hinten losgegangen. Wenn Sie also völlig unmotivierte Gänge auf der Bühne sehen, ist entweder die Regie bescheuert oder es findet ein Zweikampf statt.

Die Rolle der Medea habe ich sehr gern gespielt, auch wenn sie mentale Spuren hinterlassen hat und ich etwas länger gebraucht habe, bis der Alltag mich wieder fest im Griff hatte.

Was zieht im Theater? Was den Frauen gefällt.
Was gefällt den Frauen? Was von ihrer Sache handelt.
Was ist ihre Sache? Was sie Liebe nennen.

Hermann Bahr (1863–1934), österreichischer Autor und Kritiker

Damenkrieg

Eugène Scribe (1791–1861)

Dies wird eine kurze Inhaltsangabe, da das Stück eine dieser lockeren Komödien darstellt, die man sofort wieder vergisst. Der Autor Eugène Scribe wird heute kaum noch gespielt. Seine berühmteste Komödie ist *Das Glas Wasser*. Doch zurück zum *Damenkrieg*. Die Gräfin d'Autreval und ihre Nichte Leonie haben einen politischen Flüchtling namens Henri versteckt, der in Abwesenheit von einem Bourbonengericht zum Tode verurteilt wurde. Henri flüchtet sich auf das Schloss der Gräfin, die eine gute Freundin seiner Mutter ist. Der böse Baron de Montrichard ist ihm aber ganz nah auf den Fersen und dann springt noch ein gewisser Gustave de Grignon umher, ein glühender Verehrer der Gräfin. Wie das Schicksal so will, verlieben sich beide Damen in den, als Lakai verkleideten, Flüchtling und da kommt es natürlich zu Spannungen (deswegen Damenkrieg). Die eine ist gut im Retten und die andere ist gut im Lieben. Zum Schluss gibt's ein Happy End und die ältere, aber weisere Gräfin verzichtet zugunsten der jüngeren, aber blöderen Nichte auf den Geliebten. Das Ganze spielt im Jahr 1815 in Frankreich. Tja ... mehr gibt es wirklich nicht darüber zu sagen.
Meine Mutter hatte diese Komödie schon im Landestheater Neuss gespielt und sie hatte ihr gut gefallen, also übernahm sie

das Ganze auf Tournee. Sie spielte die Gräfin, ich ihre Nichte Leonie, Günter Hörner den bösen Baron, Jost Heider den Gustave und den Henri gab, mmhh ... nennen wir ihn mal C. C. Unser Techniker Gert Piller hatte sich ein Jahr vorher entschlossen, umzuschwenken und den Ingenieursberuf zu ergreifen. Unser neuer Techniker hieß Michael Merkel, ein gut aussehender, südländisch wirkender Typ aus Essen, der im Stück die stumme Rolle des Dragoneroffiziers übernehmen musste. Unser Bühnenbild war weiß und sah aus wie Sahnebaiser, ornamentiert mit einem Dach, einer sogenannten Soffitte. Hat man heute kaum noch, da die Beleuchtung schwierig ist. Unsere Kostüme waren wunderschön und sehr aufwendig.

Gestartet wurde in Lüdenscheid, Nordrhein-Westfalen. Lüdenscheid hat eine bewegte Geschichte. Im neunten Jahrhundert entstand der Ort als eine sächsische Siedlung, 400 Jahre später, im Jahr 1278, erlangte die Siedlung Stadtrecht. Im Mittelalter tagte dort ein überregionales Veme-Freigericht. Sechs Mal wurde die Stadt vom Feuer zerstört. Der letzte große Brand tobte 1723. In Lüdenscheid wurden übrigens die Aluminiumgerüste für den Zeppelin gebaut. Die Umgebung ist wunderschön, die Stadt selbst ... hm. Die neuzeitlichen Städtebauer haben sich nicht gerade mit Ruhm bekleckert. Allerdings ist das Theater eine Wucht. Selten habe ich in einem so schönen Haus gespielt, mit einem überaus professionellen Team. Nur die Parkplatzfrage ist verbesserungswürdig. Wir wohnten am Rand der Stadt in einer dieser Hotelketten, wo jedes Zimmer geklont ist.

Für die Endproben war auch unsere Maskenbildnerin Erika angereist, da sowohl meine Mutter als auch die Herren Perücke tragen mussten. Ich hatte mich entschieden, den Stress auf mich zu nehmen und meine langen Haare über Nacht auf kleine Lockenwickler aufzudrehen. Biedermeierfrisuren sind aufwendig, ganz viele Löckchen. Die Proben verliefen gut, nur unser Hauptdarsteller C. C. hatte Probleme, denn er fand keine passenden Schuhe für sein Kostüm. Er hatte sich unbedingt schwarze Lackballerinas eingebildet, die aber in Größe 46 nirgendwo aufzutreiben waren. Er verschwand dafür einen Tag nach Köln und kam freudestrahlend wieder, im Gepäck besagte Schuhe mit niedlichen Schleifchen und kleinem Absatz. Die Ballerinas hatte er in einem

Dragqueen-Laden aufgetrieben, sie waren sein ein und alles. Sie wurden geputzt, gehegt und gepflegt, manchmal hatten wir den Verdacht, dass er die Dinger sogar im Bett anbehielt.

Wir hatten vier Probentage in Lüdenscheid, Generalprobe und Premiere. Nachdem ich zwei Tage versucht hatte, mit meinen Lockenwicklern zu schlafen, rief ich Erika im Hotelzimmer an und fragte: »Wie lange brauchst du, um eine Perücke zu knüpfen?«

»Eine Nacht, wenn ich alles besorgt habe«, war die erstaunliche Antwort.

Erika ist wahrlich eine Zauberin. Sie schritt sofort zur Tat und wir schlugen uns gemeinsam eine ganze Nacht um die Ohren. Ich hielt sie wach und sie knüpfte sich die Finger blutig. Doch am nächsten Morgen war das Wunderwerk fertig. Abends sollte Hauptprobe sein, ich hatte niemanden von dem Perückenplan erzählt. Meine Haare gingen mir bis zur Rückenmitte und ich hätte jedes Mal die ganze Pracht unter der Perücke verstauen müssen. Viel zu aufwendig. Also nahm Erika einen Rasierer, den sie auf einen halben Zentimeter Schnitthöhe einstellte, und schwupp gehörte meine Haarpracht der Vergangenheit an.

Frisch gestylt betrat ich am Abend den Lift und traf auf C. C. Wir nickten uns zu, es dauerte eine Weile, plötzlich starrte er mich mit tellergroßen Augen an und zeigte mit zitterndem Finger auf meinen Kopf: »Sag mal, spinnst du? Wir haben heute Hauptprobe! So kannst du doch nicht spielen!«

»Es ist einfach so über mich gekommen«, war meine Antwort.

»Das ist total unprofessionell!« Und das von jemandem, dem seine Schuhe wichtiger waren als die Partnerin!

Wir waren inzwischen an der Rezeption angekommen, wo die anderen uns schon erwarteten. C. C. stürmte voraus, baute sich vor meiner Mutter auf und beschwerte sich lauthals über mein Verhalten. Petzen kann ich auf den Tod nicht ausstehen. Günter lachte sich schlapp, meine Mutter starrte mich an und erwartete eine Erklärung. Da marschierte Erika mit meiner neuen Perücke wortlos an der Truppe vorbei.

Meine Mutter fing schallend an zu lachen. »Da hast du mir ja einen schönen Schrecken eingejagt.« Damit war das Thema abgehakt, nur nicht bei C. C. Ständig grummelte er vor sich hin, von wegen Profi ... zu jung ... albern ... nimmt den Beruf nicht ernst

... Es war zum Kotzen, was für ein Korinthenkacker! Ich ließ ihn maulen. So wirklich konnten wir ihn alle nicht ausstehen. Vor allem für Günter war er ein rotes Tuch. Jeden Abend vor der Vorstellung herzte und putzte C. C. seine Schuhe erst einmal für 15 Minuten, dann begann er seine Stimmübungen. Mit lautem »MMMMMMMAAAAAAAAAAAA, MMMMMMMMMMMI-IIIIIIIIIIIIIIIIIIIIIII, MMMMMMMMMMMMMMMMUUUUU-UUUUUUU, MMMMMMMMMMOOOOOOOO« erschütterte er die Garderobenwände. Dann folgte Geschnaube, das klang, als ob er einen der schwarzen Kampfstiere auf seiner Toilette versteckt hätte. Die Lippen wurden aufgelockert durch Prusten. Günter meinte, wenn er so weitermachen würde mit dem Gepruste, würde er ihn satteln und auf ihm in die nächste Stadt reiten. Es folgten Zungenschnalzen, Gesumme, Sprachübungen wie »Fischers Fritz fängt frische Fische, frische Fische fängt Fischers Fritz« oder »Barbara saß nah am Abhang ...«, den ganzen *kleinen Hey* (Studienbuch des Sprechens) ging's rauf und runter. Es war zum wahnsinnig werden. Falls er vorhatte, das jeden Abend durchzuziehen, mussten wir uns etwas überlegen, denn er machte nicht nur Sprechübungen, sondern hüpfte auch wie Rumpelstilzchen durch die Gegend, um seine Glieder zu lockern.

In Lüdenscheid, wo er eine eigene Garderobe hatte, konnte er machen, was er wollte, aber in anderen Städten würde er sich öfters die Garderobe mit seinen Kollegen teilen müssen. Jost machte das Theater nichts aus, aber bei Günter war das was anderes. Vor allem zog er seine Übungen auch während der Vorstellung durch, wenn wir anderen auf der Bühne waren.

Die Premiere war ein voller Erfolg, und wir waren gespannt, wie sich C. C. als Neuling auf Tournee machen würde. Jost fuhr unseren alten Mercedes und nahm C. C. mit, während Günter, der keinen Führerschein besitzt, bei Muttern und mir in einem Jeep mitfuhr. Nächster Stopp war das schöne Herborn in Hessen. Herborn ist eine Fachwerkstadt und hat eine historische, geschlossene Altstadt mit Baudenkmälern aus acht Jahrhunderten. Das Theater von damals gibt es nicht mehr, 2006 baute die Stadt die Kulturscheune, in der aber fast nur Kleinkunst stattfindet.

Schon am zweiten Tag bemerkten wir, dass ein rein weißes Bühnenbild nicht tourneetauglich ist. Überall an der Dekoration waren die schwarzen Fingerabdrücke der Bühnenarbeiter zu finden und Michael fluchte. Allein konnte er nicht jeden Abend das Bühnenbild neu streichen. Also wurden wir kurzerhand nachmittags ins Theater bestellt, bekamen Pinsel in die Hand gedrückt und malerten fleißig drauflos. Der Einzige, der nicht daran dachte, einen Finger zu rühren, war Jost. Sobald es irgendetwas zu tun gab, war und blieb er verschwunden. Darum wissend hatte ihm meine Mutter die eigentlich leichte Aufgabe des Kaffeekochens zugeteilt. Wenn Platz war, wurde eine der Garderoben in ein sogenanntes Konversationszimmer, den »Konver«, umgewandelt. Dort gab es dann Plätzchen, Kaffee, Tee und andere Getränke. In der Pause musste dies alles wieder abgebaut und in eine Aluminiumkiste verstaut werden.

Nachdem Jost in kürzester Zeit zwei der Glasbehälter von der Kaffeemaschine geschrottet hatte und wirklich grauenhaften Kaffee kochte, war er auch diese Aufgabe los. Also schickte ihn meine Mutter jeden Abend vor Beginn der Vorstellung an die Kasse, um zu fragen, wie wir verkauft seien, und die Kulturreferenten daran zu erinnern, uns bitte die Kritiken, die ja erst dann erscheinen würden, wenn wir schon wieder das Weite gesucht hatten, an die heimische Adresse zu schicken. Das machte er großartig! Jost war ein Strahlemann mit einer positiven Grundstimmung, der uns mit seiner guten Laune auch manchmal auf den Keks ging.

In Herborn waren wir ausverkauft, die Vorstellung lief bis dato gut. Aus den Tiefen der Garderobe hörte ich C. C. seine Stimmübungen machen, während ich auf meinen Auftritt wartete. Meine Mutter verabschiedete gerade den bösen Baron Montrichard und nun sollte Henri auf die Bühne kommen und meine Mutter anschmachten. Doch C. C. hatte über seinen Stimm- und Körperübungen Raum und Zeit vergessen und erschien … nicht! Es gibt wohl nichts Schlimmeres für einen Schauspieler, als mutterseelenallein auf der Bühne zu stehen und das Stück zu unterbrechen, weil der Kollege nicht auftaucht.

Meine Mutter wanderte auf und ab, dies allerdings tat sie sehr bedeutungsschwanger … starrte zu mir herüber, während ich versuchte, jemanden zu organisieren, der C. C. auf die Bühne schicken würde. Dann warf sich meine Mutter in Pose und erfand Text: »Wo Henri wohl bleibt?« Das war oscarpreisverdächtig! In

Theatern gibt es Mithöranlagen, so kann der Schauspieler in seiner Garderobe dem Geschehen auf der Bühne lauschen und weiß ungefähr, wann er sich auf den Weg machen muss. Nur leider funktionieren diese Dinger nur in den seltensten Fällen. »Henri müsste schon längst hier sein!«, diesen Satz schrie sie fast in der Hoffnung, dass vielleicht die Kollegen auf der anderen Seite der Bühne die Lage überreißen würden. Ich konnte das Elend indessen nicht länger mitansehen und startete. Meine Mutter und ich sind ein eingespieltes Team und so übernahm ich den Text von Henri und wir glitten elegant über in meine Szene.

Da bemerkte ich zu meinem Schrecken, dass C. C. aus seinem Dornröschenschlaf erwacht war und sich gerade daran machte, auf die Bühne zu stürmen. Günter versuchte noch, ihn daran zu hindern, aber da war nichts zu machen. Mit schief sitzender Perücke stürzte er mit fliegenden Rockschößen auf die Bühne, wo er mit einem pikierten »HENRI!« von meiner Mutter empfangen wurde. Ich betete nur, dass er jetzt nicht die Szene, die wir ja schon abgeliefert hatten, wiederholen würde. C. C. war kreidebleich und begann, wirres Zeug zu stammeln: »Madame ... Äh ... Katerina ... ich ... äh ... meine ... Madame... Oh mein Gott, mir wird schlecht!« Und mit diesen Worten brach er mitten auf der Bühne zusammen. Meine Mutter und ich starrten fassungslos auf das Häuflein Elend, das sich in einer Art Schockstarre befand. Einen billigeren Weg, sich aus der Verantwortung zu ziehen, gibt es wohl kaum.

Da der Herr keinerlei Anzeichen signalisierte, sich wieder zu erheben, drehte sich meine Mutter majestätisch zum Publikum um und sagte mit klirrender Stimme: »Meine Damen und Herren, wie Sie sehen, ist dem ... *Kollegen* ... schlecht geworden. Vorhang bitte!« Ich kenne niemanden, der derart viel Ironie in das Wort »Kollege« legen kann. Kaum hatte sich der Vorhang geschlossen, kam Günter auf die Bühne geeilt und verpasste C. C. mit offensichtlichem Vergnügen zwei kräftige Ohrfeigen links und rechts, dass es nur so knallte. Der Geschundene öffnete die Augen, wimmerte vor sich hin und fasste, als er in das wütende Gesicht meiner Mutter blickte, umgehend den Entschluss, sich gleich wieder in eine zweite Ohnmacht zu begeben. Darauf hatte Günter nur gewartet und – klatsch, klatsch – bekam er gleich noch mal zwei gesemmelt. Das wurde C. C. denn doch zu viel, unter Jammern richtete er sich auf und wurde von meiner Mutter schnurstracks in die Garderobe zurückgeschickt mit dem Befehl, sich bis zu seinem nächsten Auftritt zu sammeln. Er schlich wie ein geprügelter Hund von dannen, aber ab dem Zeitpunkt blieben wir von seinen nervtötenden Stimmübungen verschont.

Mit einem 5-Personen-Stück auf Tour zu gehen, ist weitaus angenehmer und energetisch ausgeglichener, als wenn man sich um das Seelenheil von zwölf Personen kümmern muss, und wenn es sich dann noch um eine Komödie handelt, ist ein fast perfekter Tourneealltag garantiert. Tragödien ziehen einen runter, jeden Abend nur Mord und Totschlag gehen selbst dem Gesündesten auf das mentale Gleichgewicht. Ermorden Sie mal jeden Abend Ihre Kinder wie in *Medea*, und das 85 Mal. Das geht nicht spurlos an einem vorüber, glauben Sie mir.

Als Unternehmer verdienen Sie natürlich auch mehr. Weniger Diäten, weniger Benzinkosten, weniger Autos, und da das Stück billiger angeboten werden kann, weil man ja auch weniger Gagen zahlen muss, gibt es mehr Buchungen. Meine Mutter hatte es geschafft, seit der Unternehmensgründung ein wirklich gutes Ensemble um sich zu scharen. Jost und Günter gehörten dazu, C. C. war neu. Wir gastierten in Hannover, Niedersachsen, und wohnten in einem typischen Vertreterhotel. Die Aufteilung der Räumlichkeiten war etwas seltsam, denn die Zimmer gingen direkt vom Frühstückssaal ab.

Jost, Günter, C. C. und ich saßen schon beim Frühstück. Meine Mutter kam im Bademantel aus ihrem Zimmer gehuscht, um sich schnell am Buffet einen Kaffee mit aufs Zimmer zu nehmen, und bekam nur am Rande unsere morgendliche Diskussion mit. Es ging um Talent und ob man es sich erarbeiten kann oder ob es angeboren sein muss. Mit einem Seitenblick auf Jost meinte sie: »Faulheit steht grundsätzlich allem im Weg. Auch wenn man ein angeborenes Talent hätte, muss man trotzdem hart daran arbeiten.« Sprach's und verschwand in ihrem Zimmer.

Dieser Seitenhieb hatte eindeutig auf Jost gezielt, aber C. C. zog sich den Schuh an und tobte lautstark los (so etwas kommt in einem voll besetzten Frühstückssaal immer gut): »Wer glaubt sie denn, wer sie ist? Bildet sich ein, über Talent entscheiden zu können.« In dem Moment flog die Zimmertür meiner Mutter auf und wie die Rachegöttin Erinnye höchstselbst kam sie an den Tisch gestürmt: »*Sie* reden von Talent? *Sie* sind doch ein einziger Krampf und da helfen auch Ihre lächerlichen Übungen nichts! Nehmen Sie endlich beim Spielen Ihren Finger aus dem Popo!« Dann drehte sie sich auf dem Absatz um und verschwand mit wallender Haarpracht wieder in ihrem Zimmer. Jost, der sehr wohl verstanden hatte, dass meine Mutter ihn gemeint hatte, wollte intervenieren, aber C. C. ließ ihm keine Chance. »Sie glauben wohl, nur weil Sie annehmen, ein Star zu sein, sich alles erlauben zu dürfen, Frau SCHMIERS!« (Das Wort »Schmiere« steht für wirklich schlechtes Theater und daher kommt auch das Wort Schmierenkomödiant.) Jost zog den Kopf ein, Günter lächelte satanisch und ich dachte gar nicht daran, mich einzumischen. Rumms, flog wieder die Türe auf. Meine Mutter hatte sich wohl gerade des Bademantels entledigt, denn jetzt hatte sie nur noch ein Nachthemd an. Ihre langen Haare waren offen und in der rechten Hand hielt sie eine Zahnbürste, ihre grünen Augen blitzten: »SIE, *Sie*, STEINBOCK, Sie! *(Irgendwie rutschte die Diskussion ab.)* Niemals hätte ich Sie engagieren dürfen! Gehen Sie zurück an Ihr Landestheater!« Und weg war sie.

Allmählich war es echt komisch und Günter und ich fingen an zu lachen. Da flog zum wiederholten Mal die Tür auf, diesmal erschien nur ihr Kopf: »Sie können gerne Ihre Sachen packen! Niemals wieder werde ich einen STEINBOCK engagieren! Und ihr hört auf zu lachen.« Und schon war die Tür wieder zu.

»Auf diese Schmiere kann ich gerne verzichten!«, schrie C. C. in Richtung der verschlossenen Tür und verließ zornentbrannt den Saal. Es herrschte Stille. Alle starrten auf die Tür, aber sie blieb zu. Den anwesenden Vertretern hatten wir eine tolle morgendliche Vorstellung geboten, ein Paradebeispiel für »Schauspieler unter sich«. Günter drehte sich zu Jost um: »Und das alles wegen dir.« Da sprang auch Jost auf und verschwand. Günter konnte manchmal richtig biestig sein.

Wir hatten drei freie Tage und am vierten Tag hatten sich die Wogen schon wieder geglättet. Jetzt werden Sie sicher wissen wollen, was meine Mutter gegen Steinböcke hat. Sie selbst ist Zwilling und war 40 Jahre mit einem Steinbock verheiratet … Keine weiteren Fragen!

Unfälle während einer Vorstellung sind relativ selten und werden von den betroffenen Schauspielern zwar registriert, aber die Reaktion darauf erfolgt fast immer erst nach der Vorstellung, da während des Spiels der Adrenalinspiegel so hoch ist, dass man den Schmerz kaum wahrnimmt. Ich nenn einfach mal ein paar Beispiele, bei denen ich (leider) dabei war: Michael Boettge als Puck im *Sommernachtstraum*, Luisenfestspiele Wunsiedel. Er sollte eine Felswand hinunterrutschen, dabei übersah er einen Stein, der herausragte - offener Ellbogenbruch. Meine Mutter bei *Romeo und Julia*, stolperte über ein Kabel - Schmetterbruch der Schulter. Paul Hoffmann stürzte in Wunsiedel bei einem der Auftritte drei Meter in die Tiefe - Schädelbasisbruch. Mir wurde von einem Kollegen während eines Fechtkampfes die Nase durchgehauen. Wir alle haben die Vorstellungen zu Ende gespielt. Doch die schmerzhafteste Verletzung erlitt ich während einer Charity-Vorstellung vom *Damenkrieg*.

Gert Piller, unser ehemaliger Techniker, fragte uns, ob wir bereit wären, eine Vorstellung im Rahmen einer Wohltätigkeitsgala zu geben, natürlich umsonst. Wir sagten zu. Es ging darum, Geld für Röntgengeräte, die dann in Afrika zum Einsatz kommen sollten, zu sammeln. Er würde den Aufbau des Bühnenbildes übernehmen. Schauplatz war eine ehemalige Scheune in der Nähe von Starnberg, unserer Heimatbasis. Die Kollegen zogen mit und so hängten wir vor unserer wohlverdienten Osterpause noch diese Vorstellung dran. Da keine Bühne in der Scheune vorhanden war, hatte Gert Podeste besorgt und in die Gasse zwischen hinterem Aushang und Bühnenbild Bretter gelegt, sodass wir auftreten konnten. Auf die vordere Bühne wurde unser Teppich ausgelegt und festgenagelt.

Gleich bei meinem zweiten Auftritt sollte ich mit meinen Schuhen in der Hand, hübschen, blauen Pumps, auf die Bühne huschen. Im Gegensatz zu dem Teppich waren die Bretter nur aufgelegt und die Podeste waren nicht eben, sodass das ein oder andere Brett etwas hervorstand und eine echte Stolperfalle darstellte. Ich startete von rechts und sollte durch die große Tür in der Mitte des Bühnenbildes auftreten. Man war allerdings von Anfang an durch Fenster links und rechts bei seinen Auftritten sichtbar. Ich weiß nicht, wie ich es fertiggebracht habe, aber irgendwie geriet mein großer Zeh unter eins der Bretter, das zurückschnalzte, sodass mein Zehennagel aus dem Nagelbett gerissen wurde. Im ersten Moment fühlte ich nichts, doch auf der Bühne sollte ich meine Schuhe wieder anziehen. Inzwischen floss auch Blut und nicht zu wenig. Ich drohte, den kostbaren, hellen Bühnenteppich zu versauen. Der Zehennagel war nach vorne gekippt, während er hinten nach oben stand. Unter dem Nagel sah man nur eine blutige Matsche. Von dem Anblick drohte ich kurz ohnmächtig zu werden, aber ich biss die Zähne zusammen und zwängte meinen Fuß in den spitz zulaufenden, zehn Zentimeter hohen Pumps. Jetzt schlug der Schmerz zu, das war Folter.

Nach dieser Szene hatte ich einen Kostümwechsel, dazu gehörten auch andere Schuhe. Daran war gar nicht zu denken. Auch während der Pause behielt ich die blauen Pumps an. Die rechte Schuhspitze war inzwischen blutdurchtränkt. Nach der Vorstellung schnitt mir Gert den Schuh vom Fuß, der Anblick meines Zehs war furchteinflößend. Selten habe ich solche Schmerzen gehabt. Nach drei Tagen fiel der Nagel ab und es bildete sich eine große Blutblase, die man mir im Krankenhaus aufschnitt. Nach der zehntägigen Pause war ich immer noch malade und konnte kaum laufen, geschweige denn meinen Fuß in einen Pump zwängen. Den Rest der Vorstellungen habe ich in Gesundheitsschuhen hingelegt. Gott sei Dank waren die Kleider lang genug, um diese Schmach zu verstecken.

Ja, ja ... die leidigen Kostüme. Wir gastierten in Dillenburg in Hessen. Das Wahrzeichen dieser historischen Fachwerkstadt ist der Wilhelmsturm aus dem Jahr 1875, der auf dem Schlossberg thront und von der Autobahn A 45 aus sichtbar ist. Die Kasematten unter dem ehemaligen Schloss sind die größten unterirdischen Verteidigungsanlagen Europas. Unser Spielort war eine dieser typischen Stadthallen, die in den Sechziger- und Siebzigerjahren erbaut wurden. Den Architekten der damaligen Zeit würde ich gern mal die Leviten lesen. Eine DREIECKIGE Bühne zu bauen, was für ein Schwachsinn! Erstens dauert der Vorhang ewig, bis er auf bzw. zu ist, zweitens kann man kaum ein Bühnenbild aufstellen. Da die Dreiecksspitze in den Zuschauerraum ragt, sitzen diese rechts und links von der Bühne und haben Einsicht auf die Nullgassen, dadurch muss man mit schwarzen Abhängen arbeiten, sodass die Feuerwehrmänner aber nicht mehr sehen, was auf der Bühne stattfindet. Drittens kann man den Spitz zum Spielen nicht benutzen, außer man hat ein Soloprogramm. Viertens, so eine Bühne ist verwirrend, da man plötzlich zwei Rampen hat. Alles in allem ... null durchdacht. Schön wäre es, bevor man solche Ungetüme baut, auch die Personen zurate zu ziehen, die mit den Gegebenheiten umgehen müssen.

Wie oft habe ich mich auf den Toiletten schminken müssen, weil die Lampen in den Garderoben das Zimmer eher verdunkelt haben. Wie oft konnten wir unsere langen Kostüme nicht aufhängen, da keine dementsprechenden Ständer vorhanden waren. Ganzkörperspiegel wären eine Notwendigkeit, und wenn die Toiletten nur auf einer Seite der Bühne zu finden sind, ist das auch nicht von Vorteil. Eiserne Wendeltreppen, die scheppern, viel zu eng sind und bei denen man mit seinen Schuhen im Gitter stecken bleibt, sind nicht nur äußerst unpraktisch, sondern lebensgefährlich. Ich könnte seitenweise so weitermachen.

Dillenburg war das typische Beispiel dafür, wie es nicht sein sollte. Es gibt Stücke, bei denen man auf den Vorhang nach den jeweiligen Szenen verzichten kann, da man den Szenenwechsel mit einem Blackout darstellen kann, beim *Damenkrieg* ging das nicht. Bei einem der Szenenwechsel sollten sich meine Mutter und ich (bei geschlossenem Vorhang) mittig auf die Bühne knien, vor uns eine Karte ausbreiten (Vorhang auf) und einen Schlachtplan entwickeln, wie wir Henri hinter die feindlichen Linien schmuggeln könnten.

In Dillenburg dauerte der Vorhang sage und schreibe drei Minuten, bis er endlich auf war ... drei lange Minuten, in denen gar nichts passieren würde, drei ewige Minuten, in denen wir stumm auf der Bühne zu knien hatten, bis das Licht angehen würde, kurz gesagt drei Minuten totaler Langeweile, und das bei einer ansonsten spritzigen Komödie. Ging gar nicht! Eine der Hauptregeln besagt: Der Zuschauer darf alles, nur langweilen darf er sich nicht. Also verzichteten wir auf den Vorhang und beschlossen, uns während eines Blackouts auf die Bühne zu schummeln. Gesagt, getan!

Meine Mutter hatte ein prächtiges Kleid an, grau-blaue Seide, mit Puffärmeln, einer großen Schleife auf dem Rücken, einem hohen gestärkten Kragen und einer Schleppe. Mein Kleid war weniger aufwendig, hatte aber den typischen Biedermeierausschnitt, viereckig und tief. Michael zog einen schnellen Blackout und innerhalb von zwei Sekunden herrschte Grabesschwärze auf der Bühne. Wir sahen absolut nichts. Ich taperte hinter meiner Mutter her, als ich plötzlich das hässliche Geräusch von zerreißendem Stoff hörte, direkt vor mir. Mist, ich war auf die Schleppe meiner Mutter getreten, ich hörte sie unterdrückt fluchen. Zu der Grabesschwärze kam noch eine Grabesstille hinzu, da die Zuschauer gebannt dem Geschehen auf der Bühne folgten. Jede Art von Flüstern war deutlich zu verstehen. Auch der Ratsch des Kleides konnte nicht unbemerkt geblieben sein.

Es war ein bisschen wie Blinde Kuh spielen, denn meine Mutter hatte etwas die Orientierung verloren und ich meine Mutter. »Wo bist du?«, zischte ich. »Hier drüben«, kam ein Flüstern. Mit ausgestreckten Armen schlich ich in die Richtung, in der ich meine Mutter vermutete. »Ratsch«, machte es, ich war wieder auf ihre Schleppe getreten, hatte sie aber zumindest gefunden. »Sind wir in der Mitte?« Ich wusste nicht mal, in welcher Richtung wir standen. Wir beschlossen, das Wagnis einzugehen und uns auf die Knie sinken zu lassen. »Ratsch«, diesmal war ich unschuldig! Meine Mutter fing zu giggeln an. Mein Kleid war aus einem dehnbaren Baumwollstoff und in dem Moment, als ich mich hinkniete, zog sich mein Ausschnitt nach unten, mein Busen beschloss, sich selbstständig zu machen, und hüpfte aus dem Dekolleté (damals waren die Dinger noch elastisch). In Panik versuchte ich, ihn zurückzustopfen, bevor das Licht angehen würde, aber mein Kleid war vorne zu straff gespannt. Inzwischen gab meine Mutter Grunzlaute unterdrückten Lachens von sich.

Falls wir verkehrt herum auf der Bühne knieten, wäre es gut für mich, denn dann konnte das Publikum meine Brüste nicht sehen, aber dafür das freigelegte Hinterteil meiner Mutter bewundern. Durch kräftiges Hochziehen hatte ich es geschafft, wieder für Ordnung zu sorgen, da flüsterte mir meine Mutter zu: »Wenn jetzt auch noch die Karte verkehrt herum liegt, geh ich ab.« Das Licht ging an, und wir fanden uns links auf der Bühne wieder, keinen halben Meter entfernt von der Rampe. Mittig ist anders. Wir starrten beide auf die Karte und ... sie lag verkehrt herum! Das war's. Wir brachen vor Lachen zusammen, meine Mutter heulte regelrecht.

Das Publikum war leicht ratlos, also versuchte meine Mutter unter hysterischem Gelächter, die Situation zu erklären. Das brachte uns einen Sonderapplaus ein. Alles noch mal von vorn, aber zuerst musste der große Riss notdürftig geflickt werden. Glauben Sie ja nicht, dass wir beim zweiten Mal orientierter waren. Weit gefehlt! Denn nach dem grellen Bühnenlicht in totale Finsternis katapultiert zu werden, löst eine Blindheit aus. Ich hielt gebührenden Abstand, um nicht wieder auf die Schleppe zu treten, und hatte nach kürzester Zeit keine Ahnung, wo ich mich auf der Bühne befand.

Das Publikum begann, mit uns Blinde Kuh zu spielen, und dirigierte uns mit Einwürfen wie »mehr rechts, mehr links, jetzt geradeaus!« in die Mitte der Bühne. Wir knieten uns hin, das Licht ging an und ... die Karte lag verkehrt herum. Es hat weitaus länger gedauert als drei Minuten, bis wir einigermaßen fähig waren, normal zu sprechen. Entweder lachten wir oder das Publikum oder alle zusammen. Vielleicht verstehen Sie jetzt, warum ich dreieckige Bühnen nicht ausstehen kann.

Ich habe mich auf Tournee immer selbst geschminkt. Nur große Unternehmen, die mindestens zehn bis teilweise 30 Stücke pro Jahr anbieten, können es sich leisten, Maskenbildner mit auf Tour zu schicken. Was Perücken betraf, hatten wir unsere wunderbare Erika Sternberg, aber ansonsten setzte meine Mutter auf die Kunst der Damen, sich selbst zu schminken.

Bei modernen Stücken muss ein Schauspieler seine eigene Kleidung zur Verfügung stellen, das ist vertraglich verankert, sowie sein eigenes Make-up mitbringen. Bei einem aufwendigen Stück wie dem *Damenkrieg*, in dem sich auch die Männer zu schminken haben, stellte meine Mutter allerdings die Schminke.

Auf einer Bühne kann es verdammt heiß werden – oder eiskalt sein. Wir spielten in Saarlouis im Saarland. In Saarlouis kann man hervorragend einkaufen, vor allem Schuhe. Die Altstadt mit ihren unzähligen gemütlichen Kneipen ist hübsch, kulinarisch ist einiges geboten, die Festungsanlagen aus dem Jahr 1680 sind sehenswert. Und das Theater am Ring hat alles, was ein Schauspielerherz begehrt, das Publikum inklusive. Hier konnten wir unser Bühnenbild zu 100 Prozent ausleuchten, was eine größere Hitzeentwicklung nach sich zog. Mit einem Wort, es kochte auf der Bühne. Bei meiner Mutter, die nur zum Umziehen von der Bühne kam, floss der Schweiß in Strömen. Bei einem der schnellen Umzüge hatte sie sich noch schnell abgepudert, und es danach versäumt, einen Kontrollblick in den Spiegel zu werfen. Mit einer Maskenbildnerin wäre das nicht passiert.

Ich betrat kurz nach ihr die Bühne, sie wandte sich um – und ich glaubte, mich tritt ein Pferd. Sie sah aus wie eine Mischung aus Zombie und Lemurenäffchen. Mitten in ihrem Gesicht prangte ein großer weißer Fleck. Sie sah so bescheuert aus, dass ich leider nicht an mich halten konnte und laut losprustete. Sie blickte mich wütend an, sie hatte ja keine Ahnung, was mich derart aus der Bahn geworfen hatte. Wie sollte ich es ihr begreiflich machen, einen Blick in den Handspiegel zu werfen, der auf dem Kaminsims lag? Außerdem konnte ich vor Lachen nicht sprechen. Also trat ich die Flucht an. Ja, Sie lesen richtig! Ich ließ meine arme Mutter auf der Bühne im Stich, ohne ein Wort Text von mir gegeben zu haben, und verschwand, laut schluchzend, mit wehenden Röcken hinter die Bühne. Nachdem meine Mutter heimlich ihr Kostüm überprüft hatte und nichts Auffälliges entdecken konnte, pirschte sie sich an den Handspiegel heran, da sie nun dachte, ihre Perücke sei verrutscht. Da hörten wir den Schrei: »Ach, du meine Güte!«, sie hatte die Ursache meines Lachkrampfes entdeckt. Da betrat Günter, ein echter Kavalier, die Szene und reichte meiner Mutter mit den Worten »Madame, ganz der Ihre« ein mit Wasser getränktes Taschentuch, mit dem sie den Schminkunfall beseitigen konnte. Was war passiert? Erstens hatte sie sich im Puder geirrt und den weißen von Günter erwischt, zweitens hatte der Schweiß dazu geführt, dass sich der Puder sofort verdickte und sich wie Gips um die Nase herum verhärtete. Natürlich bekam ich nach der Vorstellung die Leviten gelesen, aber da das Publikum nichts mitbekommen hatte, ein Phänomen, das uns jedes Mal wieder in Erstaunen versetzte, blieb es bei einer liebenswerten Abmahnung.

Wir kamen nach Hameln, Niedersachsen. Wer kennt sie nicht, die Sage vom Rattenfänger, der mit seiner Flöte zuerst die Ratten und, nachdem man ihm den Lohn verweigert hatte, die Kinder aus der Stadt lockte. Hameln ist wunderschön mit seinen gewaltigen Fachwerk- und Steinhäusern, viele davon aus der Renaissance. Es gibt die Rattenfänger-Freilichtspiele, die im Sommer stattfinden. Das Hameler Theater bietet 700 Besuchern Platz und hat circa 150 Veranstaltungen im Jahr.

Wir wohnten mal wieder in einer der gesichtslosen Hotelketten, und meine Mutter beschloss, vor der Vorstellung noch einen Happen an der Hotelbar zu essen. Normalerweise kann man, oder sollte man, vor einer Vorstellung nichts zu sich nehmen, da der volle Magen das Luftvolumen schmälert, außerdem macht Essen müde. Da wir nichts zu Mittag gegessen hatten, gönnte meine Mutter sich, auf Empfehlung des Kellners hin, einen Graved Lachs. Das Hotel befand sich im Theaterkomplex und so mussten wir das Gebäude nicht verlassen. Ich stieß etwas später dazu. Meine Mutter hatte ihr Essen schon vor sich stehen, der Lachs schimmerte etwas grünlich, das konnte allerdings auch am Dill liegen. Nach dem dritten Bissen schob meine Mutter den Teller von sich: »Ich möchte, dass du mal probierst, irgendwie schmeckt der Lachs komisch.« Ich dachte gar nicht daran, und warum sollte ich? Da hatte sie aber schon ein kleines Stück auf ihre Gabel gepikt und hielt sie mir demonstrativ vor meine zusammengepressten Lippen. »Mund auf!« Jetzt fehlte nur noch, dass sie mit »Einen Happen für Papa, einen Happen für Mama« anfing. »Ich sagte, Mund auf!«

Als Tochter wird man konditioniert, den Befehlen der Mutter Folge zu leisten, egal, wie alt man ist. Obwohl mein Innerstes sich sperrte, da ich instinktiv ahnte, dass dieser Lachs mir nicht gut tun würde, öffneten sich meine Lippen wie von allein und die Gabel wurde mir in den Mund geschoben. Der erste Kontakt meiner Zunge mit dem Lachs ließ mich das Schlimmste vermuten. Die Konsistenz ähnelte einer weich geklopften Nacktschnecke. Zuerst kribbelte es, als ob Ameisen auf meinem von Schleimhaut überzogenen Muskelkörper Samba tanzen würden, dann folgte eine Taubheit der Geschmacksnerven. Mein Speichelfluss nahm zu und ich spuckte den widerlich schmeckenden Bissen umgehend auf meinen Teller.

Meine Mutter hatte schon drei Bissen von dem völlig verdorbenen Lachs gegessen und runtergeschluckt. »Also ist er doch schlecht«, stellte sie mit einer gewissen Befriedigung fest.

»Wenn du es schon gewusst hast, warum sollte ich dann probieren?«

»Um sicher zu sein.«

»Warum hast du ihn dann gegessen?«

»Weil ich Hunger hatte.«

Nachkriegsgeneration! Wir ließen den Lachs zurückgehen. Der Kellner, der meiner Mutter den Lachs als Tagesempfehlung aufgeschwatzt hatte, war verschwunden. Wir mussten auf die Bühne.

Kurz vor Ende des Stückes begann es. Meine Knie gaben nach, meine Zunge schwoll an und in meinem Magen rumorte es, als ob ich Tanzmäuse verschluckt hätte. Meine Haut begann zu schmerzen, jede Bewegung tat weh, eine Übelkeit nahm von mir Besitz, wie ich es noch nie erlebt hatte. Mein Kreislauf drohte sich zu verabschieden, mir stand kalter Schweiß auf der Stirn. Ich wollte nur noch auf mein Hotelzimmer. Den Applaus schaffte ich gerade noch so, und ohne mich zu verabschieden, eilte ich sofort auf die in meinem Zimmer auf mich wartende Toilette. Die anderen waren noch auf einen Absacker an die Bar gegangen. Dann ging es richtig los. Mein gesamter Mageninhalt drängte nach draußen, und zwar aus allen Öffnungen. Ich saß auf der Toilette und kotzte gleichzeitig ins Waschbecken. Dabei hatte ich den verfaulten Lachs nicht mal runtergeschluckt!

Meine Mutter hätte sich zu diesem Zeitpunkt, sich in Krämpfen windend, auf ihrem Zimmer befinden müssen. Doch sie saß putzmunter an der Bar. Mit letzter Kraft schaffte ich es zum Telefon und rief bei ihr an. Heulend teilte ich ihr mit, dass ich mich im Sterbemodus befinden würde. Keine zwei Minuten später stand sie zusammen mit Günter an meinem Bett. Ich wand mich in Krämpfen, meine Augen rollten in den Höhlen, ich hatte nichts mehr unter Kontrolle. Günter rief den Notarzt. In dem Moment hörte ich es ... ein unheilverkündendes Grummeln aus dem Magen meiner Mutter. Sie erstarrte, griff sich mit beiden Händen an den Bauch, dann wurden ihre Augen tellergroß und ohne ein weiteres Wort stürzte sie aus dem Zimmer, Günter hinterher. Sie hatte das Zimmer direkt gegenüber. Die Geräusche, die aus ihrem Zimmer drangen, kamen mir nur allzu bekannt vor. Da ging es auch bei mir wieder los, inzwischen kotzte ich nur noch Gallenflüssigkeit. Günter schoss von einem Zimmer zum anderen. Dann, endlich, kam der Arzt. Die Diagnose war eindeutig ... Fischvergiftung.

Ich besitze offenbar einen sehr viel empfindsameren Magen als meine Erzeugerin, da ich zwei Stunden früher als sie reagiert und sehr viel weniger probiert hatte. Wenn ich so viel gegessen hätte wie meine Mutter, wäre ich wahrscheinlich über den Jordan gehüpft. Um eine Dehydrierung zu vermeiden, sollten wir viel Wasser trinken, ansonsten konnte der gute Doktor nicht viel tun. Er drückte uns beiden noch ein Kreislaufmittel in die Hand und schrieb uns für zwei Wochen krank (hahaha!). Dann machte er sich auf den Weg in die Küche, um den Übeltäter-Lachs aus dem Verkehr zu ziehen und das Gesundheitsamt einzuschalten, doch der Lachs war, genauso plötzlich wie der Kellner, verschwunden.

Wir überlebten irgendwie diese Nacht, liebevoll betreut von Günter. Selten habe ich mich so hundeelend gefühlt. Ich konnte meiner Mutter immer genau voraussagen, wie sie sich in zwei Stunden fühlen würde. Wir waren so schwach, dass wir uns an der Rezeption nicht mal aufregen konnten, und das will was heißen. Erst als wir im Auto unsere Zimmerrechnung überprüften und den Lachs auf der Rechnung fanden, beschloss meine Mutter, das Hotel zu verklagen. Doch die Klage verlief im Sand, da man den Lachs nicht hatte sicherstellen können und die Hotelleitung frech behauptete, niemals Graved Lachs angeboten zu haben, es würde sich um einen Bonfehler handeln.

Von Hameln ging es nach Hilchenbach im Siegerland. Die Fahrt musste mehrfach unterbrochen werden, um unserem Notstand gerecht zu werden. Wir lagen wie gestrandete Wale im Fond des Autos, nur ab und zu krümmten sich unsere Körper vor Krämpfen. Jost fuhr uns, da wir zu nichts fähig waren.

Hilchenbach ist ein kleines Städtchen mit um die 15 000 Einwohnern, die erste urkundliche Erwähnung stammt aus dem Jahr 1292. Es gibt ein Bergbaumuseum, die Ginsburg und das Stift Keppel, außerdem ist Hilchenbach der Sitz des Sinfonieorchesters Philharmonie Westfalen. Im Ortsteil Dahlbruch befindet sich das Gebrüder Busch Theater, ein sehr hübsches kleines Haus (mit schräger Bühne). Alles wird ehrenamtlich verwaltet und die Hilchenbacher sind sehr stolz auf ihr kulturelles Leben.

Dort sollten wir am Abend spielen. Noch war uns allerdings nicht klar, wie wir das gestalten sollten. Es musste vor der Vorstellung auf jeden Fall eine Ansage gemacht werden. Das Publikum wäre wahrscheinlich sehr erstaunt, wenn eine von uns beiden plötzlich, mitten im Satz, wie von Furien gehetzt die Bühne verlassen würde. Die Fluchtwege zur Toilette mussten frei bleiben und die Feuerwehr war informiert, dass niemand im Weg stehen durfte, falls es dringlich werden sollte.

Normalerweise mögen wir keine Ansagen, da dann das Publikum besonders auf die malade Person achtet und unkonzentrierter ist, aber in diesem Fall mussten wir uns absichern. Noch immer fühlten wir uns schlapp und es schlotterten uns die Knie. Wir hatten seit 24 Stunden nichts gegessen und nur Wasser zu uns genommen, was aber auch sofort wieder zu den Ausgängen drängte. Unser Kreislauf war alles andere als stabil und der kalte Schweiß stand uns auf der Stirn. Lustig ist anders! Wir schafften es ohne Unterbrechung durch das Stück und fühlten uns nach der Vorstellung so weit wieder gut, um zumindest eine Suppe zu uns nehmen zu können, die erfreulicherweise drin blieb. Theaterspielen kann, wie Sie sehen, sehr heilsam sein. Nach drei Tagen waren wir fast wiederhergestellt. Was habe ich daraus gelernt? Das nächste Mal bleibt mein Mund geschlossen, auch wenn es sich um meine Mutter handelt!

Mich auf der Bühne zu schmeißen, sprich, mich zum Lachen zu bringen, dazu gehört nicht viel. Vor allem bei Versprechern bin ich gefährdet. Wir hatten eine Staffelei auf der Bühne stehen, an der die Gräfin Miniaturmalerei betreiben sollte, um ihre Schöngeistigkeit zu betonen. In einer Szene kommt der böse Baron überraschenderweise um die Ecke und die Gräfin ruft ihrer Nichte zu: »Schnell an die Staffelei!« Man sah Günter durch das Fenster Richtung Tür marschieren, meine Mutter rief mir zu: »Stell an die Schnaffelei!« Man sah Günter auf dem Absatz kehrtmachen, und auch ich schaute, dass ich von der Bühne kam. Gott sei Dank hatte diesmal auch das Publikum den Versprecher mitgekriegt und lachte zusammen mit meiner Mutter, die heroisch die Stellung gehalten hatte.

Sehr schön auch die Reaktion von Günter, der an einem Klingelzug ziehen sollte, um damit den verkleideten Lakai ins Zimmer zu holen. Leider war die Stoffbahn, an der ein Glöckchen hing, nicht richtig befestigt und Günter hatte, nachdem er daran gezogen hatte, das ganze Ding plötzlich in seiner Hand. Majestätisch schritt er auf meine Mutter zu und drückte ihr den Klingelzug mit den Worten »Gnädige Frau, Ihr Schloss ist morsch.« in die Hand.

Günter konnte aber auch fies sein. Ich hatte in einer Szene aus dem Fenster zu schauen und dann den Satz zu sagen: »Huch *(ich musste wirklich ›Huch‹ sagen, völlig bescheuert)*, ich habe gerade den Helm eines Soldaten hinter einem Busch blitzen sehen.« Ich schaute also aus dem Fenster und wollte gerade ansetzen, diesen literarisch ausdrucksstarken Satz zu sagen, als plötzlich links vom Fenster ein Perückenkopf, aufgespießt auf einem Besenstil und mit einem Piratenhut bekleidet, auftauchte, unsichtbar für das Publikum an mir vorübermarschierte und wieder zurückmarschierte. Ich war verwirrt und schaute nach unten. Unter dem Fenster lag Günter und hantierte mit dem Besenstil herum. Dann fiel mir mein Text ein und aus war's. Mit wehenden Röcken schoss ich an meiner Mutter vorbei und von der Bühne. Vielleicht haben Sie jetzt den Eindruck gewonnen, wir würden nur Blödsinn auf und hinter der Bühne machen. Manchmal muss man sich einfach abreagieren, natürlich ist es unverzeihlich, aber menschlich.

Mein Töchterchen Josephine wurde zu Hause sowohl von meinem Vater als auch von einem Kindermädchen namens Christiane betreut, die aus dem Sauerland stammte. Damit ich nicht in Vergessenheit bei meinem Kind geraten würde, schickte ich ihr aus jeder Stadt, täglich, kleine Päckchen oder Postkarten. Das war meine Beschäftigungstherapie, die aber zusätzlich wirklich Spaß machte. Was habe ich mir für eine Mühe gegeben. Vor Kurzem erzählte ich meiner Tochter (inzwischen 34), was ich auf mich genommen hatte, um wenigstens aus der Ferne meiner Mutterrolle gerecht zu werden. Der ernüchternde Kommentar meines Kindes: »Echt? Daran kann ich mich überhaupt nicht erinnern. Ich glaub, Christiane hat mir nie was gegeben.« Selbst jetzt noch, nach 30 Jahren, bin ich persönlich beleidigt. Sollten etwa all die Gänge zur Post (wenn man überhaupt eine fand) im Regen und im Schnee umsonst gewesen sein? Bitter! Aber auch das ist Tournee.

Der *Damenkrieg* ging, aufgrund des großen Erfolges, auf Wiederholungstournee, doch diesmal übernahm die Rolle von C. C. Burkhard Jahn, ein sehr netter und guter Kollege, der schon als Mercutio bei *Romeo und Julia* dabei gewesen war. Wie sehr sich die Dynamik einer Tour durch eine andere Besetzung verschieben kann, ist gewaltig. Diesmal stimmte alles.

Der Mörder ist immer der Gärtner.

Anonym

Ein Fremder klopft an

Agatha Christie (1890–1976)

Eine junge Frau namens Cecily hat im Lotto gewonnen und möchte noch etwas erleben. Dem steht aber ihr spießiger Verlobter Nigel im Weg, der das kleine, reiche Sahnetörtchen unbedingt sofort ehelichen möchte. Cecily träumt von Flitterwochen in der Karibik, Nigel träumt von Flitterwochen in Schottland, äußerst bipolar. Dann lernt Cecily, eher der Typ Mauerblümchen, den mit Testosteron vollgestopften Globetrotter Bruce kennen, löst kurzerhand die Verlobung mit Nigel und ehelicht den faszinierenden Fremden. Doch bevor die beiden auf große Reise gehen, ziehen sie sich in ein einsames Landhaus zurück, und dort zeigt Bruce sein wahres Gesicht. Er ist, da sind wir alle WAHNSINNIG überrascht, ein böser Psychopath, der klein Cecily ans Leder und an die Moneten möchte. Cecily bekommt Unterstützung von ihrer Tante Loo-Loo, einer typischen englischen Dame. Ein mysteriöser Gärtner springt auch noch im Hintergrund rum, dazu ein netter, etwas dödeliger Arzt und ein Dienstmädchen. Natürlich geht alles am Ende gut aus. Bruce ist tot, von Cecily, die sich endlich emanzipiert hat, in Notwehr dahingemeuchelt, der fade Nigel nimmt Cecily wieder zurück und der Gärtner war eigentlich ganz nett.

Fazit: Auch bei Frauen kann das Gehirn in den Unterleib sacken und englische Männer müssen ziemlich langweilig sein.

Das Bühnenbild war extrem aufwendig und verlangte ganzen Körpereinsatz von jedem Einzelnen der Truppe. Wenn der Vorhang aufging, erblickte der Zuschauer ein in Türkis gehaltenes Mädchenzimmer mit weißen Biedermeiermöbeln (die waren schon beim *Damenkrieg* mit dabei), es stellte eine Location in London dar. Nach dem ersten Akt mussten wir in Windeseile diesen türkisfarbenen Traum abbauen und dahinter kam das englische Landhaus zum Vorschein mit schwarzen Balken und rustikalen Möbeln. Wenn wir gut waren und die Bühne es hergab, war der Umbau in zwei bis drei Minuten geschafft. Ging der Vorhang dann auf, ernteten wir jedes Mal aus dem Zuschauerraum laute »Ahs« und »Ohs«. Der Umbau bekam, wenn ich es mir recht überlege, den meisten Applaus.

Meine Mutter spielte Tante Loo-Loo, ich Cecily, Paul Weismann den faden Nigel, Jürgen Lier den Gärtner, Robert Remmler den Arzt und den wahnsinnigen Bruce gab Jost Heider, der uns schon im *Damenkrieg* begleitet hatte. Alle kannten sich und wussten über die Macken des jeweils anderen Bescheid. Der immer gut gelaunte Jost hatte sich nach der *Damenkrieg*-Tour nach Los Angeles abgesetzt, um sich bei einem berühmten Schauspiellehrer weiterzubilden. Dieser Herr hieß Eric Morris und hatte ein paar Bücher auf den Markt gebracht mit den sinnigen Titeln (ich übersetze) *Sein und Tun* oder *Nicht schauspielern, bitte* oder besonders schön *Befreie den Schauspieler*. Jost hatte sich mit Eric angefreundet und redete meiner Mutter ein, dass Mr. Morris die ideale Besetzung für die Regie dieses Krimis sei, es unser Ensemble adeln würde und wir noch etwas lernen könnten (hallo? eine Frechheit!). Meine liebe Mutter ließ sich wirklich überreden und so flog der berühmte Mr. Morris von Los Angeles/Hollywood nach München, um in der Berger Turnhalle die Regie einer Tourneetheatertruppe zu übernehmen. Jost war überglücklich, ich eher skeptisch.

Kaum war Mr. Morris angekommen (ein sehr netter Herr), gab Jost uns zu verstehen, dass Mr. Morris neben den Proben gedachte, uns allen für einen gewissen Geldbetrag Schauspielunterricht zu geben. Hallo? Ich war bei Lee Strasberg in die Lehre gegangen, bei mir konnte er nicht landen. Meine Mutter lachte nur, aber die anderen waren begeistert. Der Schauspielunterricht wurde vor den Proben abgehalten, und wenn wir die Halle betraten, sahen wir eigentlich immer in total verheulte, aber glückliche Gesichter. Nun, das schien sich eher um eine Gruppentherapie zu handeln.

Die Proben verliefen, wie sie immer verlaufen, und meine Mutter fragte sich zu Recht, ob sich dieser Aufwand wirklich gelohnt hatte. Jost dagegen schwamm im Glück. Ehrlich, auch die Leute aus Hollywood kochen nur mit Wasser. Allerdings hatte Mr. Morris einen wirklich grandiosen Einfall, er platzierte Bruce hinter der Eingangstür, und wenn Cecily zu fliehen versucht, die Tür in Panik aufreißt, steht plötzlich ihr Mörder vor ihr. Bei dem grässlichen Schrei, den Cecily aus Entsetzen ausstößt, hob es jedes Mal auch das Publikum aus den Sitzen.

Wir spielten in Hagen, Nordrhein-Westfalen, dem Tor zum Sauerland. Ehrlich ... schön ist was anderes. Alles ist Grau in Grau. Die historische Altstadt wurde im Zweiten Weltkrieg fast völlig zerstört, sodass nur noch die angrenzenden Stadtteile den gründerzeitlichen Baucharakter zeigen. Allerdings besitzt Hagen ein wunderschönes Theater, das jedoch schon damals ziemlich baufällig war und zwischenzeitlich geschlossen werde musste, da den Leuten der Putz auf den Kopf fiel. Inzwischen ist es renoviert und erstrahlt wieder in altem Glanz.

Es war kurz nach Vorstellungsbeginn, als eine der hinteren Türen des Zuschauerraums aufflog und ein Herr im Stechschritt bis vor zur Bühnenrampe marschierte. Ich hasse es, wenn Zuschauer zu spät kommen. In England muss man dann bis zur Pause warten, richtig so. Wir versuchen, uns auf der Bühne zu konzentrieren, und dann quetschen sich die Leute unter Entschuldigungen auf ihre Sitze. Eine Frechheit! Doch zurück zu dem Herrn. Zielstrebig ging er bis vor zur Rampe und schmiss eine Tasche AUF die BÜHNE! Was für ein Frevel! Meine Mutter und ich waren im wahrsten Sinne des Wortes sprachlos. In aller Ruhe begann er, eine Kameraausrüstung auszupacken.

Wir hatten aufgehört zu spielen und starrten ihn fassungslos an, dann trat meine Mutter nach vorn: »Lassen Sie sich nicht stören, aber darf ich fragen, was Sie da treiben?«

»Ich muss Fotos für den *Hagener Anzeiger* machen, Sie können ruhig weiterspielen.«

So etwas hatten wir noch nie erlebt, uns fehlten die Worte. Nun wandte sich meine Mutter an das abwartende Publikum: »Meine Damen und Herren, wir geben jetzt dem Herrn die Möglichkeit, seine Fotos zu machen, und unterbrechen für ein paar Minuten, Sie können aber gern sitzen bleiben.« Sarkastischer ging es nicht mehr.

In aller Ruhe setzte der Störenfried seine Kamera zusammen und wollte gerade loslegen, als ein wahres Gewitter über ihn hereinbrach: »Was bilden Sie sich eigentlich ein? Raus hier, und zwar sofort!« Meine Mutter schäumte, doch der Fotograf blieb ungerührt.

»Dauert doch nur ein paar Minuten.«

»Nehmen Sie sofort Ihr Zeug von der Bühne.«

Nun mischte sich das Publikum ein, endlich! Rufe wurden laut: »Raus!« und »Verschwinden Sie!«, aber der Typ hatte Nerven wie Stahlseile. »Ich mach nur meine Arbeit.«

»Wissen Sie, wo Sie sich befinden?«, fragte ich ihn.

»Klar, ich bin doch nicht blöd, im Theater.«

»Haben Sie schon mal eine Theateraufführung fotografiert?«

»Ne, nur Rockkonzerte.«

»RRRAAAAUUUUSSSS!« Meine Mutter war einem Herzinfarkt nahe.

Nun kamen zwei Theatertechniker gefolgt von Michael, um den Herrn nach draußen zu schaffen.

»Sie hindern mich an meiner Arbeit.« Stur, das musste man ihm lassen.

»Sie uns auch!«, schrie ihn meine Mutter an.

Michael nahm ihm die Kamera aus der Hand, packte sie in die Tasche, drückte sie ihm in die Arme und die stämmigen Techniker eskortierten den Herrn zum Ausgang. Wir hatten schon viel in dieser Hinsicht erlebt, aber solch eine Aktion noch nie. Es dauerte ein paar Minuten, bis wir uns gesammelt hatten und es weitergehen konnte.

In jeder Stadt gibt es sogenannte »Kritiker«, meist sind es Lehrer oder die Auszubildenden der jeweiligen Zeitungen, die sich befähigt fühlen, Kritiken zu schreiben. Besonders schön finde ich es, wenn der Schreiberling nach der Pause gegangen ist, weil er noch zum jährlichen Treffen des hiesigen Karnevalsvereins muss oder mal wieder der Kleintierzuchtverband tagt, sich aber erdreistet, das ganze Stück zu beurteilen. Manche dieser Kritiker haben sich doch tatsächlich einen eigenen Schluss ausgedacht und lagen tierisch daneben, ätsch!

Wir verschicken an jede Stadt eine Menge Szenenfotos für die Aushänge und für die Presse. Nützt nichts, die Fotografen kommen trotzdem. Manche bemerkt man gar nicht, aber die meisten sind einfach nur unverschämt. Mit Blitzlicht und Umhergerenne sind sie echte Störfaktoren, auch für die Zuschauer. Inzwischen breche ich gnadenlos ab und lasse sie rausschmeißen. Manche wollen Fotos in der Pause machen, dann muss man nass geschwitzt auf der Bühne posieren und hetzt sich in den wenigen Minuten, die einem ohnehin nur bleiben, mit Umziehen und Schminken ab. Genauso störend wie diese Fotografen sind dauerhustende Zuschauer. Gummibärchentüten oder Bonbonpapier gehören verboten, auch im Kino, finde ich. Wie soll ich mich auf die Leinwand konzentrieren, wenn jemand hinter mir den ganzen Film über Popcorn mampft? Wenn man auf der Bühne steht, ist man hoch sensibilisiert, und es zeugt von Respektlosigkeit unserem Beruf gegenüber, wenn sich Zuschauer laut unterhalten oder in ihren Sesseln geräuschvoll schnarchen (hauptsächlich Männer, die von ihren Frauen mitgeschleift werden). Dann bleiben Sie doch bitte lieber zu Hause und setzen sich vor den Fernseher.

Manche unserer Kollegen sind allerdings genauso respektlos und quatschen laut miteinander auf der Hinterbühne, während man vorne zu spielen versucht. Oder sie lassen die schweren Eisentüren zuknallen und stapfen zu ihren Auftritten. Dann muss der Tourneeleiter für Zucht und Ordnung sorgen. Manchmal passieren Dinge auf der Bühne, die man den Zuschauern nicht erklären kann, ohne abzubrechen. Dann muss man die Situation abwägen. So geschehen in dem weiteren Verlauf unserer Vorstellung in Hagen.

Nachdem wir uns wieder beruhigt hatten, lief es wie gewohnt, bis wir zu der Kaminszene kamen, in der Tante Loo-Loo Cecily ins Gewissen redet. Es war kurz nach dem ersten Akt, wir saßen in der Mitte der Bühne, da bemerkte ich den Hausmeister, der, mit einem Besen bewaffnet, versuchte, den Vorhang, der sich beim Aufziehen auf der rechten Seite im Bühnenbild verhakt hatte, zu lösen. Wir hatten gar nicht mitbekommen, dass sich der Vorhang nicht ganz geöffnet hatte. Er stand in seinem blauen Drillich auf der Bühne, versteckt hinter dem Vorhang, für mich allerdings sehr sichtbar, und mühte sich mit seinem Besen ab, indem er sich streckte und reckte, um an die vermaledeite Stelle zu kommen. Natürlich bewegte sich durch diese Aktion der Stoff, und das nicht zu wenig.

Ich musste lachen, denn es sah wirklich zu komisch aus. Meine Mutter saß mit dem Rücken zum Geschehen und wusste nicht, warum ich so plötzlich einen Heiterkeitsschub bekam. Irgendwann konnte ich mich nicht mehr zusammenreißen und lachte laut los. Von vorne musste die Aktion des Hausmeisters ausschauen, als ob ein Pärchen direkt hinter dem Vorhang ... na ja, Sie wissen schon. Ich brach ab und wandte mich ans Publikum: »Entschuldigung, aber wir haben noch einen dritten Mitspieler«, dann winkte ich den völlig verschüchterten Hausmeister samt seinem Besen auf die Bühne. »Bitte sehr, unser Hausmeister, der versucht hat, während der Szene ein Vorhangproblem zu lösen.«

Der arme Mann wusste nicht, wohin mit sich und wand sich unter seinem Applaus. Meine Mutter lachte sich schlapp und zusammen brachten wir den Vorhang wieder an seinen Platz, bevor wir weiterspielten. Falls man unmotiviert für die Zuschauer auf der Bühne lacht, sei es wegen eines Versprechers oder weil etwas passiert ist, bin ich für Aufklärung. Dann kann man wenigstens gemeinsam lachen. Schwierig sind allerdings Unterbrechungen bei Tragödien, da findet man nicht so leicht wieder rein.

Man darf nicht erkranken während einer Tournee, auf gar keinen Fall. Natürlich erwischt den ein oder anderen eine Erkältung, im schlimmsten Fall eine Grippe, aber damit ist man noch spielfähig. Mich erwischte etwas ganz anderes, eine Stachelwarze. Das fiese Ding besteht aus Knochenkalk und es hatte sich unter dem vorderen linken Fußballen gebildet. Auf dem Röntgenbild sieht es aus wie ein spitzer Zahn, und den Schmerz kann ich nur beschreiben, als ob man eine Reißzwecke im Schuh hat, wirklich schmerzhaft. Ich konnte kaum laufen und jeder Schritt wurde zur Qual. Meine hochhackigen Schuhe auf der Bühne wurden zu Folterwerkzeugen und ich heulte mir jeden Abend vor Schmerzen die Augen aus. Ein Arztbesuch stellte sich als unmöglich heraus, da wir jeden Tag woanders spielten.

In Seesen, dieser hübschen kleinen Stadt in Niedersachsen, am nordwestlichen Rand des Harzes, gab ich auf, ich konnte keinen Meter mehr gehen, geschweige denn eine Vorstellung spielen. Ich hatte schon so viel Schmerzmittel intus, dass ich kaum mehr meinen Namen buchstabieren konnte. Mein Entschluss, abends auf der Bühne meine ausgelatschten flachen Winterstiefel anzubehalten, traf vor allem bei Jost auf völliges Unverständnis. Er hielt mich für ein Weichei und so bekamen wir einen Riesenkrach im Hotel, in dessen Verlauf er drohte, die Truppe zu verlassen, was mir in diesem Moment völlig egal war. Türen schlagend verließ er daraufhin wutschäumend das Hotel. Ich spielte in meinen Winterstiefeln, Jost war pünktlich zur Vorstellung wieder aufgetaucht, doch redete er kein Wort mehr mit mir, außer dem Text auf der Bühne. Meine Mutter war ratlos, denn sie sah, dass ich wirklich nicht mehr konnte.

Nach der Vorstellung humpelte ich zurück ins Hotel, schloss mich mit einer Flasche Schnaps in meinem Zimmer ein und beschloss, mich zu betrinken. Nach einigen Gläsern keimte in mir eine Idee. Was, wenn ich mir das Teufelsding selbst aus dem Fuß entfernen würde (ich war schon ziemlich bedüdelt)? Gedacht, getan! Ich schnappte mir meine Fingernagelschere, goss Schnaps über sie und setzte mich aufs Bett, eine Vorsichtsmaßnahme, falls ich umkippen würde, und ging daran, mir die verhasste Warze aus dem Ballen zu entfernen. Ich schnitt die Stachelwarze an den Außenwänden frei und versuchte, das Ding mithilfe einer Pinzette rauszuziehen. Nichts, wie festbetoniert. Ich musste tiefer schneiden. Zwischendurch trank ich mir Mut an und popelte und bohrte, dass es eine wahre Freude war. Dann zog ich wieder, mit aller Kraft, und diesmal gab die Warze nach. Ich hatte ein Riesending am Haken, in Form einer Pyramide, und einen Krater im Fuß, ein richtiges Loch. Und dann fiel ich um! Ich muss circa 20 Minuten weg gewesen sein.

Als ich erwachte, hatte ich immer noch die Pinzette in der Hand, die Schnapsflasche war umgekippt, hatte ihren Restinhalt in meinem Bett versenkt und das Laken war voller Blut. Vorsichtig stand ich auf und belastete den Fuß. Der Schmerz war weg! Halleluja! Doch jetzt hatte ich ein tiefes Loch in meinem Fuß. Man kommt schon auf seltsame Ideen, wenn man erst ein gewisses Maß an Promille im Blut hat. Ich schnipselte einen Tampon zurecht und stopfte ihn in den Krater. Dann beschloss ich zu schlafen, aber vorher sicherte ich noch die Warze, um sie am nächsten Morgen stolz den Kollegen präsentieren zu können, vor allem Jost, der mich für hysterisch gehalten hatte.

Es wurde ein voller Erfolg, das Ding war aber auch imposant. Ich konnte endlich wieder laufen und war voll des Glückes. Die Nebenerscheinung, dass ich nämlich den verdammten Tampon nicht mehr aus dem Loch herausbekam, verschwieg ich wohlweislich. Ich hatte Glück und blieb von einer Entzündung der Wunde verschont. Da sehen Sie mal, wie man über sich selbst hinauswachsen kann. Ich hinterließ dem Reinigungsservice ein gutes Trinkgeld, denn das Zimmer sah aus und roch wie nach einer Hausschlachtung, aber das war es wert gewesen.

Früher haben wir öfters in den kleinen Theatern von den schicken Altersheimen namens »Augustinum« gespielt, die es in ganz Deutschland gibt. Dann wohnte die Truppe in den Gästeappartements der jeweiligen Häuser. Diese Zimmer waren nur mit dem Nötigsten ausgestattet. Einer kleinen Küche, in deren Kühlschrank man eine Flasche Wasser und abgepackte Wurst -und Käseportionen fand, einem Duschbad und einem Schlafzimmer. Telefon oder Fernseher suchte man vergeblich. Das alles im hellen, funktionalen Fichtenlook, gemütlich ist anders.

Vor allem Jürgen Lier, der den Gärtner spielte und unser Ältester war, hasste es, dort zu wohnen. »Der Hauch des Todes streift uns dort«, lamentierte er immer.

Doch die Zimmer kosteten nur 30 Mark und so konnte man gut Geld sparen. In einem Altersheim zu spielen, stellt eine besondere Herausforderung dar. Es ist fast so schlimm wie eine Jugendvorstellung. Die meisten der alten Herrschaften hören nicht mehr gut. Die eine Hälfte des Publikums schreit »Lauter!« – gibt man dann Gas, dreht die andere Hälfte verzweifelt an ihren Hörgeräten, die dann laute pfeifende Geräusche von sich geben. So richtig kann man es keinem recht machen. Ganz oft werden klassische Texte mitgesprochen oder es wird die Handlung auf der Bühne lautstark kommentiert. Hat man sich dann bis zum Ende durchgekämpft, ist der Applaus meist sehr verhalten, denn mit Rheuma in den Händen klatscht es sich nicht gut.

Dieses spezielle Publikum ist literarisch sehr gebildet und hält auch mit Kritik nicht hinterm Berg. Jürgen und ich trafen uns nach geschlagener Schlacht am nächsten Morgen in dem riesigen Speisesaal, der den Charme einer Bahnhofshalle hatte. Wir waren, bis auf einen alten Mann im Rollstuhl, der am anderen Ende des Raumes vor einer Schüssel Cornflakes saß, die einzigen Gäste. Wir unterhielten uns gerade, als der alte Herr plötzlich anfing zu keuchen, seinen Kopf nach hinten warf, aufstöhnte, gurgelnde Geräusche von sich gab, schließlich kippte er nach vorne und knallte mit dem Gesicht in die Müslischale, dass die Milch nur so aufspritze, dann folgte eine unheilvolle Stille. Jürgen und ich erstarrten.

Ich wollte gerade aufspringen und zu Hilfe eilen, als eine Krankenschwester angerannt kam, den alten Mann forsch an den Haaren packte und seinen Kopf aus der Schüssel zog. Der Mund und die Augen waren weit offen, überall klebten Cornflakes auf seinem Gesicht und die Milch rann ihm in seinen Kragen. Die Schwester kippte den Kopf nach hinten, sodass die leeren Augen an die Decke starrten, kontrollierte seinen Puls, breitete dann eine Serviette aus und bedeckte damit sein Gesicht. Er war doch hoffentlich nicht tot? Jürgen bekam Schnappatmung, sein Albtraum begann sich soeben zu manifestieren. Die Schwester drehte den Rollstuhl in unsere Richtung und schob mit lächelndem Gesicht den offensichtlich gerade Verstorbenen, begleitet von den fröhlichen Worten »Einen schönen Tag noch«, an uns vorbei.

Jürgen war am Ende, wir waren Zeugen geworden, wie ein Mensch seinen letzten Atemzug getan hatte. »Genau aus diesem Grund will ich nicht hier sein, überall nur Tod und Verwesung.« Jetzt übertrieb Jürgen etwas. »Ich muss sofort hier raus, auf der Stelle!« Mit diesen Worten rannte er aus dem Saal und verschanzte sich im Auto. Später war er nicht mehr dazu zu bewegen, in einem Augustinum zu übernachten. Verständlich! Meine Mutter war also gezwungen, statt der Gästeappartements Hotels zu buchen, was die ganze Truppe sehr begrüßte. Wie sagt meine Bäuerin Geli immer: »Es gibt nix Schlechtes, wo nicht auch was Gutes bei rauskommt.«

Wir kamen nach Clausthal-Zellerfeld, mitten im Harz in Niedersachsen, einer Bergbau- und Universitätsstadt mit einem sehr hügeligen Stadtbild mit lauter bunten, historischen Fachwerkhäusern. Die Marktkirche in Clausthal zum Beispiel ist blau, das berühmte Dietzelhaus aus dem Jahr 1674 quittengelb. Clausthal wurde auch durch sein alkoholfreies Bier bekannt. Inzwischen war Anfang April und wir waren alle müde. Unser Spielort sollte die Aula im dortigen Gymnasium sein, heutzutage spielt man im Osteroder Theater.

Der Vorhang ging auf und in dem Saal, der circa 450 Zuschauer fassen konnte, saßen genau sechs einsame Gestalten, ansonsten gähnende Leere. Wir waren sieben auf der Bühne, das berechtigte uns, abzubrechen und nach Hause zu gehen. Es müssen mehr Zuschauer vorhanden sein als Schauspieler auf der Bühne, so ist die bereits genannte alte Theaterregel. Also ging ich nach vorne, um die Leute aufzuklären, warum wir nicht spielen würden. Natürlich fällt es einem nicht leicht und man hinterfragt, an was oder wem diese Leere liegen könnte. Fehlendes Marketing oder fehlende Popularität? Während ich noch vor mich hin stammelte, verließ einer der zwei Herren, die im Zuschauerraum saßen, den Saal. Als ich mit meiner Rede fertig war, öffnete sich eine der Türen und besagter Herr kam mit fünf oder sechs Personen im Schlepptau zurück. »Jetzt müssen Sie spielen. Das ist die Belegschaft meiner Apotheke, die eigentlich Notdienst hat, inklusive meiner Putzhilfe.« Wir gaben uns geschlagen und es wurde eine der besten Vorstellungen, die wir auf dieser Tour gegeben haben, da wir extrem locker waren.

Auf dieser Tournee begleitete mich meine Hündin Tante Frieda, ein kleiner weißer Wuschel, gerettet aus Griechenland, der zum Schlussapplaus auf die Bühne kam und den imaginären Hund des Gärtners spielte, dessen Gebell vom Band kam. Gehen Sie nie mit Kindern oder Tieren auf die Bühne, da haben Sie automatisch verloren. Frieda war der Knaller und bekam von uns allen den meisten Applaus. Eigentlich mochte Frieda das Tourneeleben, jeden Abend suhlte sich die kleine Rampensau in ihrem Erfolg, sie wurde vom Team verwöhnt, machte lange, interessante Spaziergänge in Gegenden, die mit völlig neuen Gerüchen aufwarteten. Einziger Minuspunkt: das Autofahren. Frieda hasste Autofahren!

Wir waren mit meinem Jeep unterwegs, zugegeben nicht gerade das bequemste Auto, ich fuhr, meine Mutter war Beifahrerin. Der Jeep hatte auf ihrer Seite im Armaturenbrett eine Vertiefung. Frieda saß auf dem Schoß meiner Mutter und jeden Morgen passierte dasselbe. Nach spätestens 15 Minuten kotzte Frieda in die Vertiefung, die wir schon mit Tüchern ausgelegt hatten. Warum wir nicht anhielten? Frieda konnte aus dem Stand kotzen, ohne jegliche Vorwarnung. Wir nannten es »unser Morgenritual«.

Deutschland ist nicht wirklich hundefreundlich und es wird immer schwieriger, Hotels zu finden, in denen Hunde erlaubt sind. Sogar in einigen Theatern sind Hunde nicht erwünscht, es sei denn natürlich, sie spielen mit. So ein Theater war in Wolfsburg, Niedersachsen. Die Stadt wurde 1938 als Sitz des Volkswagenwerks gegründet, dort wurde der berühmte Käfer gebaut. Interessant ist, dass man ab 1940 bewusst auf den Bau von Kirchen verzichtete: Wolfsburg sollte eine Stadt ohne Kirchen werden, da man bereits damals die Beschäftigung von ausländischen Arbeitern in Erwähnung zog. Das Theater wurde 1973 aus der Taufe gehoben und hat beachtliche 777 Plätze bei Musikveranstaltungen und 833 Plätze für das Schauspiel. Es thront auf einem Hügel und ist umgeben von einem kleinen Park. Das Hotel befindet sich keine fünf Minuten entfernt.

Da ich mit Hund unterwegs war, hatte ich mir angewöhnt, jede Strecke unter drei Kilometern zu Fuß zurückzulegen. Also marschierte ich kurz nach 18 Uhr mit Frieda Richtung Theater los. Nachdem wir die Straße überquert hatten, ließ ich sie von der Leine. Es dämmerte bereits, aber da Frieda leuchtend weiß war, konnte ich sie noch gut erkennen. Sie war ein WessiPu, eine Mischung aus West Highland White Terrier und Pudel. Wehe, der Terrier übernahm Regie, dann verfiel sie in einen Jagdmodus, der sie völlig taub werden ließ. Sie schnüffelte friedlich an den Büschen, wurde plötzlich immer schneller, dann noch schneller, die Schnauze tief auf den Boden gerichtet, dann begann sie im Zickzack zu laufen, besser gesagt, sie raste im Zickzack, und zwar auf und davon. Dann sah ich es ... Kaninchen, es mussten Hunderte, nein Tausende, sein, der ganze Hügel wimmelte nur so von Kaninchen. Ich hatte meinen Hund direkt ins Schlaraffenland gebeamt, alles Rufen und Schreien verhallte ungehört.

Um sie nicht aus den Augen zu verlieren, musste ich wohl oder übel hinterher. Ah, da hinten rechts! Ich stolperte den Abhang hinunter. Nein, jetzt schoss sie wieder den Hügel hinauf ins Unterholz, hinterher! Ich keuchte, ich schrie, ich fuchtelte, ich heulte, ich schwitzte, den Hügel rauf, den Hügel runter. Ich gab ihr Schimpfnamen, ich lockte sie mit süßer Stimme, ich schrie sie an, ich warf mich auf den Boden, nichts, aber auch gar nichts fruchtete. Ich begann Sachen nach ihr zu werfen, um sie aus diesem zombieartigen Zustand zu holen. Inzwischen war es dunkel und die Parklaternen spendeten ein gelbliches Licht, alles verlor an Kontur. Ich hasste das blöde Vieh, war mit den Nerven am Ende und völlig fertig, sollte sie doch bis an den Sankt-Nimmerleins-Tag diese verdammten Kaninchen jagen. Ach ja, beleidigt war ich obendrein, so war ich noch nie von ihr ignoriert worden.

Völlig aus der Puste stapfte ich mit hochrotem Gesicht den Abhang hinauf und wurde mit Klatschen empfangen. Verdutzt schaute ich auf die Menschenmenge, die sich vor dem Theater angesammelt hatte und in deren Mitte friedlich Tante Frieda saß, als ob nichts passiert wäre. Ich schaute auf die Uhr. 19.30 Uhr, das durfte doch nicht wahr sein, ich hatte überhaupt nicht auf die Zeit geachtet. Ein Herr im Abendanzug überreichte mir den Hund mit den Worten: »Ich glaube kaum, dass Sie diese Vorstellung noch toppen können.« Hahaha ... vielen Dank auch.

Ich klemmte mir meinen Hund unter den Arm und hastete zum Künstlereingang. Dort saß ein Portier in seiner Loge, der, als ich auftauchte, vorwurfsvoll auf seine Uhr blickte: »Sie werden schon gesucht, aber der Hund muss draußen bleiben.« Kein »Herzlich willkommen« oder »Freut mich«. Nach dem hinter mir liegenden Stress wurde ich auch noch angeranzt.

»Der Hund spielt mit.« Ich hatte keine Lust auf Diskussionen.

»Der ist aber nicht angemeldet.«

Wäre ich nicht so aus der Puste gewesen, hätte der Herr jetzt einen dauerhaften Gehörschaden. »Dann geh ich wieder und Sie erklären das dem Publikum.«

Nun wurde der Portier unsicher, irgendwie muss ich ausgestrahlt haben, dass es mir ernst war. Da kam mir der Kulturdezernent zu Hilfe und ich schleppte mich mit letzter Kraft in meine Garderobe. Nach der Vorstellung nahm ich Frieda vorsichtshalber an die Leine und gönnte ihr nur einen kleinen Gassigang. In der Nacht hab ich kein Auge zugetan, weil Frieda neben mir im Schlaf quiekte, schnaufte, grunzte und ständig mit den Füßen wackelte. Wahrscheinlich hat sie im Traum allen 1000 Kaninchen den Garaus gemacht wie mir vorher.

Und wieder schlug das Schicksal zu auf dieser Tournee. Während wir nach Oldenburg in Schleswig-Holstein unterwegs waren, bekamen wir den Anruf, dass mein Vater im Sterben lag. Ziemlich überraschend für uns, denn er war eigentlich guter Dinge gewesen, als wir starteten. Ich fuhr umgehend meine Mutter nach Hamburg zum Flughafen. Gwendolyn von Ambesser erklärte sich bereit, die Rolle meiner Mutter am Abend zu lesen. Ich war am Boden zerstört.

Meine Mutter kam genau eine halbe Stunde zu spät, um Abschied nehmen zu können. Der alte Sturschädel hatte gehen wollen und es in die Tat umgesetzt. Wie uns unsere Haushälterin Christiane erzählte, war er morgens zum Frühstück erschienen und hatte zu ihr gesagt: »Rufen Sie bitte meine Frau an, ich sterbe heute.« Da mein Vater mit einem etwas seltsamen Humor ausgestattet war, hatte Christiane sich gedacht, es wäre einer seiner Witze. Aber gegen Mittag wurde ihr angst und bange, denn er hatte sich ins Bett gelegt und seine Atmung wurde immer flacher. Also rief sie die Ärztin und die Pflegerin an. Als uns der Anruf erreichte, war er schon ins Koma gefallen. Einmal war er noch aufgewacht und hatte den Satz gesagt: »Ich geh jetzt zu meinem Sohn.« Gegen 15 Uhr blieb sein Herz stehen, einfach so. Es war der 22. Februar, der Todestag meines Bruders, exakt sieben Jahre später.

Abonnenten sind nicht so leicht zu vertreiben. Es ist zum Staunen, was ein guter Abonnent verträgt.

Johann Nepomuk Nestroy (1801–1862), österreichischer Dramatiker

Die Strategie der Schmetterlinge

Esther Vilar (geb. 1935)

Das Ganze spielt sich in einem Bootshaus auf dem Fluss Parana bei Buenos Aires ab. Die Hütte ist das ehemalige Liebesnest von Carlos, einem berühmten Torero, und seiner jungen Geliebten Adriana, einer Schauspielerin (null Klischee). Carlos, inzwischen auf mysteriöse Weise verstorben (hört, hört), hinterlässt neben der Geliebten auch seine englischstämmige, ältere Ehefrau Eve. Nun treffen die beiden Frauen zum ersten Mal aufeinander und es entspinnt sich ein Kampf, für wen es die wahre Liebe gewesen ist. Jede der Damen hat eine eigene Strategie, die andere in die Knie zu zwingen. Adriana allerdings hat einen inszenierten Selbstmord vor. Nachdem sie Eve gefesselt und ihr gedroht hat, sie zu verbrennen, greift sich Eve aus Todesangst das »zufällig« auf den Tisch gelegte Messer und ersticht die Nebenbuhlerin. Dann verbrennt sie die Hütte samt der Leiche und macht sich aus dem Staub (da merkt man dann erst, was sie für ein Miststück ist). Englisches, unterkühltes Kalkül gegen heißblütiges, südamerikanisches Temperament.

Fazit: Macho-Männer bringen nur Unglück, Sex ja – Liebe nein, und kein Mann der Welt ist es wert, dass man einen Mord begeht oder sich für ihn umbringt – vor allem, wenn er selbst schon im Jenseits weilt.

Ich mag Esther Vilar, wirklich! Vor allem ihr Buch *Die Mathematik der Nina Gluckstein* ist ein MUSS für jede Frau, eine Bibel sozusagen. Umso mehr freute es mich, ihr endlich leibhaftig begegnen zu dürfen. Wir verstanden uns auf Anhieb. Wir waren so ziemlich die erste Schauspieltruppe, die die *Strategie der Schmetterlinge* auf deutschen Bühnen spielen würde. Ich fand die Story der zwei Kampfhennen spannend, ein Kammerspiel der Gefühle. Das Bühnenbild war aufwendig, alles aus Holzbrettern. Die Regie führte Horst Seemann (der Sozialtick meiner Mutter hatte mal wieder zugeschlagen), ein ehemaliger DEFA-Regisseur, der von Theater so viel Ahnung hatte wie ich von Elektrotechnik, nämlich null. Die zweite weibliche Hauptrolle übernahm eine wunderbare ältere Kollegin, die auch aus einem berühmten Schauspielerclan stammt, nennen wir sie der Einfachheit halber – Eve.

Wir probten in einem Kellerraum in Wolfratshausen, der sich vor allem durch Eiseskälte auszeichnete, sodass man nur eingemummt in Winterkleidung dem Kältetod entkommen konnte. Ich hatte mehrere Pullover übereinander an, dieser Umstand sollte mein Leben retten. Wir probierten seit einigen Tagen die komplizierte Schlussszene, in der Eve Adriana erstechen sollte. Es war ein feststehendes Messer in Form eines schmalen, spitzen Dolches, der an einen Brieföffner erinnerte. Normalerweise benutzt man zum Morden Theaterwaffen mit einklappbarer Klinge, doch in unserem Fall war das nicht möglich, da ich eine Szene zuvor das Messer in einen Balken rammte, wo es demonstrativ stecken blieb.

Seit wir diese Szene probierten, fand ich an der Innenseite meines linken Oberarms seltsame Kratzer. Es wurden jeden Tag mehr. Manchmal sogar welche an meiner linken Brust. Ich hatte keine Erklärung dafür. Eines Morgens stürmte meine Mutter ins Bad und erwischte mich dabei, wie ich diese Kratzer, die allmählich wehtaten, untersuchte. Es sah nicht gut aus, einige hatten sich schon entzündet. »War das etwa Eve?« Es dämmerte mir ... richtig! Sie versuchte, mich zu erstechen, und zielte wahrscheinlich mit dem Dolch zwischen Arm und Körper. Nur die ganzen Pullover hatten wahrscheinlich Übleres verhindert.

Heute jedoch war ein Durchlauf im Kostüm geplant, und das war ein ärmelloses schwarzes Kleidchen. Bis wir im Keller ankamen, hatte ich allerdings schon wieder vergessen, Eve darauf anzusprechen. Horst Seemann, unser Regisseur, hatte wirklich von nichts eine Ahnung, und so hatten Eve und ich uns selbst eine Inszenierung zurechtgezimmert. Jetzt, bei den Endproben, war meine Mutter anwesend, um das Schlimmste zu verhindern.

Alles lief gut durch, bis Eve den Dolch vom Tischchen nahm, ich vor ihr kniete, um die Fesseln zu kontrollieren, und sie zustechen sollte, was sie auch mit Inbrunst tat. Ich muss sagen, der Anblick des Dolches, der aus meinem Unterarm ragte, war weitaus schlimmer als der Schmerz. Ich bin ja ein ausgesprochener Hysteriker, was Spritzen und scharfe Gegenstände betrifft. Ich sprang auf und raste laut brüllend auf die Toilette. Der gesamte Frust der anstrengenden Proben entlud sich in einem unkontrollierten Weinkrampf. Noch immer steckte das Ding in meinem Unterarm, ich würde einen Teufel tun und es rausziehen!

Parallel zu meinen Schreien und Schluchzern hörte ich jetzt meine Mutter keifen: »Du hast meine Tochter abgestochen! Schon seit Tagen hat sie Verletzungen! Wie konntest du so etwas machen!« Dann hörte ich besänftigendes Gemurmel unseres Regisseurs. »Und du hältst den Mund! Du hast nicht durchgegriffen, als sie jeden Abend zugestochen hat. Du hast keine Ahnung von der Bühne!« Von Eve hörte man nichts. Dann stürmte meine Mutter mir nach. Ich befand mich in völliger Auflösung, war persönlich – ich meine seelisch – verletzt und jetzt auch noch körperlich.

Meine Mutter zog den Dolch aus meinem Arm und nun begann es, wie Feuer zu brennen, was den nächsten Schreikrampf auslöste. Jetzt floss auch Blut. Normalerweise bin ich hart im Nehmen, aber in diesem Fall demonstrierte mein Körper ein seltsames Eigenleben. Ich wankte, auf meine Mutter gestützt, zurück zu den anderen. Die Wunde war, im Gegensatz zu meinem Theater, nicht der Rede wert. Aber während der Proben war mein Nervenkostüm auf ein Minimum geschrumpft. Eve starrte zu Boden und rührte sich nicht, zumindest eine Entschuldigung hatte ich erwartet. Meine Mutter führte mich wie ein rohes Ei zum Auto und brachte mich zum Arzt. Der Einstich war etwa zweieinhalb Zentimeter tief und drei Zentimeter lang. Allerdings war Muskelgewebe zerstört worden und es musste genäht werden. Ich verfiel in den nächsten hysterischen Schreikrampf. Wegen der Unfähigkeit meiner Kollegin bekam ich jetzt auch noch eine Spritze. Ich war am Ende! Meine Mutter schäumte, nicht nur wegen meiner Verletzung, sondern auch über Horst, der nicht eingegriffen hatte.

Am nächsten Tag wurde eine Besprechung mit allen Anwesenden, inklusive unserem Techniker Michael, einberufen. Eve dachte gar nicht daran, sich zu entschuldigen (meine seelischen Wunden öffneten sich wieder), sondern war bass erstaunt, wie leicht das Messer sich in meinen Unterarm geschoben hatte. »Wie durch Butter«, war ihr Kommentar (dafür hätte ich ihr gern eine geklebt). Ich weigerte mich beharrlich, die Schlussszene zu proben und mich erneut abstechen zu lassen. Der Dolch konnte nicht heimlich auf der Bühne ausgetauscht werden und Horst wollte auf keinen Fall auf den sehr dramatischen Moment verzichten, wenn ich den Dolch in den Balken rammte. »Das ist so martialisch!«

Es wurde hin und her überlegt und endlich, endlich kam der erste wirklich gute (es blieb auch der einzige) Vorschlag unseres Regisseurs. Eve sollte die Klinge an ihren Unterarm pressen, dann ausholen, um zuzustechen, dabei die Klinge nach außen klappen, im Zustechen die Klinge wieder an ihren Unterarm pressen und dann den Dolch in ihrer Handtasche, die auf ihrem Schoß lag, verschwinden lassen, während ich starb. Wir waren begeistert, bis auf Eve: »Und wenn ich mich dabei verletze? Der Dolch ist scharf, da könnte ich mir Schnittwunden zufügen.« Ha, aber lieber mich jeden Abend abstechen? Am liebsten hätte ich ihr jetzt wirklich eine geklebt UND sie erwürgt, den gleichen Gedanken hatte offenbar auch meine Mutter. »So wird's gemacht und keine weitere Diskussion.«

Manche Schauspieler sind motorisch nicht wirklich begabt, leider gehörte Eve in diese Kategorie. Wir übten und übten und übten, mein Nervenkostüm wurde dünner und dünner. Endlich hatte sie das Abstechen drauf und wir konnten wieder zu den normalen Proben übergehen. Die Narbe habe ich heute noch, ein ewiges Andenken an diese chaotische Tour.

Gestartet wurde in Hanau in Hessen. Hanau ist die Brüder-Grimm-Stadt. Dort beginnt die Deutsche Märchenstraße, die in Bremen endet. Sehenswert sind das Rathaus und das Deutsche Goldschmiedehaus. Wunderschön und sehr zu empfehlen sind die malerische Altstadt von Steinheim und die historische Kuranlage Wilhelmsbad, in der auch das Theater untergebracht war. Dieses Kleinod von einem barocken Theaterchen (schiefe Spielfläche) lag in einem Seitenflügel von Schloss Philippsruhe und hat 160 Plätze, dementsprechend beengt ist die Bühne. Nur die kleinste Fassung des Bühnenbildes passt. Dort spielt man immer fünf Tage, da es sich sonst weder für den Veranstalter noch für den Theaterring lohnt. Eve und ich wohnten im Gebrüder Grimm Hotel, circa 20 Autominuten vom Theater entfernt. Da wir nur zu zweit waren, hatte ich mein eigenes Auto dabei, einen Leihwagen, einen Lancia-Ferrari (ich besitze eine fast krankhafte Affinität zu Autos). Ja, dieses Auto gab es mal. Ein tiefergelegter Viersitzer (außen Lancia) mit Ferrari-Motor. Das Ding fuhr wie die Hölle, wenn es mal fuhr, doch dazu später.

Die Premiere war ein Erfolg, allerdings verließ uns während der Pause der ein oder andere aufgebrachte Zuschauer. Meistens Paare, die wohl nicht so gerne in den Spiegel schauten. Wenn Zuschauer etwas verstört oder sie nicht damit einverstanden sind, was auf der Bühne passiert, beginnen sie meistens zu husten. Meine arme Mutter hatte in *Die Magd Zerline* von Hermann Broch wahre Hustenkonzerte erleben müssen. In protestantischen Regionen ist es schlimmer als in katholischen (die dürfen beichten). Wir nennen es immer Pietkong, wenn wir wieder mal von Hustern am Spielen gehindert werden. Auch bei *Strategie der Schmetterlinge* mussten wir mit Verlusten der Zuhörerschaft rechnen, das Thema traf des Spießers Nerv.

Eve ist eine wunderbare Schauspielerin, aber leider auch sehr tüttelig, um nicht zu sagen vergesslich. Während der Tournee beschäftigte sie in hohem Maße sowohl die Hotels als auch die Post, denn ununterbrochen mussten ihr Sachen hinterhergeschickt werden, die sie in den verschiedenen Hotelzimmern vergessen hatte.

Nachdem wir Hanau beendet hatten, sollte es weitergehen nach Schaffhausen in der Schweiz. Wir hatten ausgemacht, uns zur Abfahrt auf dem Parkplatz hinter dem Hotel zu treffen. Eins muss man Eve lassen, sie war, im Gegensatz zu anderen Kollegen, immer pünktlich. Kaum saß sie im Auto, wurde sie indessen auch schon panisch. »Ich hab meine Tasche an der Rezeption vergessen.« Das war ich ja schon gewohnt (mein Nervenkostüm hatte sich einigermaßen erholt). Sie schleppte ein Ungetüm von Handtasche mit sich herum, in deren Tiefe sich ein eigenes Universum zu befinden schien. Von Halstabletten über eingepackte Brötchen vom Frühstücksbuffet bis hin zu Büchern und allem, was eine Frau zum Überleben brauchen könnte, befand sich in der braunen Umhängetasche im Krokodillederlook. Ich beschloss, nett zu sein und sie am Vordereingang mit dem Auto abzuholen. Ich legte den Rückwärtsgang ein und fuhr mit Schmackes aus der Lücke. Allerdings kam ich nicht weit, denn der tiefergelegte Karren blieb offenbar mit dem rechten Vorderrad an der Bordsteinkante hängen. Ich gab Gas, fuhr vorsichtig wieder nach vorne, wieder hoppelte ich über diese blöde Kante. Also wieder rückwärts, aber diesmal ohne Rücksicht auf Verluste und mit Schwung. Hopps, ich war frei, stand in Fahrtrichtung und starrte in das von Panik verzerrte Gesicht von Eve, die, nach Luft schnappend, versuchte, Worte zu formen, und mit ihrem Zeigefinger ständig auf den Boden neben meinem Auto deutete.

Ich stieg aus und dachte im ersten Moment, ich hätte die Hauskatze erwischt. Dies hätte erklärt, warum der Hubbel immer kleiner geworden war, je öfter ich darübergefahren war. Aber nein … zu meiner (ich muss es gestehen) Erleichterung erblickte ich die Tasche von Eve, der ich den Garaus gemacht hatte, aber so richtig. Ich war immerhin drei Mal mit meinen breiten Slicks über das nicht mehr als Handtasche zu identifizierende Teil gefahren.

Eve war einem hysterischen Anfall nahe. Mit unendlicher Zärtlichkeit nahm sie ihre verletzte Handtasche auf den Arm und unter leisen Schluchzern setzte sie sich ins Auto. Mit zitternden Fingern öffnete sie den Reißverschluss und stieß einen Schrei aus, denn jetzt konnte man das ganze Ausmaß der Verheerung erkennen. Ehrlich, ich hab das schon immer gehasst, wenn Kollegen versuchen, das ganze Frühstücksbuffet einzupacken, um so Mittag- und Abendessen zu sparen. Eve hatte das gesamte Sortiment an Obst in ihre Tasche gestopft (zerquetschte Bananen kommen richtig gut), dazu belegte Brötchen, hart gekochte Eier und … den Rest konnte man nicht mehr definieren. Weinend zog sie nun aus dem Brei die Fotos ihrer Lieben hervor oder das, was davon übrig war. Sie tat mir aufrichtig leid, aber warum hatte sie ihre Tasche neben das Auto gestellt? Das Ding war wirklich groß genug, um es zu sehen. Warum hatte sie es nicht bemerkt, als sie ausgestiegen war? Bis nach Schaffhausen jammerte und schluchzte sie und ließ mich deutlich spüren, dass ich der Mörder ihrer geliebten Tasche war. Bis nach Schaffhausen habe ich versucht, meinen Lachkrampf zu unterdrücken, was eine heroische Leistung war (mein Nervenkostüm fing an zu heilen). Wenn ich nun hoffte, dass Eve aus dem Vorfall gelernt hatte und ihre Sachen nicht mehr vergessen würde, hatte ich umsonst gehofft. Es sollte noch schlimmer kommen.

Immer wenn wir in Schaffhausen, Singen oder Löhningen spielten, wohnten wir in einem kleinen baden-württembergischen Dorf namens Rielasingen. Dort gab es nichts außer einem sehr netten Hotel, das »Löwen« hieß. Mein Auto schaffte es gerade noch so vors Hotel, gab noch einen kurzen Schnaufer von sich und verstarb. Was tun? Ich fragte in der Gaststube nach einer Werkstatt und ein sehr netter Herr erhob sich und bot mir seine Hilfe an. Als ich die Motorhaube öffnete, verschlug es ihm die Sprache. »Ischt des a Ferrari-Motor? Desch hab ich ja no nie gseh. Da ko i net helfe.« Na wunderbar! Man telefonierte in der gesamten Umgebung umher und endlich fand man einen Schrauber in der Nähe von Schaffhausen, der sich bereit erklärte, sich des maroden Autos anzunehmen. Gott sei Dank blieben wir drei Tage am selben Ort und konnten uns mithilfe von Taxis zu den Spielorten bewegen. Der Schrauber stellte sich als absoluter Fachmann für dieses Zwitterauto heraus und schaffte die Reparatur in den drei Tagen, die uns zur Verfügung standen. Als er es mir wieder vor die Tür stellte, meinte er nur. »Du willst nicht ernsthaft damit eine Tour schaffen? Dieses Auto fährt man höchstens mal an einem Wochenende, den Rest der Woche steht es in der Werkstatt. Ich werde dich wiedersehen.«

Wie recht er mit seiner Prophezeiung haben würde, war mir in dem Moment nicht klar. Denn wann immer wir Probleme hatten, verweigerten sich die Lancia-Werkstätten mit den Worten: »Das ist ein Ferrari«, und bei Ferrari bekamen wir zu hören: »Das ist ein Lancia.« Wir fuhren weiter nach Basel in der Schweiz.

Basel ist wunderschön! Die Altstadt mit den vielen Brunnen, das Kunstmuseum, der 105 Meter hohe Messeturm und natürlich die berühmte Basler Fasnacht. Das Theater befindet sich in der historischen Altstadt. Ich freute mich sehr auf die Vorstellung, da ich das schweizerische Publikum sehr schätze. Die Garderoben waren ausnahmsweise mal nicht im Keller, sondern im zweiten Stock. Wir starteten pünktlich.

Die ersten Minuten war ich allein auf der Bühne, dann hörte man das Geräusch eines näher kommenden Motorbootes, und nach einer kurzen Pause betrat dann Eve die Bühne. Ich hörte das Boot kommen, dann gab es die kurze Pause und dann kam ... nichts. Keine Eve! Ich spielte mich an den Bühnenrand, wo Michael am Beleuchterpult stand. Er zuckte nur mit den Schultern. Daraufhin lief ich nach hinten, wo eigentlich Eve hätte auftauchen sollen, und sah ... niemanden. Sie war einfach nicht da! Das Stück war beendet, noch bevor es eigentlich richtig angefangen hatte. Also wandte ich mich an das Publikum und sagte die bedeutenden Worte: »Meine Damen und Herren, wir müssen kurz unterbrechen, uns ist die Kollegin abhandengekommen. Vorhang, bitte.« Wie peinlich ist das denn.

Michael war schon auf dem Weg in die Garderoben, aber auch dort gab es keine Spur von Eve. Nun schwärmten alle aus. Die Feuerwehr, die Techniker, die Damen vom Theatercafé und die Garderobenfrauen. Ich versuchte inzwischen, das Publikum zu beruhigen (mein Nervenkostüm flatterte). Als nach fünf Minuten immer noch kein Ergebnis vorlag, beschloss ich, mich an der Suche zu beteiligen, denn allmählich begann ich mir ernsthafte Sorgen zu machen.

In dem Moment kam einer der Techniker und meinte, er hätte Klopfgeräusche gehört, die aus den Rohren der Heizung kommen würden. Man fand die völlig aufgelöste Eve im Heizungskeller. Sie hatte (unverzeihlich) den Lift auf die Bühne nehmen wollen, war aber im Untergeschoss, sprich Keller, gelandet und hatte die eiserne Tür für eine der Bühnentüren (auch eisern) gehalten. Diese Tür war nur von außen zu öffnen und hatte Eve, nachdem sie hinter ihr ins Schloss gefallen war, in der Dunkelheit des Heizungskellers gefangen gehalten. Mithilfe ihres Schmuckes hatte sie die Klopfzeichen gegeben (Chapeau!). Die ganze Aktion hatte circa zehn Minuten gedauert und hinterließ ein (inzwischen) gelangweiltes Publikum, einen stocksauren Michael, eine nicht minder stocksaure Kollegin (mich) und eine völlig aufgelöste Eve.

Nachdem ich mich beim Publikum für die Unannehmlichkeit entschuldigt hatte, begannen wir das Stück von vorn. Diesmal erschien Eve, sagte die ersten Sätze, ich antwortete mechanisch. Mein Unterbewusstsein versuchte mir derweil, genauso wie Michael in der Nullgasse, etwas mitzuteilen. Irgendetwas war verkehrt, nur was? Nach fünfminütigem Wortwechsel fiel es mir wie Schuppen von den Ohren. Was ich hier hörte und mechanisch beantwortete, war der Text vom zweiten Akt. Eve hatte mit dem ZWEITEN Akt begonnen (mein Nervenkostüm bröckelte)! Verzweifelt versuchte ich, die Kurve zum ersten Akt wiederherzustellen, vergebens. Also wieder Abbruch, wieder vor zur Rampe: »Meine Damen und Herren, wir haben leider mit dem zweiten Akt begonnen und Sie haben ja für das ganze Stück bezahlt. Wir werden noch mal anfangen.«

Da kam aus der zweiten Reihe: »Strapazieren Sie uns nicht zu sehr!« Ich wollte nur noch im Erdboden verschwinden. Eve hatte immer noch nicht kapiert, was sie falsch gemacht hatte, also flüsterte ich ihr, nachdem der Vorhang zu war, ihren Text von der Anfangsszene zu.

»Aber das hab ich doch gesagt!«

»NEIN, du hast mit dem ZWEITEN Akt angefangen!« (Mein Nervenkostüm lag brach.)

Plötzlich erscholl auf der anderen Seite des Vorhangs eine Stimme: »Wir warten gern, bis Sie sich geeinigt haben.«

Wie peinlich! Diesmal klappte es, dem Himmel sei Dank! Wir haben, wen wundert's, nie wieder in Basel gespielt.

Wenn man zu zweit auf Tour ist, kann das anstrengender sein, als wenn mehrere herumspringen, da niemand dabei ist, der polarisieren könnte. Wir begannen, uns aufs Heftigste auf den Geist zu gehen. Also beschloss ich, Eve zu einem Abendessen einzuladen, ein paar Sachen anzusprechen und für Frieden zu sorgen (ich ging ihr bestimmt genauso auf den Keks).

Unsere Restaurantwahl fiel auf einen Thailänder, vom Hotel empfohlen. Wir hatten ausnahmsweise einen freien Abend zur Verfügung, und da das Hotel nicht wirklich schön war, freute ich mich auf das Essen. Ich habe keine Ahnung mehr, wie die Kleinstadt hieß, aber es muss irgendwo im Saarland gewesen sein. Das Restaurant war eine düstere Angelegenheit. Man saß in dunklen

Holznischen, es gab eine dunkle Holzdecke, von der Flatterfahnen in Lila, Rot und Pink hingen. Balinesische Holzmarionetten waren an ihren Schnüren an die Wände genagelt und überall wimmelte es von Plastikblumen. Die Beleuchtung war eigentlich nicht vorhanden, man konnte sein Gegenüber nur erahnen. Bezeichnend ist, dass man zur Speisekarte eine kleine Taschenlampe gereicht bekam.

Manche Gerichte waren mit kleinen roten Peperoni gekennzeichnet, ab drei lass ich die Finger davon. Eve dagegen bestellte ein Hühnergericht, das mit vier(!) Peperoni als eines der schärfsten Gerichte daherkam, und setzte noch einen obendrauf: »Ich möchte es besonders scharf!«

»Is sehl schalf sein«, kam die Antwort.

»Ich möchte es aber so scharf, wie es die Einheimischen essen würden.«

Stirnrunzeln des Obers. »Isse sehl schalf. Bestelle sonst niemand.«

Oha ... Finger weg!

»Bitte machen Sie es, wie ich es Ihnen sage. Sehr, sehr scharf.«

Ungläubiges Staunen auf Seiten des Obers. Vor dem Essen wollte ich keine Diskussion auslösen und satte Menschen sind friedfertiger. Die Vorspeisen waren hervorragend und dann kam die Hauptspeise. Ich hatte Ente mit Basilikum bestellt, wunderbar kross, ein Gedicht. Vor Eve türmte sich das Hähnchen und nur von dem Duft tränten mir schon die Augen. Selten habe ich jemanden mit so viel Genuss etwas in sich hineinschaufeln sehen. Der Ober, die gesamte Küchencrew und ich staunten. Nach dem fünften Bissen ging es los. Der Schweiß schoss Eve geradezu auf die Stirn und lief ihr in Strömen die Wangen herab (sah ich da nicht ein kleines Lächeln des Obers?). Mit zitternden Fingern griff sie zum Tee und trank die Tasse in einem Zug aus, dann stopfte sie Reis hinterher. Weiter ging's. Täuschte ich mich, oder traten ihre Augen aus den Höhlen? Das Gesicht von Eve schien sich zu verändern. Die Lippen wurden feuerrot und dick, die Haare klebten vor Schweiß an ihrem Kopf, um die Nasenspitze war sie weiß, und jetzt gesellten sich zum Schweiß dicke Tränen (der Ober grinste), die ihr die Wangen herunterliefen.

»Schmeckt's?«, fragte ich.

»Hmpfff, haaaahhhh, huuummmpfff.« Mehr kam nicht.

Immer noch schaufelte sie das Teufelszeug in sich rein. Zwischendurch soff sie wie ein verdurstendes Pferd Tee und Wasser (falsch) und stopfte sich Reis (richtig) in den Mund. Sie aß mit einer ungeheuren Konzentration (die hätte ich mir auf der Bühne gewünscht). Die Schadenfreude des Obers verwandelte sich in pure Bewunderung. Eve putzte alles weg, sogar die Deko in Form von Petersilienbüscheln. Befriedigt lehnte sie sich zurück, winkte dem Kellner, der sich fast überschlug, machte den Mund auf und versuchte, etwas zu sagen, aber bis auf »Hhhhhiiiiii, rrrpppphh, hhhhhiiiii« kam nichts weiter. Eve holte tief Atem und versuchte es erneut, aber es blieb bei den röchelnden Geräuschen. Immer noch lief ihr der Schweiß herab, in ihren hervorquellenden Augen bemerkte ich aufkeimende Panik, mir ging es nicht anders. Sie kramte aus ihrer Megatasche einen Handspiegel und streckte die Zunge heraus. O mein Gott! Übersät mit kleinen Brandbläschen, dunkelrot und auf das Doppelte angeschwollen. Kein Wunder, dass sie nicht sprechen konnte. Wenn es in ihrem Hals genauso aussah, dann gute Nacht, Herr Direktor!

Der Ober war inzwischen vor Ehrfurcht erstarrt, und als ich die Rechnung verlangte, drückte er uns nur die Hände und verbeugte sich vor Eve. Als Geschenk des Hauses überreichte er ihr noch eine Flasche Pflaumenwein. Als wir zum Ausgang gingen, bildete die Küchencrew ein Spalier, fehlte nur noch, dass sie anfingen zu klatschen. Eve ging es alles andere als gut. Nun fing ihr Kreislauf an zu spinnen, ich beschloss, einen Arzt aufzusuchen. Dafür sind Kleinstädte toll, dort gibt es noch Hausbesuche. Der sehr nette Doktor kam ins Hotel, und da Eve immer noch nicht reden konnte, erklärte ich ihm, wie es zum Sprachverlust gekommen war.

Als er in ihren Hals schaute, war er richtig beeindruckt. Alles völlig verätzt. Super (mein Nervenkostüm meldete sich zurück)! Wir mussten am nächsten Tag spielen. »Unmöglich«, war die Aussage des Arztes. Er riet ihr, Eiswürfel zu lutschen, und pinselte ihren Hals mit einem abschwellenden Mittel ein. Ich hätte Eve erwürgen können, das fiel eindeutig nicht unter einen Versicherungsschaden. Noch dazu erzählte uns der Arzt, dass er im

Theaterverein eine hohe Position innehätte und wie sehr er sich auf die Vorstellung gefreut hatte. Also konnten wir uns nicht mit einer Erkältung oder Grippe aus der Verantwortung stehlen. Eve litt, aber ich konnte beim besten Willen kein Mitleid aufbringen. Dieser Abend war granatenmäßig in die Hose gegangen, und anstatt die Wogen zu glätten, hatte er einen Sturm hervorgerufen (mein Nervenkostüm war zerrüttet).

Mit Unmengen an Eiswürfeln, Halstabletten und kalten Getränken schaffte Eve das schier Unmögliche und stand am nächsten Tag zwar lädiert, aber immerhin auf der Bühne. Zäh wie Leder, Kompliment, Frau Kollegin!

Wir sprachen im Auto nur noch das Nötigste miteinander. Ich war viel zu beschäftigt, die vielen rot blinkenden Lichter auf meiner Instrumententafel zu beobachten. Drei Mal hatte ich die Werkstatt in der Nähe von Schaffhausen wieder aufsuchen müssen, aber jetzt befanden wir uns im hohen Norden. Die Temperaturen waren im Minusbereich angelangt und die Heizung hatte prompt ihren Geist aufgegeben. Der rechte Scheibenwischer war davongeflogen und der Spoiler ließ sich nicht mehr einfahren. Ich hatte die Schnauze von diesem Gerät gestrichen voll.

Wir saßen dick eingemummt, mit Decken über den Knien, in dem eiskalten Auto und mussten die Scheiben von innen frei kratzen. Ich rief meinen Freund an, der bei einem großen Autoverleih arbeitete und der mir dieses Auto aufs Auge gedrückt hatte. Nach einigem Hin und Her war er bereit, dieses Unglücksfahrzeug zurückzunehmen und gegen ein fahrbereites auszutauschen. In Hamburg sollte der Tausch vonstattengehen. Ich heulte fast vor Glück, als ich einen Ford Kombi in Empfang nahm. Die Papiere waren schnell unterschrieben, und wäre ich nicht so geil darauf gewesen, den verdammten Lancia loszuwerden, hätte ich mir vielleicht das Schriftstück besser durchgelesen. Wie ich sehr schnell auf der Autobahn feststellen musste, war der Wagen genauso ein Höllengerät wie der vorherige. Getunt bis zum Anschlag und mit Auspuffrohren so dick wie mein Oberschenkel, aber er fuhr wenigstens und hielt bis zum Schluss durch, das war die Hauptsache.

Wir schlugen in Norderstedt, Schleswig-Holstein, auf. Ganz viele rote Backsteinbauten, das Feuerwehrmuseum mit der ältesten Dampfspritze Deutschlands, wunderschöne Parks und ganz viele Theater. Ich zähle ein paar auf: das Neue Theater, das Norderstedter Amateurtheater, das Tanks Theater, Theater Life – jung & creativ, Theater Pur – Junges Theater. Bühnen gibt es auch genügend: Festsaal am Falkenberg, TriBühne und das Kulturwerk am See. Ja, Norderstedt tut etwas für die Kultur und seine etwa 76 000 Einwohner.

Inzwischen lag Schnee und es war bitterkalt. Der Festsaal am Falkenberg hat eine gewöhnungsbedürftige Bühne, da alles auf Podesten steht, ist sehr beengt und die Nähe zum Publikum wird wörtlich genommen. Aber alle Unannehmlichkeiten werden von der Nettigkeit der dort arbeitenden Menschen aufgehoben. Heutzutage spielt man nur noch in der TriBühne.

Eine große Rolle im Stück spielte der Schmuck, den Eve trug. Irgendwann riss sie sich das Armband, die Halskette und die Ohrringe vom Leib und versuchte, mich damit zu bestechen. Also mussten es bühnenwirksame große Klunker sein. Die Halskette war aus einem Stück gefertigt, mehrere ineinander verschweißte, fingerdicke Rollen aus Gelb-, Rot- und Weißgold, circa 15 Zentimeter breit. Passend dazu kamen die Ohrringe und das Armband. Der Schmuck war innen hohl und somit sehr leicht. All unsere Requisiten fuhren in Alukisten verpackt im Laster mit.

Als Eve den Schmuck auspackte, war er fast gefroren, und deswegen legte sie ihn vor der Vorstellung auf die Heizung. Pech nur, wenn man so vergesslich ist. Kurz, sehr, sehr kurz vor ihrem Auftritt fiel ihr wieder ein, wo sie den Schmuck deponiert hatte. 90 lange Minuten hatten die Preziosen Zeit gehabt, sich aufzuheizen, und das hatten sie getan, denn nun glühten sie geradezu. Aber was muss, das muss! Als sie die Bühne betrat, sollte sie eigentlich eine total souveräne Dame darstellen, aber da machte ihr der Schmuck einen schönen Strich durch die Rechnung. Sie fingerte die ganze Zeit mit zittrigen Händen an ihrem Hals herum, drehte ständig am Armband, klopfte mit den Fingern an ihre Ohrläppchen und schüttelte den Kopf wie ein von Mücken umschwirrtes Pferd, dazu gab sie kleine prustende Geräusche von sich. Ich hatte keine Ahnung, was sie da trieb, aber der Text hörte sich an, als ob sie an einen Vibrator angeschlossen war: »Ah *(phf)*, dies ist also die *(ohhh)* Hütte *(ahhh)*, wo sich Caaarrloosss mit Ihnen *(uuuhhh)* getroffen hat *(pfh)*.« (Dies alles bitte stöhnend.) Dazu wand sie ihren Oberkörper hin und her. Ich war leicht irritiert, das Ganze erinnerte ein bisschen an die Orgasmus-Szene aus dem Film *Harry und Sally*. Nach zehn Minuten Gestöhne und Gezucke hatte sie sich wieder beruhigt. Als sie sich den Schmuck gegen Ende des Stückes abnahm, konnte selbst der Blindeste die Brandblasen um ihren Hals, an den Ohren und am Handgelenk erkennen. Sie hatte also beileibe nicht versucht, ihre Rolle neu zu interpretieren, sondern hatte starke Schmerzen gehabt.

Ein Tourneeort, der uns immer gern gebucht hat, ist Andernach, Rheinland-Pfalz. Andernach gehört zu den ältesten Städten Deutschlands und liegt am Rhein. 1988 feierte dieses schöne Städtchen sein zweitausendjähriges Bestehen. Das Wahrzeichen ist der Runde Turm von 1440, 56 Meter hoch, mit fünf Meter dicken Mauern. Es ist einer der größten mittelalterlichen Wehrtürme. Sehenswert ist auch die katholische Kirche Maria Himmelfahrt - ein Mariendom aus dem frühen elften Jahrhundert. Neben einigen weiteren historischen Bauwerken, die es zu entdecken gibt, lädt die Umgebung zum Wandern ein, und die vielen kleinen Restaurants am Rheinufer bieten eine abwechslungsreiche Küche.

Die Vorstellung lief gut bis kurz vor Schluss. Ich legte den Dolch auf das kleine Tischchen, das neben der an einen Stuhl gefesselten Eve stand. Kontrollierte - zum Schein - die Fesseln, denn anstatt sie festzuzurren, lockerte ich sie. Dann schnappte ich mir einen Benzinkanister und drohte Eve, sie bei lebendigem Leib zu verbrennen. In dieser Zeit sollte sie sich unbemerkt das Messer schnappen und, wenn ich mich wieder vor sie hinkniete, um nochmals die Fesseln zu kontrollieren, zustechen. Also: Ich schnappte mir den Benzinkanister ... kam zurück ... das Messer lag immer noch auf dem Tischchen (Mist) ... ich ging wieder zurück und stieß wilde Drohungen aus (erfundener Text) ... kam zurück ... das Messer lag immer noch auf dem Tischchen (ganz großer Mist) ... jetzt kniete ich mich vor sie hin, mit dem Rücken zum Publikum, und zischte ihr zu: »Nimm das verdammte Messer!« - und starrte in die toten Augen Londons. Eve hatte einen sogenannten Totalausfall, ich glaube nicht einmal, dass sie wusste, wo sie sich befand, ganz zu schweigen davon, welches Stück wir gerade spielten. Ich wiederholte: »Eve, nimm das Messer und stich zu!« Nichts ... nur völlige Ratlosigkeit.

In meinem kleinen Schauspielerleben blieb die Welt für einen Moment stehen. Ich MUSSTE zu Tode kommen ... das Erstechen war der Clou, gewissermaßen der Inhalt des ganzen Stückes. Doch wie sollte ich die völlig paralysierte Eve aus ihrem Zustand reißen, den man in der Medizinersprache auch Transiente Globale Amnesie nennt? Inzwischen tauchten in den Nullgassen bereits die Helfer auf, die Michael beim Abbau des Bühnenbildes unter die Arme greifen sollten. Aber das Stück hörte nicht auf! Theatralisch begann ich jetzt, hinter Eve auf und ab zu marschieren, drohte ihr mit Folterung (das fiel mir leicht) und hoffte, sie durch mein Getobe aus ihrer Erstarrung zu lösen. Nichts! Eve saß zusammengesunken wie ein gescholtenes Kind auf ihrem Stuhl und blickte mit angstvoll geweiteten Augen in den Zuschauerraum. Was wir bis jetzt auf der Bühne zum Besten gaben, war an sich wirklich gut und dramatisch, nur ging mir allmählich die Puste aus und außerdem der Text.

Wieder kniete ich mich vor sie hin, doch bevor ich etwas zischen konnte, kam mir der Chor der Techniker zuvor, allen voran ein wütender Michael. Aus sechs Kehlen kam der unterdrückte, aber sehr hörbare Satz: »Das Messer, das Messer, das Messer!« Dann ein Solo von Michael: »Nimm endlich das verdammte Messer!« Und etwas leiser: »Blöde Kuh«.

Eve sackte nur immer mehr in sich zusammen. Ich war am Ende meines Lateins, jetzt blieb mir eigentlich nur noch die Flucht nach vorn und die Option, mich selbst in das Messer zu werfen, doch da meldete sich ein Herr aus der dritten Reihe laut und deutlich zu Wort: »Gnädige Frau, nun nehmen Sie endlich das Messer, wir wollen nach Hause!« (Mein Herz blieb kurzfristig stehen.) Es funktionierte! Wie in Trance nahm Eve das Messer, flugs kniete ich mich vor sie und ... sie stach nicht zu!

Mir reichte es: »Stich zu!«

Aus der Nullgasse kam es wie ein Echo: »STICH ZU!«

Und aus dem Zuschauerraum erklang ein entschiedenes: »Stechen Sie *endlich* zu!« UND SIE TAT ES!

Erleichterung auf allen Seiten. Normalerweise herrschte an dieser Stelle immer atemloses Schweigen, doch in diesem Fall wurde die Tat mit Klatschen und Johlen bejubelt.

Nichtsdestotrotz habe ich *Die Strategie der Schmetterlinge* sehr gern gespielt.

Wir heben unsere Beine wie an Schnüren,
Und unsere Herzen sind Papiermache.
Woran wir auch mit unseren Worten rühren:
Sei's Lust, sei's Weh:
Gott wird uns schon das richtige Wort soufflieren.
Paß nur auf deinen Stich –
Denn im Parkett, da sitzt der Teufel,
und ohne Zweifel, er amüsiert sich königlich ...

Klabund (1890–1928), deutscher Schriftsteller

Der Widerspenstigen Zähmung

William Shakespeare (1564–1616)

Ort der Handlung ist Padua. Der reiche Kaufmann Baptista besitzt zwei Töchter, die liebreizende Bianca und eine Bissgurke namens Katharina. Bianca hat gleich mehrere Bewerber (logisch), den eitlen Gecken Hortensio und den Knattergreis Gremio. Da taucht plötzlich auch noch ein junger Edelmann namens Lucentio auf, in den sie sich Hals über Kopf verliebt. Lucentio will (völlig atypisch für einen Mann) sofort heiraten, das Ganze hat nur einen Haken, Baptista gibt die jüngere Bianca nicht her, bevor nicht auch die Kneifzange Katharina einen Mann gefunden hat. Da trifft es sich gut, dass Petruchio des Weges kommt. Ein heruntergekommener Edelmann und Bekannter Lucentios, der auf der Suche nach einer guten Partie ist und dem es ziemlich egal ist, wie die Zukünftige aussieht oder welche Macken sie hat, Hauptsache Kohle (ich sag jetzt dazu nix). Die beiden krachen im wahrsten Sinne des Wortes aufeinander. Der Vater, unendlich erleichtert, endlich einen Blöden gefunden zu haben, verspricht Petruchio ihre Hand. Seltsamerweise fügt sie sich, denn so schlecht sieht ihr Eroberer nicht aus und er hat ihr mächtig Kontra gegeben (ich steh da auch drauf). Zur Hochzeit kommt der Ehemann in spe zu spät und auffallend schlecht gekleidet, nach der sehr schnellen Eheschließung (Las Vegas ist ein Hohn dagegen) wirft er seine Angetraute über die Schulter und schleppt sie mit in seine Behausung, wo er gedenkt, ihr den Rest von Widerspenstigkeit auszutreiben. Dies gestaltet er so (meine Herren, aufgepasst!): Essensentzug (täte mir nicht schlecht), Schlafentzug (wehe), keinen Sex (wird eh überbewertet), keine schönen Kleider (braucht man nicht wirklich). Katharina gibt sich irgendwann geschlagen und als Belohnung reisen sie zur Hochzeit ihrer Schwester. Auf dem Bankett wetten die Männer, welche der Ehefrauen wohl am ehesten gehorchen wird, und siehe da ... the winner is ... Katharina! Zum Schluss folgt noch ein Monolog von ihr, in dem sie ein Loblied auf die Unterwürfigkeit der Frau singt.

Wenn man diese Inhaltsangabe liest, ist es *das* Stück für Männer. Eine reiche Schnalle, an der man seine Männlichkeit beweisen kann und die sich unterwirft.

Lisa Fitz war völlig von den Socken, als ich ihr erzählte, ich würde die Rolle der Widerspenstigen spielen. »Dieses Stück gehört verboten in Zeiten der Emanzipation! Wie willst du denn den Schlussmonolog spielen? Geht gar nicht!« Doch ich hatte das Stück schon bei den Burgfestspielen Jagsthausen gespielt unter der Regie von Rüdiger Bahr. Rüdiger kam auf die grandiose Idee, beim Schlussmonolog einfach ein Paar Ausrufungszeichen durch Fragezeichen zu ersetzen. Ein Beispiel: »Willst du denn deinen Mann das Fürchten lehren? Mit bösen Blicken, unheildrohender Stirn? Er soll dein König sein, dein Herr und Meister!« Der letzte Satz wurde so interpretiert. »Er soll dein *(kurze Pause)* König *(kurze Pause)* sein, dein *(jetzt das Wort Herr ausspucken)* HERRRR und *(sehr ironisch)* Mmmmeister *(jetzt Fragezeichen)*? Mit solchen Kleinigkeiten wurde der Monolog ad absurdum geführt, die Damen im Publikum jubelten. Nach dem Monolog sinkt Katharina auf die Knie und bietet ihre Hand dar. Petruchio tut so, als ob er drauftreten will, entscheidet sich im letzten Moment dagegen, geht auch auf die Knie und küsst ihre dargebotene Hand. Alles in Butter ... Gleichstand.

Wir waren ein großes Ensemble, zwölf Personen, die sich bis auf den Hauptdarsteller alle schon kannten. Das Kostüm- und Bühnenbild stammte wieder von Heidrun Schmelzer, vier hohe Türme, die sich drehen ließen, um jeweils eine andere Location anzuzeigen, und aufwendige Renaissancekostüme. Meine Mutter führte Regie. 128 verkaufte Vorstellungen.

Die Rolle war mir auf den Leib geschrieben. Um das Erscheinungsbild Katharinas noch zu unterstreichen, hatte ich mir meine Haare raspelkurz schneiden lassen und karottenrot gefärbt. Anders als bei Shakespeare, bei dem sich Katharina und Petruchio nur Wortduelle liefern, droschen wir wirklich aufeinander ein. Der großartige Klaus Figge inszenierte unsere Prügelszene, die regelmäßig Szenenapplaus bekam. Ingo Neise spielte den Vater, seine Frau Eva Röder die Witwe, Melanie Jung die Bianca, Hagen Marks den Diener Grumio, Jürgen Bauer den Gremio, Thomas Ney den Hortensio, Marcus Halbig den Lucentio, gleichzeitig war er unser Techniker (eine Glanzleistung), Thomas Killinger gab den Vincentio, Urs Douwes den Priester und Tranio, ich die Katharina, Petruchio – bleiben wir bei dem Namen, und den Biondello spielte Albrecht Schmidt-Reinthaler, genannt Albi, ein begnadeter Musiker, spezialisiert auf mittelalterliche Musik.

Albi, ein Schwabe durch und durch, konnte alles außer Hochdeutsch. Der Biondello hat einen ziemlich großen Monolog, in dem er die Vorkommnisse auf der Reise zwischen Katharina und Petruchio beschreibt, aber so sehr meine Mutter sich auch bemühte, das Schwäbische war Albi nicht auszutreiben. So kam sie auf eine geniale Idee. Wir sollten als Schauspieltruppe zehn Minuten vor Vorstellungsbeginn auf die Bühne kommen und alles inspizieren, manche waren schon in ihren Kostümen, andere wiederum in ihrer Alltagskleidung. Sprechproben wurden gemacht, Ingo und Eva verkauften Programmhefte, auch im Foyer. Dann stürmte plötzlich kurz vor Beginn Killinger mit einem Handy in der Hand auf die Bühne und flüsterte mir etwas ins Ohr, daraufhin holte ich die Kollegen zusammen, um nach kurzer Besprechung vor an die Rampe zu gehen und um Ruhe zu bitten. »Meine Damen und Herren, der Darsteller des Biondello steckt leider im Stau und kann nicht rechtzeitig kommen. Hat jemand von Ihnen die Rolle drauf?« Immer erscholl »Ah« und »Oh« aus dem Publikum, dann kam Ingo mit einem Reclamheftchen in der Hand: »Sie können die Rolle auch lesen.« Wir setzten fest darauf, dass sich niemand aus dem Publikum trauen würde, und nach einer kurzen Wartezeit begannen wir, auf den lediglich als Musiker eingeplanten Albi einzureden, die Rolle an diesem Abend zu übernehmen, da er das Stück doch schon kennen würde. Ihm wurde das Heftchen in die Hand gedrückt und somit war sein schwäbischer Akzent kein Problem mehr. Niemandem fiel auf, dass er irgendwann das Heftchen gar nicht mehr benötigte, Problem gelöst.

Leider waren nicht immer alle Zuschauer feige. Eines Abends stürmte ein junger Mann mit langen Haaren auf die Bühne: »Ich helf euch, kein Problem!«

Mist! Damit hatte wirklich keiner gerechnet. Jetzt war diplomatisches Geschick angesagt. »Super, toll!« Ich schob ihn auf die Seite. »Aber die Rolle ist ziemlich groß.«

»Kein Problem, gebt mir das Heftchen!« Der war ja richtig gierig, auf der Bühne zu stehen. »Vielleicht sollte es doch jemand aus der Truppe übernehmen, wie wär's mit ALBI?«

»Ja genau, Albi, du kennst das Stück doch schon«, unterstützten mich endlich die anderen.

»Ha noi, wenn er des schpiele will, kanna doch mache.«

Bitte, wie war das? Alle starrten Albi entsetzt an. Der Junge neben mir trippelte aufgeregt hin und her. Mordgedanken begannen ganz langsam in mein Gehirn zu kriechen. »Albi, *du* übernimmst!«

»Und was ist mit mir?« Das Jüngelchen begann mir auf den Keks zu gehen.

»Hören Sie!«, zischte ich ihn an, »Das gehört zur Inszenierung. Danke für Ihr Angebot, aber Sie können sich wieder setzen.«

»Guut, wenns ned anderscht gäht, übernähm isch hald«, meldete sich Albi von der anderen Seite der Bühne.

Waren das etwa Tränen, die ich in den Augen des jungen Mannes sah? Völlig geknickt schlich er mit hängendem Kopf von der Bühne, ich hatte ihm gerade einen Lebenstraum zerstört, wie furchtbar! Aber ... Problem gelöst!

Habe ich schon erwähnt, dass man sich mögen sollte auf Tournee? Selbst wenn man sich mal gemocht hat, eine Tournee kann das ganz schnell ändern. Unser Hauptdarsteller war ein hervorragender Schauspieler, aber, na ja, sagen wir vorsichtig, etwas eigen. Eine seiner Unarten war, sich mit Knoblauch vollzustopfen. Es gibt wahrlich Schöneres, als jeden Abend mit einer Knoblauchfahne angehaucht zu werden.

Wir hatten Bergfest und feierten alle zusammen passenderweise bei einem Griechen. Eine lange Tafel war zu diesem Zweck gedeckt worden und Petruchio bestellte zu allen Gerichten eine doppelte Portion Knoblauch. Fassungslos schauten wir zu, wie er sich das eigentlich gesunde Gewächs nur so reinschaufelte.

Da ergriff einer der Kollegen das Wort: »Eigentlich ist es eine Sünde, vor einer Vorstellung Knoblauch zu essen.«

Zustimmendes Kopfnicken von allen.

»Man sollte überhaupt keinen Knoblauch essen, wenn man Vorstellungen hat«, bestätigte Ingo.

Hallo ... Erde an Mars, hatte Petruchio begriffen, dass das alles auf ihn zielte? »Ich finde es eine Zumutung, wenn der Partner Knoblauch in sich reinstopft«, meldete ich mich zu Wort.

Ah ... endlich eine Reaktion. Petruchio hob den Kopf: »Was für ein Blödsinn, wo steht das denn geschrieben?«

»Das ist einfach so, ein ungeschriebenes Gesetz«, ereiferte sich Jürgen.

Der Gescholtene warf uns einen vernichtenden Blick zu: »Ihr habt doch keine Ahnung, und so was nennt sich Schauspieler.«

Die Stimmung war schlagartig im Keller. Was bildete sich dieser ignorante Kerl eigentlich ein. Nur mit Mühe konnte ich meine Wut unterdrücken. »Du frisst ständig Knoblauch und ich möchte, dass du das wenigstens vor der Vorstellung unterlässt, Punkt.«

»Ach halt doch den Mund.« Mit diesen Worten stand er auf und ging.

So was war mir noch nie passiert, ich sah kleine rote Blutwölkchen vor meinen Augen schwimmen, den anderen ging's nicht besser. Doch das Universum ist gerecht.

Ein paar Tage später schlug das Schicksal zu, wir gastierten in Dinslaken, Nordrhein-Westfalen. Im zwölften Jahrhundert wurde Dinslaken zum ersten Mal erwähnt. Von 1884 bis 1950 fand dort der größte Viehmarkt in der Region statt, teilweise wurden deutlich über 30 000 Tiere angeboten. 1912 eröffnete die Steinkohle-Zeche »Lohberg«. Sehenswert sind die Burg, in der auch Freilicht gespielt wird, die St.-Vincentius-Kirche aus dem Jahr 1273 und die Hiesfelder Windmühle.

Wir wohnten in einem kleinen, im Jugendstil erbauten Hotel in Zentrumsnähe. Die Rezeption bestand aus einem wuchtigen Tresen, links davon führte eine geschnitzte Holztreppe nach oben, zwei Ohrensessel standen in der Eingangshalle. Die Zimmer waren modern eingerichtet, im Gegensatz zu den anderen Räumen, die eher düster waren.

Wissen Sie, was ein Quartalssäufer ist? Jemand, der monatelang trocken ist, aber wenn er dann wieder anfängt, sich über Tage, wenn nicht sogar Wochen dem Alkohol hingibt. Unser lieber Kollege Hagen war so jemand. Hagen wusste um sein Problem, war aber trocken, als er die Tournee begann. Um nicht rückfällig zu werden, mied er kollegiale Zusammenkünfte nach der Vorstellung und zog sich auf sein Zimmer zurück. Wir respektierten das. Jeder war gewarnt worden, Hagen ja nicht zu einem Drink zu verführen.

Als ich am nächsten Morgen zur Rezeption ging, um die Zimmer zu bezahlen, sah es dort wie nach einer Schlacht mit schweren Geschützen aus. Umgestürzte Weinflaschen, leere Bierdosen, die auf dem Boden herumkullerten, überquellende Aschenbecher. Es stank nach Rauch, abgestandenem Alkohol und Schweiß, einfach widerlich. Dementsprechend war die Laune des Hotelbesitzers. »Das waren Ihre Kollegen, bis heute früh um 5.30 Uhr haben die hier gezecht. Mein Frühstückspersonal hat sie dann auf die Zimmer geschickt. Die Reinigung müssen Sie mir bezahlen.« Okay, so was konnte schon mal vorkommen, die Reinigungsgebühren würde ich von der Gage der jeweiligen Schauspieler abziehen. Alle saßen beim Frühstück, bis auf Hagen (aber das war normal) und Petruchio. Mir schwante Böses. Meine schlimmen Vorahnungen wurden bestätigt, als keiner der beiden zum verabredeten Abfahrttermin erschien (bei Petruchio normal, bei Hagen äußerst ungewöhnlich).

Schließlich kam Hagen angeschlichen. Aus Erfahrung wusste ich, dass es besser war, den Mund zu halten, Hagen konnte in die Luft gehen wie ein HB-Männchen, außerdem war ich mir sicher, dass es ihm bewusst war, dass er Mist gebaut hatte. Bei Petruchio war das etwas anderes. Ganz klar hatte er den armen Hagen verführt, da sich kein anderer gefunden hatte, der mit ihm saufen wollte, er stand in der Beliebtheitsskala nicht gerade weit oben. Und genau so war es! Falls die Vorstellung in Gefahr war, würde er das büßen müssen. Zum ersten Mal erlebte ich Petruchio ziemlich kleinlaut. Hagen riss sich enorm am Riemen und konnte abends spielen, trotzdem riefen wir seine Freundin an, die einen guten Einfluss auf ihn hatte. Er schaffte gerade so den Absprung. Petruchio hielt die nächsten zwei Wochen den Ball flacher.

Ich liebe Hagen! Was für ein grandioser Schauspieler! So hoch wie breit, mit seinen wilden Locken, seinen wunderschönen blauen Augen, einer großen Nase und einer Stimme, die wie das Grollen eines Gewitters aus seinem breiten Brustkorb aufsteigt. Wir kennen uns schon ewig. Er ist seit der Schauspielschule mit meinem Onkel Holger Schwiers befreundet. Was für ein wunderbarer Caliban *(Der Sturm)*, Metzler *(Götz von Berlichingen)* und Teufel *(Jedermann)*. Auch als Grumio zog er alle Register. Hagen ist Aldi(Süd)-hörig und er geht keinen Meter zu Fuß, wenn es nicht unbedingt sein muss. Selbst wenn es nur 200 Meter zum Theater waren, Hagen musste gefahren werden. Er selbst besitzt keinen Führerschein.

Wir waren wieder einmal in Lennestadt im schönen Sauerland. Lennestadt besteht aus insgesamt 43 Ortsteilen. Das Theater steht in Meggen und wird von der 1946 gegründeten Kulturgemeinde Hundem-Lenne betrieben. Es bietet 480 Zuschauern Platz. Wir wohnten immer im »Haus Kramer« im Ortsteil Bonzel. Ein familiengeführtes Hotel, zwar weit ab vom Schuss, aber wir bekamen Frühstück, solange wir wollten, und Frau Kramer machte uns nach der Vorstellung freundlicherweise noch etwas zu essen.

Es sind circa 15 Kilometer vom Hotel bis zum Theater. Ich weiß bis heute nicht, was Hagen gebissen hatte, ausgerechnet diese Strecke zu Fuß gehen zu wollen. Ich glaube, er hatte keine Vorstellung davon, wie weit es sein würde. Es war ein wunderschöner Tag und das Sauerland ist berühmt für seine Wanderwege. Hagen startete Gott sei Dank kurz nach 14 Uhr. Frau Kramer hatte ihm die Abkürzung über den Berg erklärt und so machte er sich wohlgemut auf den Weg.

Hagen gehört, wie ich, der Familie der Sandkräusler an. Wissen Sie, was ein Sandkräusler ist? Das ist jemand, der so kurze Beinchen hat, dass, wenn er pupst, sich der Sand kräuselt. Wir trafen uns alle um 18.30 Uhr an der Rezeption zur Abfahrt ins Theater und waren völlig verdattert, als uns Frau Kramer erklärte, dass sich Hagen schon auf den Weg gemacht hatte. Ich hatte mich schon öfters aufgeregt, wenn er nicht bereit war, auch nur 200 Meter zu Fuß zurückzulegen – und plötzlich wollte er freiwillig 15 Kilometer laufen?

Es war bereits dunkel, als wir im Theater ankamen, von Hagen keine Spur. Das Sauerland besteht aus vielen Hügeln und ganz viel Wald, sehr viel Wald, eigentlich nur aus Wald, von einer Beleuchtung mal ganz zu schweigen. Da konnte ein kleiner Schauspieler schon mal verloren gehen, vor allem, da Hagen ja nicht wirklich trainiert war. Wo sollten wir anfangen zu suchen? Wir hatten ja keine Ahnung, welche Route er genommen hatte. Es hieß also abwarten und beten.

Endlich, gegen 19.30 Uhr, erschien er. Völlig derangiert, humpelnd, schweißnass, mit hochrotem Kopf. Natürlich hatte er den Weg unterschätzt, hatte mehrfach die Orientierung verloren, hatte sich durchs Unterholz geschlagen, hatte mehr geflucht denn gebetet, war der Panik nahe gewesen, hatte alle seine Sünden bereut und war wie durch ein Wunder von einer höheren Macht ans Ziel geleitet worden. Nun war er platt. Das blieb er auch während der nächsten Tage, dieser Gewaltmarsch hatte seine Reserven auf ein absolutes Minimum schrumpfen lassen.

Ab diesem schrecklichen Erlebnis weigerte er sich standhaft, auch nur 50 Meter zum Theater zurückzulegen, und ab dem Moment hätte ich ihn auch für zehn Meter ins Theater gefahren. Heute lebt er mit seiner »Süßen« in Frankfurt, hat sich ein langes Bühnenleben wacker geschlagen und genießt seinen Ruhestand.

Düren, Nordrhein-Westfalen. Um 1900 galt Düren als eine der reichsten Städte Deutschlands, dort wohnten über 40 Millionäre. Das hat sich von Grund auf geändert. 1944, am 16. November, warfen 474 Bomber der Royal Air Force in einem kaum halbstündigen Angriff über 2700 Tonnen Bomben ab und zerstörten die ehemals so schöne Stadt völlig. Heute zählt die Stadt wieder über 90 000 Einwohner. Sehenswert und eines der prägenden Bauwerke Dürens ist die Fatih-Moschee, dann noch das Schloss Burgau, das war's auch schon. Wer auf den Stil der Fünfzigerjahre steht, ist hier im Glück. Meine Mutter fluchte. Es war in ganz Düren kein Hotel zu bekommen. Entweder zu teuer, zu weit draußen oder ausgebucht.

Da meldete sich Jürgen Bauer zu Wort, ein altgedienter Tourneefahrer: »Wir waren damals (ein auslegbarer Begriff) in einem tollen Hotel. Das war ein Highlight (ein sehr dehnbarer Begriff)!« Er nannte meiner Mutter den Namen und siehe da, es waren Zimmer zu einem annehmbaren Preis mitten in der Stadt zu haben (da hätten alle Alarmglocken bimmeln müssen). Wohlgemut, denn Jürgen hatte uns das Hotel in den schillerndsten Farben geschildert, hielten wir Einzug.

Zuerst glaubte ich, mich in der Adresse geirrt zu haben. Ein scheußlicher, verdreckter Bau, die Außenfassade in einem schimmeligen Grau-Grün, abblätternde Farbe überall und blinde Fenster. Schön war wahrlich anders. Drinnen ging es übergangslos weiter. Zerschlissene grüne Teppiche, abgesessene Polstermöbel, auf denen große unbestimmbare Flecken prangten, abgenutzte schwarze Möbel – und erst der Geruch ... als ob eine ganze Mäusepopulation beschlossen hätte, hier ihr Massengrab anzulegen. Schon beim bloßen Anblick dieses Grauens wurde man von Viren, Bakterien und Pilzen angesprungen. Ein mürrischer Wirt kam angeschlurft, der sich mit seinem Erscheinungsbild dem Hotel eins zu eins angepasst hatte. Fleckige Hosen, die unter seinem Schmerbauch von einem Seil an Ort und Stelle gehalten wurden, formlose Pantoffeln, ein dreckiges, ehemals weißes Hemd, abstehende, strohige blonde Haare, kleine Schweinsäuglein, die über einer Säufernase übellaunig in die Welt blickten.

Wie hatte Jürgen sich noch mal ausgedrückt? »Ein Highlight ... ganz toll ...« Aber auch das Wort »damals« war gefallen. Vielleicht hätten wir fragen sollen, in welchem Jahr, besser noch in welchem Jahrhundert er in diesem Etablissement gewohnt hatte. Unser Wagen war der erste, der angekommen war. Petruchio, Killinger und ich. Barsch wurden wir nach den Namen gefragt, dann übergab uns der Wirt die Schlüssel. Ich wohnte unterm Dach. Lift? Fehlanzeige! Vielleicht waren ja die Zimmer renoviert? Das passierte uns oft. Schreckliche Entrees, aber dann sehr schöne Zimmer. Ich quälte mich mit meinem Gepäck die engen Treppen hinauf in den zweiten Stock, einen dunklen Gang entlang (mein Gott, die Mäuse hatten ihre Toten auch hier oben bestattet), bis ich vor meinem Zimmer stand. Ehrlich, ich hatte Angst, die Tür zu öffnen. Tief Luft geholt und ... nein, ich bin wirklich nicht anspruchsvoll, was Zimmer betrifft, abgehärtet durch zahlreiche Tourneen, aber was mein inzwischen tränendes Auge hier erblicken musste, schlug dem Fass den Boden aus. Hatte der Typ sämtlichen Putzhilfen gekündigt? Allein der Geruch! So etwas musste Howard Carter gerochen haben, als er das Grab von Tutanchamun zum ersten Mal betrat (unter anderem ist er womöglich später daran gestorben). Keine Ahnung, welche Farbe diese Tapete mal gehabt hatte, aber dieses Kotzgelb war es bestimmt nicht gewesen, desgleichen die Auslegeware. War das Schimmel in den Ecken?

Das Zimmer war relativ groß, eingerichtet mit einem Doppelbett, das war aber auch alles. Kein Schrank, kein Tisch, nichts, nur ein Bett. Große, dreckige und somit blickdichte Fenster, weswegen man auch auf Vorhänge verzichtet hatte, führten auf eine Terrasse hinaus. Es war eiskalt, ich drehte die Heizung auf, dann legte ich meinen Koffer auf den Boden und schaute unters Bett, einem masochistischen Drang nachgebend. Bisher hatte ich keine Ahnung gehabt, dass man Wollmäuse regelrecht züchten konnte. Was die anderen unter dem Bett entsorgten Gegenstände, die zwischen all den zusammengeballten Staubbollen hervorblitzten, eigentlich genau waren, wollte ich nicht wirklich erforschen.

Dann betrat ich das Badezimmer. Ein Raum ohne Fenster, klein, sehr klein, mit einer Toilette, deren Deckel fehlte, was freie Sicht auf trübes, bräunliches Wasser und gelbe Ränder bot. Ein trauriges Spieglein hing über einem Waschbecken, dessen Armaturen völlig verkalkt waren, auch hier wieder Dreckränder. Ich drehte den Wasserhahn auf. Zuerst prustete der Hahn braunes Wasser aus, bevor es klar wurde, wenigstens etwas. Aber das Wasser lief nicht ab. Ich pulte den Stöpsel heraus und mit ihm die Behaarung mehrerer vormaliger Bewohner dieses Zimmers. Ich war nah daran, mich zu übergeben! Den behaarten Stöpsel legte ich beiseite und widmete mich der Inspizierung der Dusche. Hätte ich es nur gelassen! Ein windiger, angeschimmelter Plastikvorhang, der nur noch an drei Haken hing, gab ein Bild des Grauens frei. Der Schimmel war schon an den gefliesten Wänden hinaufgekrochen und der Boden der Dusche war von einer braunen, glitschigen Schicht bedeckt, da der Wasserhahn auf Dauertropfen gestellt war.

Wehe, wenn ich Jürgen in die Hände bekam! Gnade ihm Gott! Ich rief hysterisch meine Mutter an. Doch es war nichts zu machen. In Köln war eine große Messe im Gang, nirgends war ein anderes Hotel aufzutreiben. Noch während ich meinen Frust abließ, hämmerte es gegen meine Tür und ein wutschnaubender Petruchio stürmte an mir vorbei: »Ah, hab ich's mir doch gedacht! Du hast mal wieder das beste Zimmer!« Bitte? Wie sah denn seins aus? In dem Moment erfüllte ein Wummern und Zischen das Zimmer, gefolgt von einem Geruch wie von altem Frittenöl. Das kam von draußen. Ich öffnete die Terrassentür, das Geräusch schwoll an und der Geruch intensivierte sich. Direkt neben der Tür war das Gebläse des Restaurants installiert. Nettes Extra! Petruchio hatte inzwischen das Bad betreten.

»Ich tausch gern mit dir«, bot ich ihm an (es konnte nur besser sein).

»Ach nee, lass nur, ist schon in Ordnung«, brüllte er mich an, um das Gebläse zu übertönen.

Nun wollte ich auch sein Zimmer sehen. Nachdem ich einen Blick in sein Kämmerchen geworfen hatte, konnte ich seinen ersten Impuls beim Anblick meines Zimmers verstehen. Winzig (deswegen stand sein Koffer noch auf dem Gang und blieb auch dort), ein schmales Bett an der Wand, aber ein Tischchen und ein Schrank. Man konnte sich kaum umdrehen. Es war relativ sauber, helle Fichtenmöbel, das Bad allerdings war ein Witz. Wenn man sich auf die Toilette setzte, musste die Tür aufbleiben und mit der Schulter klemmte man unter dem Waschbecken, die Dusche konnte man nur seitlich gehend betreten, da man sich zwischen Waschbecken und Wand durchquetschen musste. Killinger, der auch schäumte, hatte genau die gleiche Zelle bekommen. Das konnte ja heiter werden, wenn die anderen Kollegen eintreffen würden.

Allmählich begann ich mir Sorgen um Jürgen zu machen, denn die Empfehlung kam von ihm und alle wussten das. Vor meinem geistigen Auge sah ich schon die Schlagzeile »Schauspieler von wütendem Kollegenmob gemeuchelt«. Es sollte alles noch viel schlimmer kommen.

Ich beschloss, in die Stadt zu gehen, um mir Sagrotan und einen Schlafsack zu besorgen, denn in diesem Bett konnte ich nur komplett abgedichtet und verhüllt meine Ruhe finden, wenn überhaupt. Dann mussten dringend Duftkerzen her, die den Frittengeruch verbannen sollten, an den Verwesungsgeruch hatte ich mich inzwischen gewöhnt, doch beides kombiniert ergab eine grauenhafte Mischung. Hoffentlich gab es keine Staubexplosion, wenn ich die Kerzen entzünden würde.

Als ich ins Hotel zurückkam, wartete schon eine Delegation wütender Schauspieler auf mich. Alle hatten die gleichen Zellen und schäumten vor Wut. Tja, da war aber nix zu machen. Jürgen entschuldigte sich am laufenden Band und beteuerte ständig, dass dieses Hotel DAMALS ein HIGHLIGHT gewesen sei. War's aber nicht mehr! Es blieben nur wenige, allesamt unattraktive Optionen: sich ins Koma saufen (denn mit schönsaufen war's in diesem Fall nicht getan), im Auto übernachten (hatte ich ernsthaft in Betracht gezogen) oder Augen zu und durch.

Zurück in meinem Zimmer musste ich feststellen, dass immer noch Eiseskälte herrschte, der Heizkörper funktionierte nicht. Ich suchte den Wirt auf und brachte eine saftige Beschwerde vor. »Erst ab 18 Uhr wird geheizt«, war seine lapidare Antwort. Wie bitte? Es war erst 15 Uhr! Jetzt brüllte ich und drohte ihm mit einem Anruf beim ADAC, denn dieser vermoderte Kasten hatte drei Sterne. »Hören Sie, Fräulein, ist mir ziemlich egal, denn wenn Ihre Truppe weg ist, wird das Hotel eh dichtgemacht, dann kommen hier Asylanten rein, damit verdien ich mehr als mit Hotelgästen, die sich eh immer nur beschweren.« Mit was? Mit Recht! Hier biss ich auf Granit und zog mich grummelnd in meine stinkende Eisgrotte zurück. Leider hatte meine Mutter das Hotel schon bezahlt, sonst hätte ich ihm gehörig was von der Rechnung abgezogen.

Nach der Vorstellung beschlossen wir, noch geschlossen in eine Kneipe zu gehen, um das Betreten der Zimmer so lange wie möglich hinauszuzögern. Doch irgendwann hieß es Zapfenstreich und wir mussten zurück ins Grauen. Ich legte vor dem Schlafengehen noch die Dusche mit Handtüchern aus, nicht nur weil das ständige Tropfen wirklich störend war, sondern auch aus hygienischen Gründen, dann mummelte ich mich in meinen Schlafsack ein, denn es war immer noch eiskalt, und versuchte zu lesen – bis es einen lauten Knall gab und vollkommene Dunkelheit herrschte. Die Sicherung war rausgeflogen. Bei dem Schrottkasten nicht verwunderlich. Irgendwann war das Sandmännchen mir gnädig und ich schlief ein.

Am nächsten Morgen (der Strom war immer noch weg), auf meinem Weg zum Frühstück, hörte ich schon im Gang wütendes Gezänke von unten. Eine stocksaure Melanie Jung und ein völlig aufgewühlter Wirt standen sich wie zwei Kampfhähne gegenüber und waren dabei, sich zu zerfleischen, umringt von den Kollegen, die sich dieses Schauspiel wohl nicht entgehen lassen wollten.

»Sie haben mit Ihrem verdammten Gerät mein gesamtes Hotel lahmgelegt«, schrie der Wirt Melanie an. »Ich verlange Schadensersatz. Mein Sicherungskasten ist völlig verschmort und qualmt immer noch. Das hätte fast einen Kabelbrand gegeben.«

»Von wegen Schadensersatz, SIE müssen MIR meinen Heizofen ersetzen!« Damit hielt Melanie dem Wirt ein schwarzes verkohltes Etwas vor die Nase, nur noch rudimentär als Öfchen zu erkennen. »Hätten Sie anständig geheizt, wäre ich nicht gezwungen gewesen, den Ofen überhaupt anzumachen.«

Zustimmendes Nicken aller Kollegen.

Dann kam der Satz, den ich besonders liebe. »Sie hören von meinem Anwalt!« »RAAAUUUUSSSS! SOFORT!«, der Wirt schnappte fast über.

Das ließen wir uns nicht zweimal sagen, denn jede weitere Minute in dieser Absteige war gesundheitsgefährdend.

Doch so schnell gab Melanie sich nicht geschlagen. »Ich will mein Geld!«

Bevor es zu Mord und Totschlag kommen würde, zogen wir Melanie vom Tresen weg, nach dem Motto: Der Klügere gibt nach. Was die Unterkunft angeht, war es der absolute Tiefpunkt auf dieser Tournee gewesen. Sieben Jahre später verschlug es uns wieder nach Düren, der Lotterkasten war inzwischen einem Kaufhaus gewichen.

Nachdem die *Widerspenstige* ein so großer Erfolg gewesen war, beschloss meine Mutter, das Stück eine Spielzeit später zu wiederholen. Allerdings wurden zwei Rollen ausgetauscht. Die Hauptrolle des Petruchio übernahm der wunderbare Alexander Strobele. Einer der Kollegen, der jahrelang mit uns getourt und ein Schützling meiner Mutter war, ließ uns kurz vor Probenbeginn hängen. Er hatte einen in seinen Augen besseren Job an Land gezogen. Meine Mutter entließ ihn aus dem Vertrag, war aber stocksauer, und das zu Recht. Natürlich hätte sie auf dem Vertrag bestehen können, aber sie meinte nur: »Dann arbeitet er unwillig und wird seiner verpassten Chance nachweinen, auch wenn er in seinem neuen Job auf die Nase fällt. Ich lass ihn gehen.«

Meine Mutter war in dieser Beziehung immer sehr fair, es wurde ihr nur selten gedankt. Jede Umbesetzung bringt neuen Wind in eine Inszenierung, meistens zum Besseren, und auch die Gruppe muss sich neu orientieren. Die Autobesatzung änderte sich insofern, als ich jetzt Melanie und Urs an Bord hatte. Melanie ist eine hervorragende Autofahrerin, aber Karten lesen ... ein Graus! Das erste Mal, als ich ihr eine Straßenkarte in die Hand drückte, starrte sie mit großen blauen Augen auf die, für sie, völlig wirren Striche.

»Was bedeutet denn der blaue Strich?«

Urs und ich erstarrten. »Das sind Flüsse.« Vielleicht verstehen Sie jetzt unser leichtes Unbehagen, denn der Beifahrer muss Staus umschiffen können, Kilometer ausrechnen und manchmal Wege finden, die noch nicht einmal ein Navigationsgerät kennt.

»Ah, und der gelbe?«

»Autobahnen!«, antworteten Urs und ich unisono. Dann nahm ihr Urs behutsam die Karte aus der Hand, drehte sie um und meinte nur. »Man sollte die Städtenamen auch lesen können.«

Nach einem Crashkurs in »Wie lese ich eine Straßenkarte« stellte sie sich gar nicht mal dumm an. In einem der Autos saßen Alexander, Albi und Hagen. Hagen sah von Haus aus wild aus, Albi stand dem in nichts nach. Wir befanden uns auf dem Weg in die Schweiz. Alle waren wohlbehalten im Hotel angekommen, nur diese drei Herren waren verschwunden. Verwunderlich, da diese Autobesatzung eigentlich immer die erste war, die am Ziel ankam, da alle drei Frühaufsteher waren.

Gegen drei Uhr nachmittags erreichte mich ein Anruf von einem völlig aufgelösten Alexander. »Die Deppen vom Zoll haben uns rausgezogen, wir sitzen immer noch an der Grenze, wir werden auf Drogen untersucht.« Im Hintergrund hörte ich Albi brüllen. Das klang nicht gut. Nun muss man eins dazusagen, die Vorstellungen in der Schweiz sind angemeldet, aber die Schauspieler hätten (eigentlich) eine Arbeitsgenehmigung benötigt, jeder einzelne. Ein schrecklicher Aufwand, also fuhren wir als Touristen über die Grenze und durften auf keinen Fall sagen, dass wir Schauspieler waren und gedachten, in der Schweiz zu spielen. Ja, ich weiß, illegal, aber (ätsch) verjährt.

Die drei hatten also beharrlich geschwiegen, als der Zöllner sie nach dem Grund ihrer Reise in das Land der Eidgenossen befragt hatte. Da sie nicht gerade vertrauenerweckend aussahen und in ihrer Konstellation nicht kompatibel, witterte der Zoll Unrat. Bestätigt wurde das Misstrauen, als man sie bat, den Kofferraum zu öffnen, und Gepäck für mehrere Wochen fand, das zu der Angabe »Nur mal schnell Freunden einen Besuch abstatten« in krassem Widerspruch stand.

Vor allem die mittelalterlichen Musikinstrumente, die Albi dabeihatte, bedurften einer Erklärung. Alles äußerst wertvolle, seltene Stücke, die Albi wie seine Kinder hütete, darunter ein Dudelsack, eine Drehleier, eine Schalmei, eine Schlüsselfiedel, eine Laute und mehrere Flöten. Das kam dem Zoll spanisch vor. Da keine wirklich gute Erklärung von den dreien kam und sich ihre Geschichten vielmehr widersprachen, was ihren Besuch in der Schweiz betraf, da sie keine Zeit gehabt hatten, sich etwas Gutes auszudenken, wurden sie jetzt auf Drogen durchsucht, leider auch die Instrumente. Unser sonst so friedliebender Schwabe verstand bei seinen Instrumenten allerdings null Spaß. Er sprang einem der Zöllner fast an die Gurgel, als der die Drehleier auspacken wollte. Alexander konnte gerade noch dazwischengehen und das Gröbste verhindern. Leider sitzt die Staatsgewalt meist am längeren Hebel und so schritt man zur Leibesvisitation.

Spätestens als die Jungs vom Zoll sich OP-Handschuhe überstreiften, begannen unsere drei das Schlimmste zu ahnen, und ihr Albtraum wurde zur Gewissheit, als man sie einzeln in einen gekachelten Raum bat und sie sich ihrer Kleider entledigen mussten. »In jeder einzelnen Öffnung meines Körpers wurde herumgebohrt«, beschwerte sich Alexander später bei uns, als die Truppe gedemütigt und völlig durch den Wind doch noch das Hotel erreichte. Hagen hatte dem Spielchen ein Ende bereitet und dem Zoll den eigentlichen Grund für die Reise in die Schweiz verraten. Daraufhin hatte man sie laufen lassen und ihnen eine schöne Vorstellung gewünscht. Alexander war so empört, dass er sich weigerte, jemals noch einmal in die Schweiz einzureisen, Gott sei Dank mussten wir kein zweites Mal hin.

Versuchen Sie mal, in der Schweiz, auf dem Land, nach 22 Uhr etwas Essbares zu finden. Aussichtslos! Die Schweizer klappen pünktlichst um 21 Uhr die Bürgersteige hoch. Unsere Vorstellung ging bis 22.15 Uhr, und bis wir abgebaut und abgeschminkt waren, war es meist schon 22.45 Uhr. Da stand nun eine Schauspieltruppe in einem kleinen Schweizer Städtchen auf der Straße. Hungrig, durstig und allein. Alle Bars und Restaurants, die wir am Tag gesichtet hatten, waren hermetisch abgeriegelt. Uns dürstete in aller erster Linie nach einem Bier. Keiner hatte mehr Vorräte auf den Zimmern, die im Übrigen auch nicht dazu angetan waren, sich länger als nötig in ihnen aufzuhalten.

Nachdem wir eine halbe Stunde durch die Stadt geschwärmt waren, endeten wir wieder am Theater. Da fiel mir eine rote Neonschrift, die über einem Hauseingang prangte, ins Auge: »Gentlemen Club – zum Fugenfüller«. Zielsicher steuerte ich auf die Tür zu, denn wenn der Club das war, was ich vermutete, würden wir hier Trinkbares finden. Die Truppe folgte zögerlich.

»Du wirst doch nicht etwa da reingehen?«, kam die ängstliche Frage von Alexander.

»Klar, warum nicht?«

»Das ist doch wahrscheinlich ein Club nur für Mitglieder.«

»Ich denke, das ist ein Puff.«

Da sprangen einige meiner Mitstreiter unter dem Vorwand ab, völlig erschöpft zu sein.

Entschlossen drückte ich derweil auf die Klingel. Ein Ton, der den Song »Like a Sexmachine« wiedergab, bestätigte mich in meiner Annahme. Unsere Truppe schrumpfte augenblicklich auf fünf

Personen, ich die einzige Frau. Die Tür öffnete sich und wir betraten das Etablissement.

Ein lang gestreckter Raum, ausgeschlagen mit rotem Samt, rechts eine lange Theke, links drei Podeste, auf denen jeweils eine Stange montiert war, um die herum ein paar Sessel gruppiert waren. Alles war schummrig beleuchtet und an den Wänden räkelten sich nackte Schönheiten auf riesigen Bildern. Im hinteren Bereich gab es durch Vorhänge abgetrennte Kabinen. Die Musik war dezent. Ein einsamer Herr saß an der Bar und unterhielt sich mit einer spärlich bekleideten Asiatin, die ständig an seinem Ohr knabberte und ihn zwischen den Beinen massierte.

Dann erschien der Wirt. Ein großer, massiger Mann mit eingebeulter Nase, der uns nett begrüßte und uns aufforderte, an der Bar Platz zu nehmen. Die Jungs wirkten völlig eingeschüchtert. Ich bestellte für alle ein Bier, fragte aber vorher sicherheitshalber nach dem Preis. Der Wirt glotzte mich an, dann zeigte er mit dem Finger auf mich und schrie fast: »Sabrina Lorenz!« – Mein Rollenname im »Bullen von Tölz« – »Sie hier im ›Fugenfüller‹, was für eine Ehre! Was verschlägt euch hierher?«

»Wir haben Theater gespielt und nirgendwo mehr etwas zu essen und zu trinken gefunden.«

»Das haben wir gleich!« Mit einem Pfiff beorderte er die Asiatin, die dem einsamen Herrn am Ohr gehangen hatte, zu sich. »Olivia, mach den Herrschaften was zu essen, sofort.« Und zu uns gewandt: »Die kommt aus Thailand und kann wirklich gut kochen. Geht auf Kosten des Hauses, auch die Getränke. Und bis das Essen fertig ist, bekommt ihr eine Show geboten.« Damit klatschte er in die Hände und aus dem hinteren Bereich kamen drei Mädchen gehüpft, auf mörderisch hohen High Heels und nur mit einem winzigen Slip bekleidet.

Die Jungs schauten mich kläglich an. »Wir wollten doch nur ein Bier trinken.«

Was für Spaßbremsen! Ich fand das Ganze höchst amüsant. Die Mädels schnappten sich die Jungs und schleppten sie zu den Sesseln, Widerstand war zwecklos. Und ich? Das war geradezu frauenfeindlich, ich wollte auch die Show hautnah miterleben. Um die Jungs etwas zu entkrampfen (Glück sieht anders aus), ließ der Wirt ihnen eine Flasche Whiskey zukommen.

Das erste Mädchen erklomm das Podest, eine sehr hübsche Polin mit langen blonden Haaren und einem tollen Körper. Der Slip war eigentlich nur Deko, denn sobald sie in die Grätsche ging, herrschte freie Sicht und alle Geheimnisse der weiblichen Anatomie waren gelüftet. Sie tanzte toll an der Stange, die Jungs sackten immer tiefer in ihre Sessel, klammerten sich an ihre Gläser und soffen den Whiskey wie verdurstende Pferde. War ich die Einzige, die hier ihren Spaß hatte? So hatte ich die Kollegen nicht eingeschätzt!

Als Nächste erklomm eine Thailänderin, die einige Pfunde zu viel auf den Hüften hatte, das Podest. Die Nummer lass ich jetzt aus, aber es hatte was mit Pingpong-Bällen zu tun. Leider fing einer der Kollegen, der wohl die Augen kurz aufgemacht hatte, einen der herumfliegenden Bälle. Als er sah, woher die Bälle geflogen kamen, flüchtete er umgehend in die Toilette und wusch sich die nächsten zwei Stunden die Hände, denn er erschien erst wieder, als wir zum Aufbruch bliesen (der Scherz sei erlaubt). Bisher hatte ich auch keine Ahnung gehabt, wie und vor allem mit was man eine Zigarette rauchen kann. Höchst interessant!

Schließlich wurde uns das Essen serviert. Gott, waren die Jungs froh, dass die Show dafür unterbrochen wurde. Als ob sie seit Wochen nichts zu essen bekommen hätten, stürzten sie sich auf die Platten, auf denen verschiedene dampfende Thaigerichte angerichtet waren. Sie mampften mit unglaublicher Geschwindigkeit, kippten ob der Schärfe der Gerichte literweise Bier in sich hinein. Als sie den letzten Bissen hinuntergewürgt hatten, bedankten sie sich höflich beim Wirt und wollten fluchtartig den Rückzug antreten, da stellte sich ihnen die hübsche Polin in den Weg. »Bin Geschenk des Hauses, du wollen Ficki-Ficki?«

Männer können so hilflos sein! Geradezu bedauernswert, wie sie versuchten, sich aus der Situation zu befreien. »Ich bin glücklich verheiratet«, stieß einer der Kollegen hervor. Interessant, seit wann? War er nicht ein eingeschworener Single? »Zu viel gegessen«, stotterte ein anderer. Dämlicher ging's kaum noch. Hoffentlich war wenigstens Verlass auf unseren jungen Schönling. »Sie sind wirklich sehr hübsch und wir fühlen uns geehrt, aber ich bin schwul.« Das schlug dem Fass den Boden aus. Er hatte auf der Tour nun wirklich nichts anbrennen lassen. Der Vierte saß seit zwei Stunden verbarrikadiert auf der Toilette.

Da begannen die Mädels schallend zu lachen. »War Scherz! Haben jetzt Feierabend.« Die Erleichterung war geradezu fühlbar. Und auf einmal hatten die Herren noch Zeit für einen Absacker an der Bar und plötzlich tauchte auch unsere Nummer vier wieder auf.

Mit dem Wirt bin ich noch lange in Kontakt geblieben, und wenn wir in der Nähe spielten, hab ich ihn im »Fugenfüller« besucht. Fazit: Erstens, ich bin der Schweiz dankbar, dass sie die Bürgersteige um 21 Uhr hochklappt, sonst wäre ich nie in den Genuss dieses Essens und dieser Erfahrung gekommen. Zweitens, die, die am weitesten den Mund aufreißen, sind die Ersten, die kneifen. Drittens, wir wurden mit großem Herzen empfangen. Die beiden ältesten Gewerbe der Welt sind die Prostitution und die Schauspielerei, da hilft man sich. Jawohl!

Jedes Mal, wenn man die Dernière hinter sich gebracht hat, badet man in einem Wirrwarr der Gefühle. Trauer, da man Abschied, nicht nur von der Rolle, sondern auch von lieb gewonnenen Kollegen nehmen muss. Erleichterung, ein paar Deppen nicht mehr sehen zu müssen. Freude, schließlich darf man wieder nach Hause zu seiner Familie, allerdings warten dort eine Menge Rechnungen.

Die Rolle der »Widerspenstigen« habe ich am liebsten gespielt, immerhin über 200 Mal. Als mir nach der letzten Vorstellung dämmerte, dass ich die mir lieb gewordene Bissgurke nie wieder auf der Bühne geben würde, habe ich nachts ein paar Tränen verdrückt.

Wer immer tut, was er schon kann,
bleibt immer das, was er schon ist.

Henry Ford (1863–1947), Gründer der Ford Motor Company

Die Mysterien der Liebe oder das unheimliche Phänomen des Testosterons

Katerina Jacob (geb. 1958)

Tja, wie kam ich dazu, mein erstes Kabarettprogramm zu schreiben? Die Macht, die mich anschob, war Wut. Hatte mir doch Kollege Fischer erklärt, dass Kabarettisten ganz wunderbare Schauspieler sein können, aber Schauspieler niemals Kabarettisten. Hallo? Ging's noch? Außerdem bezweifelte ich Ersteres ganz gewaltig. Stellen Sie sich bitte Gerhard Polt als Richard den Dritten vor oder Ottfried Fischer als Dorfrichter Adam im *Zerbrochenen Krug*. In diesem speziellen Fall ging es darum, die Ehre der Schauspieler hochzuhalten. Es galt zu beweisen, dass auch Schauspieler über genügend Eigeninitiative und Grips verfügen, um Kabarett zu gestalten.

Aus der Politik habe ich mich von jeher rausgehalten, also fiel politisches Kabarett flach. Da ich in meinem Leben durch einige Beziehungen gegangen bin, ist das ein Thema, in dem ich bewandert bin. Das unbekannte und doch so durchschaubare Wesen »Mann« würde im Mittelpunkt des Programms stehen. Ich machte mich also an die Recherche, auf die Suche nach Geschichten der zwischenmenschlichen Art und vermischte sie mit meinen eigenen Erfahrungen. Es machte Spaß, denn wirklich jeder in meiner näheren Umgebung konnte sehr amüsante Anekdoten beisteuern. Eine möchte ich Ihnen nicht vorenthalten.

Ein Kollege (Name wird nicht genannt) lebte mit Frau und drei Kindern in Berlin. Er war ein notorischer Fremdgeher und seine Frau litt sehr unter seinen Eskapaden. Eines Tages reichte es ihr, nachdem er zum wiederholten Male seinen Schwur, sie nicht mehr zu betrügen, gebrochen hatte. Sie nahm kurzerhand die Kinder, verkroch sich bei ihrer Mutter und reichte die Scheidung ein. Daraufhin brach der Kollege zusammen und heulte sich bei seinem Freund (der mir die Geschichte erzählt hat) aus. Das Ganze gipfelte in der Aussage des Verzweifelten: »Bitte, glaube mir, ich kann nichts dafür. Das ist medizinisch! Ich leide unter einer spermatösen Inkontinenz!«

PS: Bei der Scheidung wäre ich gern dabei gewesen.

Das Programm war in vier Blöcke unterteilt.

1. Wie das Unglück beginnt,
2. Liebe,
3. Sex,
4. Hochzeit.

In der Bibliothek meiner Tante Helen fand ich ein wunderbares Buch mit alten Liebesgedichten aus Asien. Texte von Eugen Roth, Bettine Brentano und Wilhelm Busch sollten das Ganze abrunden und ihm einen literarischen Touch verpassen. Nun fehlte noch Musik. Ich griff auf Albi, unseren Spielmann, zurück, der schon bei der *Widerspenstigen* die Musik beigesteuert hatte. Wir sangen zusammen Moritaten, er spielte mittelalterliche Sauflieder und Balladen und begleitete mich mit wunderbarer Hintergrundmusik zu den Gedichten. Albi ist einer der wenigen Musiker, die gleichzeitig Klavier und Flöte spielen können.

Als besonderen Gag hatte ich mir ausgedacht, das Publikum mit einem Quiz über Hochzeitstage einzubeziehen. Für jede richtige Antwort bekam der Gewinner ein sogenanntes Fleißkondömchen. Eine Geschichte dazu. Ich hatte einen Auftritt in Dießen am

Ammersee, also bei mir gleich um die Ecke. Ich hatte verpennt und bemerkte viel zu spät, als ich meine Sachen ins Auto schmiss, dass mir die Kondome ausgegangen waren. Unter enormem Zeitdruck raste ich nach Starnberg und schoss in den dortigen Drogerieladen. Während ich durch die Gänge rannte, schrie ich hysterisch: »Wo finde ich Kondome!« Eine durch mein Geschrei völlig verschreckte Verkäuferin eilte mir voraus in Gang drei. Dort schaufelte ich alles, was der Laden an verhütenden Gummis hergab, in meinen Einkaufskorb. Ab zur Kasse. Gott sei Dank stand niemand an, sonst hätte ich handgreiflich werden müssen.

Ich kippte den Inhalt des Korbes auf das Band, da kam ein junges Mädchen und stellte sich hinter mich. Der Berg an Kondomen, der auf dem Band lag, war enorm. Das Mädchen grüßte freundlich und warf einen beiläufigen Blick auf meinen Einkauf. Man sah es geradezu rattern, als ihr Gehirn versuchte, meinen Einkauf mit meiner Person in Einklang zu bringen. Sie starrte abwechselnd auf den Haufen Kondome und dann wieder auf mich. Völlige Verwirrung wich einem Ausdruck von Entsetzen, dann fing sie plötzlich hinter vorgehaltener Hand an zu kichern, nachdem sie die Betrachtung meiner Person beendet hatte. Also bitte! So alt war ich nun wirklich nicht, um nicht noch in Frage zu kommen. Blöde Schnepfe!

Die Situation schrie nach Aufklärung. »Hören Sie«, wandte ich mich wütend an das kichernde Kind, »das brauche ich für meinen Beruf.« Stille! Ihre Augen wurden immer größer, während sie mich anstarrte, ihre Kinnlade klappte nach unten und dann prustete sie los, unverschämt! Inzwischen hatte der Kassierer den Kondomberg abgerechnet und sagte mit klirrender Stimme: »Wenn das so ist, brauchen Sie sicherlich eine Quittung.«

Danach hab ich mich nie mehr in dem Laden blicken lassen.

All diese Geschichten wurden Teil des Programmes, das Publikum war begeistert. Vor allem bei der Kondomverteilung erlebten Albi und ich so manch komische Situation. Bei einer Vorstellung schrie von ganz hinten ein Mann die richtige Antwort. Es dauerte und dauerte, bis er sich seinen Weg nach vorn zur Bühne erkämpft hatte. Als er endlich im Licht erschien, entpuppte er sich als mindestens Achtzigjähriger, deswegen hatte es so lang gedauert, denn er konnte sich kaum aufrecht halten. Er quälte sich die

Treppe hinauf, nachdem er mein Angebot abgelehnt hatte, zu ihm nach unten zu kommen.

Da stand er nun vor mir, schwitzend und keuchend, und begann, mit zittrigen Fingern in dem Fleißkondömchen-Korb zu wühlen.

»Suchen Sie was Bestimmtes? Wir haben mehrere Geschmacksrichtungen und Farben.«

»Ich suche was mit Noppen und Himbeergeschmack.«

Ich dachte, mich zerreißt es. »Äh, Noppen haben wir nicht, tut mir leid. Aber warum müssen es unbedingt Noppen sein?«

»Kindchen, in meinem Alter braucht man jeden Millimeter.«

Jetzt zerriss es mich.

»Wenn Sie keine mit Noppen haben, krieg ich dann zwei mit Himbeergeschmack und in Rot?«

Ich platzte fast. »Aber klar.«

Nachdem er sich das Gewünschte aus dem Korb gefischt hatte, drehte er sich zum Publikum, hielt triumphierend die Kondome in die Höhe und rief: »Mein Jahresbedarf ist gedeckt. Hilde freu dich!«

Versuchen Sie mal, so eine Nummer zu toppen.

Man erfährt auch so einiges über sein Publikum. Wir spielten in Dornbirn, Österreich. Da Dornbirn eine recht junge Stadt ist, verfügt es nur über wenige Sehenswürdigkeiten. Allerdings sind das Rolls-Royce-Museum und die Inatura – Erlebnis Naturschau interessant. Ich sitze gern auf dem Marktplatz mit seinem Roten Haus aus dem Jahr 1639. Die unvergessene Journalistin Margret Dünser, der Künstler Wolfgang Flatz sowie viele andere Persönlichkeiten stammen aus Dornbirn.

Wir spielten im Kulturcafé, einer kleinen Bühne, das Publikum hockte uns fast auf dem Schoß. In der ersten Reihe saß ein altes Ehepaar. Als es zum Quiz kam, beantworteten die beiden wie aus der Pistole geschossen jede Frage richtig. Alle amüsierten sich, wenn der alte Herr sich seinen Gewinn abholte. Irgendwann bat ich ihn, gleich auf der Bühne zu bleiben, denn ich war mir sicher, dass er die restlichen Kondome auch noch abstauben würde.

»Woher wissen Sie alle Hochzeitsjubiläen?«

»Wir haben Ihre Show schon gesehen, in Götzis (gleich um die Ecke). Wissen Sie, mein Enkel geht auf Weltreise, und dafür braucht er dringend Kondome. Die Jugend von heute muss sich schützen und wir wollen ihn doch gesund zurück.«

»Die hätten Sie doch auch kaufen können.«

»Nee, so macht es mehr Spaß! Jetzt können wir ihm erzählen, wir haben die Dinger gewonnen und wissen nicht, wohin damit, dann nimmt er sie auch. Könnten Sie mir eins signieren?«

Nachdem wir das erste Jahr extrem erfolgreich getourt waren, wurde ich von der Firma Condomi gesponsert. Es stapelten sich die Kondomkartons in meiner Garage, fragen Sie mich nicht, was der Postbote von mir bzw. meinem Mann gehalten haben muss.

Albrecht ist Schwabe durch und durch. Da er einen Haufen von Instrumenten mitschleppte und ich das Bühnenbild und die Kostüme, fuhren wir mit getrennten Autos. Für einen Schwaben grenzen die österreichischen Mautgebühren an eine Verletzung der Menschenrechte. Hätte Albi in alten Lexika nachgeschlagen, hätte er über Österreich den Eintrag »diebisches kleines Bergvolk« (betrifft auch Bayern) gefunden. Vielleicht hätte er sich dann etwas leichter mit dem Bezahlen der Gebühren getan. So aber fluchte und zeterte er, was das Zeug hielt, und jedes Mal, wenn wir in Österreich spielten, nahm er Riesenumwege in Kauf, um ja nicht die 7,50 Euro bezahlen zu müssen.

Ich hatte inzwischen einen Fahrer angeheuert, der sich gleichzeitig um die Beleuchtung und das Bühnenbild kümmerte. So war ich viel relaxter und ausgeruhter, wenn ich abends auf der Bühne stand. Klaus war berufsfremd, machte seine Sache aber gut.

Wir spielten in der Nähe von Graz, Albi wollte am nächsten Morgen ganz früh aufbrechen, da wir ein paar Tage frei hatten und es ihn zu seiner Liebsten zog. Ich wollte mir noch Graz anschauen. Klaus wollte auch schnellstens nach Hause und schloss sich deshalb Albi an. Als ich zum Frühstück erschien, waren die beiden Männer schon seit zwei Stunden unterwegs. Ich ließ mir Zeit und bummelte durch das herrliche Graz. Das Rathaus, der Dom, der wunderschöne Freiheitsplatz, der Herzoghof mit seiner bemalten Fassade, ja, die Altstadt ist wirklich sehenswert und lohnt eine Reise. Am frühen Nachmittag machte ich mich auf die Heimfahrt. Fünfeinhalb Stunden würde ich brauchen, wenn alles glattlief.

Um 14 Uhr bekam ich den ersten Anruf von Klaus, wahrscheinlich die Nachricht, dass sie heil zu Hause angekommen waren. Weit gefehlt! Um von Graz nach München zu kommen, muss man mehrere Tunnel durchqueren, für die die österreichische Regierung zusätzlich Maut verlangt. Da wir von einer anderen Richtung gekommen waren, nämlich von Wien, waren uns diese Gebühren erspart geblieben. Albi hatte sich zwar eine Autobahnvignette gekauft (welch Wunder), aber mit zusätzlichen Ausgaben hatte er nicht gerechnet. Zurück zu Klaus. »Wir sitzen irgendwo bei Johnsbach fest. Ich bring ihn um!« Wo bitte war Johnsbach? »Er wollte partout die Tunnelgebühr nicht bezahlen und so sind wir rauf auf den Berg, aber da war ein Fahrradrennen und so mussten wir wieder umdrehen. Dann ist er auf der anderen Seite den Berg rauf, das war eine Sackgasse. Also wieder runter, einer Nebenstraße gefolgt, irgendwo wieder den Berg rauf, da war immer noch wegen dem Rennen gesperrt. Er kommt, ich muss aufhören.«

Ich suchte auf meiner Karte nach Johnsbach. Oh, die Jungs waren immer noch in Österreich und nicht wirklich weit gekommen in fünf Stunden. 45 Minuten später. Klaus: »Ich hab ihn angefleht, die Tunnelgebühr bezahlen zu dürfen, aber er meint, es geht ums Prinzip.«

»Wo seid ihr?«

»Bei Tweng.«

Um Himmels willen, wo gurkten die denn rum?

»Kannst du mich abholen?«

Ich dachte gar nicht daran, mich über österreichische Nebenstraßen zu schlagen.

»Sag bitte meiner Frau Bescheid, dass es später wird. Sie wollte mich bei der Autobahnausfahrt Sauerlach abholen. Mein Akku is ...« Gespräch beendet.

Ich rief pflichtschuldig bei seiner Frau an, die sich schon Sorgen machte, und teilte ihr die Verspätung mit. Sie war nicht begeistert. Klaus hatte den Ankunftstermin schon ein paarmal verschoben. Ich war um 19.30 Uhr zu Hause, um 22 Uhr kam der Anruf von Klaus: »Ich bin endlich da! Zwei Mal haben wir uns noch verfahren *(das lag diesmal nicht an Albi, sondern am Beifahrer)*, nie mehr fahr ich mit Albi. Meine Frau ist stocksauer, nachdem sie eine Stunde an der Autobahnausfahrt auf mich gewartet hat.«

Tja, Sparsamkeit kann manchmal teuer kommen, denn was Albi an Benzin verfahren hatte, stand in keinem Vergleich zu den paar Kröten für die Tunnelmaut.

Wenn Sie auf Tour sind, kommt immer mal wieder der Satz: »Hier war ich noch nie.« So ging es mir mit Bretten, Baden-Württemberg. Dieses wunderschöne Städtchen kann auf eine tausendzweihundertfünfzigjährige Geschichte zurückblicken. Es ist eine Stadt der kurzen Wege und man kann alle Sehenswürdigkeiten bei einem Spaziergang erkunden. Besonders beeindruckend ist das Melanchthonhaus, erbaut 1897 anlässlich des 400. Geburtstages von Philipp Melanchthon, einem Sohn der Stadt. Melanchthon war Philologe, Dichter, Theologe und als Reformator, neben Martin Luther, eine entscheidende Gestalt der kirchenpolitischen Reformation. Das Haus beinhaltet eine Bibliothek mit rund 9000 Bänden und 450 Originalhandschriften. Weitere Sehenswürdigkeiten sind der historische Marktplatz, das Amtshaus, die Kreuzkirche und das Gerberhaus.

Ein sehr netter junger Mann hatte mich angerufen und wollte das Programm buchen. Er war voller Enthusiasmus, konnte aber die Summe, die wir normalerweise bekamen, nicht aufbringen, da er und seine Leute uns privat organisieren wollten, sie gingen damit ein hohes Risiko ein. So einigten wir uns auf eine gewisse Prozentzahl der Einnahmen. Ich hatte weder eine Vorstellung davon, wo wir spielen sollten, noch von Bretten.

Zwei Tage vor der Vorstellung rief der junge Mann mich an, sie hätten von den 200 Plätzen schon gut 100 verkauft. Bei nur 50 Personen wäre mir der Schweiß geperlt. Der Spielort entpuppte sich als riesige Turnhalle, die mit einer Bühne ausgestattet war. Man empfing uns sehr herzlich und der junge Mann hatte mir die Umkleide so schön wie möglich hergerichtet, mit Spiegel und Kleiderständer. Seine Mutter hatte Kuchen gebacken und man hatte sogar ein Buffet vorbereitet.

Als ich die Bühne betrat, bekam ich Schnappatmung. Der Raum war hoch und wirklich groß, Turnhalle eben und ... er war voll bestuhlt. 100 Zuschauer wären hier völlig verloren. Als ich meine Bedenken äußerte, lachte er nur und meinte: »300 Karten sind verkauft und den Rest kriegen wir auch noch voll!« So war es denn auch. Volles Haus. Das nenn ich Marketing!

Man hatte uns ein Gästebuch in die Umkleide gelegt. Ich lese die Einträge gern, da sie mir ein Bild vom Publikum und von den Veranstaltungen vermitteln. Wir waren offenbar das erste Kabarettprogramm, denn laut Gästebuch hatten hier bisher nur theologische Vorträge stattgefunden. Da gab es eine Oberin, die über ihr Leben im Kloster gesprochen hatte, einen Dekan, einen Theologen, einen Priester. Die Themen gingen von »Schwangerschaft als Entscheidungssache« über »Lebenskunst« und »Der Anfang des ewigen Lebens« bis hin zu »Christlicher Pazifismus«. Uns wurde ganz schwummerig. Mein Programm handelte von Sex und war teilweise recht handfest.

Ich malte mir schon aus, wie das erzürnte Brettener Publikum uns mit faulen Eiern bewerfen und aus der Stadt jagen würde. Dann noch die Sache mit den Kondomen! Hier waren wir in einer erzkatholischen Gegend. Ich heulte fast, wo war ich nur gelandet? Selbst Albi war verunsichert. Man würde uns teeren und federn! Noch nie habe ich eine Bühne so zaghaft betreten. Der Applaus war herzlich. Ich kam zu der Stelle »spermatöse Inkontinenz«, die Leute lachten nicht nur, nein, sie brüllten. Egal, wie hart die Gags waren, das Publikum kreischte vor Vergnügen.

Irgendwann stellte ich etwas verunsichert die Frage: »Seid ihr wirklich katholisch?«

500 Stimmen schrien: »STOCK!«

Wow! Dann kam es zum Quiz und der Kondomverteilung. Zwei Herren taten sich besonders hervor und wurden unter Johlen jedes Mal beklatscht, wenn sie ein Fleißkondömchen erhielten. Das kam mir dann doch sehr spanisch vor, warum ausgerechnet diese beiden so einen Begeisterungssturm auslösten. Auf meine Frage, welche Berufe sie denn ausübten, meinte der eine Herr: »Ich bin der Pfarrer und der andere ist mein Organist.« Es ging wirklich die Post ab. So eine Stimmung hatte ich noch nie erlebt, großartig!

Nachdem wir alle Zugaben abgeliefert hatten, wollten wir von der Bühne, aber man ließ uns einfach nicht. Rechts und links hatten sich ein paar junge Männer aufgestellt und verwehrten uns den Abgang. Mir blieb nichts anderes übrig, als auf mein Witzerepertoire zurückzugreifen. Nach zwei Stunden und 45 Minuten hatten die Brettener Erbarmen mit uns und wir durften Schluss machen. Albi und ich waren schweißgebadet. Selten habe ich so eine Begeisterung erlebt, danke an dieses wunderbare Publikum.

Der nächste Spielort war nur 30 Kilometer von Bretten entfernt und so hegte ich die Hoffnung, ein ähnliches Publikum vorzufinden. Hahaha ... so kann man sich irren. Wir bissen bei jedem Gag auf Granit, keiner im Publikum verzog auch nur eine Miene, der Applaus war mager, nicht mal eine Zugabe wurde verlangt. Das war uns noch nie passiert. Albi und ich verwelkten auf der Bühne und ich ließ sogar einen Teil der Gags aus. Nach Bretten war das wie eine kalte Dusche. Auf meine Frage, ob man katholisch sei, antwortete eine schmallippige Dame höchst pikiert: »Wo denken Sie hin, wir sind protestantisch.«

Wenn man sich gar nicht amüsieren will, warum geht man dann in so ein Programm? Der Veranstalter, dem die Sache offensichtlich peinlich war, klärte mich auf: »Ach, wissen Sie, Sie sind nicht die Erste, die an diesem Publikum scheitert. Die Katholiken gehen zum Beichten und alles ist wieder gut. Die Protestanten haben diese Möglichkeit leider nicht.« Ein schwacher Trost.

Dieser Vorfall erinnerte mich an die alte Schauspielergeschichte, die sich in Hamburg abgespielt hat. Die Schauspieler gehen nach einer Komödienvorstellung, bei der das Publikum sehr verhalten reagiert hat, nach Hause und werden auf der Straße von zwei älteren Damen aufgehalten, die um ein Autogramm bitten. Einer der Schauspieler fragt, wie es den Damen denn gefallen habe, da kaum Lacher kamen. Fröhlich antwortet diese: »Wir wollten Sie nun mal nicht stören, aber innerlich haben wir gebrüllt.«

Früher hat es mich geärgert, wenn Leute während der Vorstellung aufs Klo gingen oder meinten, sich laut unterhalten zu müssen, inzwischen bin ich abgehärtet. Wir spielten in Auenwald, in der Gruschtelkammer. Eine Kleinkunstbühne, die von einem Förderverein 1991 ins Leben gerufen wurde. Die Mitglieder tragen mit ihrem Jahresbeitrag dazu bei, dass die Gruschtelkammer Programme auf höchstem Niveau bieten kann. Gerhard Polt, die Biermösl Blosn, Thomas Freitag, Andreas Giebel und viele mehr haben dort schon auf der winzigen Bühne gestanden. Auenwald hat etwa 7000 Einwohner und liegt mitten in Schwaben, die nächstgrößere Stadt ist Backnang.

Wir waren ausverkauft, das Publikum saß an Tischen und es gab zu trinken und zu essen. Ein Tisch fiel mir besonders ins Auge, dort schien jemand sehr Wichtiges zu sitzen, da einer der Herren mit Bodyguards erschienen war, die sich im Hintergrund postierten. Ich hatte kaum angefangen, da klingelte schon sein Handy. Das konnte ja heiter werden. Kurz nach dem Anruf stand der Herr auf und eilte Richtung Ausgang. Na wunderbar! Nach drei Minuten kam er zurück, zuckte entschuldigend mit den Schultern und setzte sich. Zehn Minuten später klingelte das Handy erneut und der Gute eilte noch einmal nach draußen. Dieses Spielchen wiederholte sich alle zehn bis 15 Minuten und allmählich ging es mir kolossal auf die Nerven.

Da betraten plötzlich zwei Herren im Blaumann den Raum, flüsterten dem Dauertelefoneur etwas ins Ohr und verschwanden mit ihm Richtung Ausgang. Nach drei Minuten erschien er wieder. Jetzt unterbrach ich. »Entschuldigen Sie, aber das ewige Raus und Rein nervt.«

»Tut mir entsetzlich leid, aber meine Frau sitzt draußen im Auto.«

»Warum kommt sie nicht rein.«

»Geht nicht, ich habe den neuesten Mercedes, und als ich die Tür zugeschlagen habe, hat sich das Auto automatisch verriegelt, von innen kann man es aus sicherheitstechnischen Gründen nicht öffnen und von außen kriege ich es aus unerfindlichen Gründen nicht mehr auf. Jetzt sind endlich die Techniker aus Böblingen gekommen, um meine Frau zu befreien.«

Die Arme saß bei eisigen Temperaturen seit fast einer Stunde in einem hermetisch abgeriegelten Auto. »Bitte begrüßen Sie sie, wenn sie kommt, sie ist ziemlich sauer auf mich.« Das konnte ich nachvollziehen.

Die Rettungsaktion schien sich hinzuziehen. Kurz vor Vorstellungsschluss erschien eine völlig durchgefrorene Dame, die vor Wut kochte. Selbst der Applaus, den ihr das Publikum und wir spendeten, konnte ihre Laune kaum heben. Nach der Vorstellung lud man mich an den Tisch von besagtem Herrn. Seine Frau ließ ihrem Frust freien Lauf und ich wurde Zeuge eines handfesten Streites. »Eins sag ich dir! Nie wieder steig ich nach dir aus dem Auto aus, ich hab mich so auf die Vorstellung gefreut und der

Karren wird sofort wieder verkauft.« Um sie zu beruhigen und den Haussegen wieder gerade zu rücken, schenkte ich ihr eine CD vom Programm. Der Herr dankte es mir mit einem Abendessen und freien Getränken. Wir stehen heute noch in Kontakt.

Fast 100 Mal haben wir *Die Mysterien der Liebe* gespielt. Albi tourte später mit Marianne Sägebrecht. Ottfried Fischer, dem ich die Initialzündung für das Programm zu verdanken habe, hat es nie gesehen.

PS: Falls Sie mal einen genialen Musiker brauchen, wenden Sie sich an Albrecht Schmidt-Reinthaler.

I don't want to make money.
I just want to be wonderful.

Marilyn Monroe (1926–1962), amerikanische Schauspielerin

Die Weihnachtshexen

Katerina Jacob (geb. 1958) und Mona Seefried (geb. 1957)

Mona und ich lernten uns bei den Dreharbeiten zu dem TV-Film *Herzdamen* kennen und verstanden uns auf Anhieb. Also beschlossen wir, ein gemeinsames Projekt ins Leben zu rufen. Da wir beide in Serien verhaftet waren (sie ist es immer noch), ich spielte im *Bullen von Tölz* und Mona hat eine durchgehende Rolle in *Sturm der Liebe*, musste es etwas sein, das wir zeitmäßig unterbringen konnten. Die schlechten Monate für Film- und TV-Schaffende sind November bis April, da liegt die Branche flach. Was lag also näher als ein Weihnachtsprogramm? Lustig sollte es sein und auf uns zugeschnitten.

Mona kann wunderbar Gedichte und Geschichten vortragen, ich bin ein Stand-up-Comedian, dies galt es zu kombinieren. Mona wühlte sich durchs Internet, um passende Texte und Gedichte zu finden, ich schrieb kabarettistische Einlagen und Sketche für uns beide. Peter Funck, Monas Mann, steuerte auch ein paar bei. In den Sketchen gab Mona Frau Dr. Gürtler, eine wienerisch angehauchte reiche Zicke, und ich die bayrische Bäuerin Frau Schnappinger. Dann brachten wir das Ganze in Form und starteten einen Probedurchlauf im Gasthof »Die Post« in Aufkirchen. Der Saal war proppenvoll und wir supernervös. Ich kannte kein Lampenfieber, bis zu diesem Zeitpunkt, aber nun hatten wir schließlich alles allein zu verantworten.

In Palm Springs, Kalifornien, hatte ich in einem Weihnachtsladen das wohl hässlichste Kleid gefunden, das auf dem Markt zu finden war. Ein burgunderfarbener, bis über das Knie reichender, ärmelloser und aus purem Polyester bestehender Fummel, mit dem ich auf keinen Fall in die Nähe von offenem Feuer kommen durfte, sonst würde ich umgehend explodieren, außerdem bekam das Wort Presswurst eine völlig neue Bedeutung. Den Leuten schien es zu gefallen, auch die Interaktion mit dem Publikum, obwohl uns beiden schwante, dass das in einigen Gefilden Deutschlands zu Komplikationen führen würde. Der deutsche Zuschauer ist eher scheu und wir mussten immerhin sechs Leute animieren, auf die Bühne zu kommen.

Mit einem Weihnachtsprogramm ist man terminlich sehr gebunden. Wir starteten Anfang November und beendeten die Tour am 22. Dezember. Während wir tourten, veränderten wir ständig etwas am Programm und es wurde immer besser. Schwachstellen wurden ausgemerzt, neue Sachen wurden ausprobiert und, wenn sie ankamen, ins Programm genommen. Es machte Spaß! Wir fuhren zusammen in einem Opel Zafira, in den alles hineinpasste, Kostüme und Bühnenbild. Ein Techniker war nicht vonnöten, die Beleuchtung konnte ich selbst gestalten, während Mona sich um den Bühnenaufbau kümmerte. Wir Mädels hatten eine Mordsgaudi!

Wir waren auf dem Weg nach Emmerich, Nordrhein-Westfalen, einer hübschen Stadt direkt an der niederländischen Grenze. Wir spielten im PAN kunstforum niederrhein, einer der Sehenswürdigkeiten der Stadt, in dem gelegentlich die eindrucksvolle Plakatsammlung des Pädagogen Ernst Müller gezeigt wird. Die 1965 freigegebene Rheinbrücke ist mit einer Länge von 1228 Metern und 500 Metern Spannweite die längste Hängebrücke Deutschlands; sie wird auch »Golden Gate vom Niederrhein« genannt.

Mona und ich sind sehr bipolar. Sie groß, ich klein, sie war schwarzhaarig, ich hatte mir die Haare blond gefärbt, sie dünn, ich – na ja, Mona trinkt, nein säuft jeden Morgen zwei Liter Wasser plus Tee, ich eine Tasse schwarzen Kaffee usw., usw. Zwei Liter Flüssigkeit fordern die Blase eher zum Aufsuchen einer Toilette auf als ein Tässchen Kaffee. Wir fuhren auf der viel befahrenen

A3 Richtung Emmerich, als Mona einen nötigen Toilettenbesuch ankündigte. Auf nicht allen Autobahnen gibt es alle 50 Kilometer Raststätten und manchmal sucht man auch Abfahrten vergeblich. Die A3 jedenfalls entspricht diesem Bild. Wir fuhren und fuhren. Mona begann zu hibbeln. Ich gab Gas, denn ich kenne diesen Zustand, wenn man innerlich versucht, in seine Blase einen Knoten zu machen. Endlich der Hinweis, Raststätte in fünf Kilometern. Das war zu schaffen. Mona entspannte sich etwas. Wir fuhren ab und dann sahen wir es, ein großes Schild vor dem Eingang: »Wegen Renovierung geschlossen«. Mona begann wieder zu hibbeln. Ich fragte einen der Bauarbeiter, wo die nächste Toilette sei, die Richtung, in die er zeigte, erschien mir etwas nebulös, aber ein kurzer Blick auf Mona, deren Schweißporen sich offensichtlich gerade öffneten, ließ mich Gas geben. Ah ... ein McDonald's, wunderbar. Mit quietschenden Reifen hielt ich vor der Tür – an der ein großes Schild prangte: »Wegen Renovierung geschlossen«. Mona hibbelte, Mona schwitzte. Überall schwärmten Arbeiter herum, die ein Freilandpinkeln unmöglich machten. Jetzt begann es auch noch zu regnen, um nicht zu sagen, es schüttete wie aus Kübeln. Ich raste zurück auf die Autobahn. Mona hibbelte, schwitzte und allmählich begannen ihre Augen hervorzutreten. Ich hielt mich auf der rechten Spur, falls ein Feldweg oder eine Abfahrt kommen würde. Die Gegend war flach wie ein Pfannkuchen und spärlich bewaldet. Nirgends eine Deckung. Wütende LKW-Fahrer überholten uns auf ihrem Weg nach Amsterdam, die A3 war vierspurig geworden. Mona war kurz davor zu kollabieren, jetzt hatte sich zu Hibbeln, Schwitzen und hervortretenden Augen auch Keuchen und Zähneknirschen hinzugesellt.

In weiter Ferne erblickten wir plötzlich eine Ansammlung von windschiefen Kiefern, die mitten auf einem platten Feld standen. Nicht viel Deckung, aber immerhin. »Anhalten, halt sofort an«, presste Mona keuchend hervor. Ich scherte rechts aus, was mir ein Hupkonzert einbrachte. Das Auto rollte noch, da sprang Mona schon auf die Straße und hechtete gen Wäldchen. Ich machte den Warnblinker an, und als ich wieder aufschaute, war Mona wie vom Erdboden verschluckt. Sie war weg! Einfach so. Wie war das möglich? War es zu spät gewesen und sie war geplatzt? In dieser Region war die Gegend so flach, da sah man den Besuch schon drei Tage vorher nahen, und bis zu den Kiefern konnte sie in dieser kurzen Zeit unmöglich gekommen sein. Weggebeamt? Jetzt trat mir der Schweiß auf die Stirn, ich hatte meine Kollegin verloren!

Da tauchte plötzlich, 30 Meter vom Auto entfernt, aus dem Erdboden eine Hand auf. Gruselig, wie aus dem Film *Carrie*. Zuerst glaubte ich, durch die Regenwand nicht richtig gesehen zu haben. Dann eine zweite Hand, dann ein Kopf, den ich eindeutig Mona zuordnen konnte. Hoffentlich folgte der Rest. Tat er! Eine derangierte Mona trottete, nachdem sie komplett dem Erdreich entstiegen war, Richtung Auto und ließ sich wortlos auf den Beifahrersitz plumpsen. Dann zog sie einen ihrer Schuhe aus und kippte einen Schwall Wasser auf die Straße, dieselbe Aktion wurde mit dem anderen Schuh vollzogen.

»Was für eine Scheiße! Stell dir vor, ich war plötzlich weg.«

Hatte ich bemerkt.

»Da war plötzlich ein Graben.«

Holland ließ grüßen!

»Den hab ich nicht gesehen.«

Dito.

»Der war voller Wasser.«

Ah ja – deswegen die Schuhe.

»Aber ich hatte Deckung.«

Konnte ich bestätigen.

»Ich bin so erleichtert.«

War ich auch.

»Jetzt geht's mir wieder gut.«

Dito.

Eine treue Stadt, die mich immer bucht, ist Götzis in Vorarlberg, Österreich. Die Burgruine Neu-Montfort ist das Wahrzeichen des kleinen Städtchens, dann gibt es noch das Jonas-Schlössle und die Kulturbühne Am Bach, die im Jahr 2000 eröffnet wurde und 600 Leuten Platz bietet, ein super Haus, in dem ich immer gern gespielt habe. Für Kabarett weicht man in einen kleineren Nebensaal aus, der mit 350 Plätzen bestuhlt werden kann.

Mona und ich erreichten die Stadt relativ früh. Da Götzis zum Bummeln und Shoppen für uns wenig zu bieten hatte, beschlossen wir, uns auf Wanderschaft zu begeben und die schöne

Gegend zu erkunden. Angetan mit Wanderstiefeln und regenfester Kleidung begannen wir, uns in die österreichische Botanik zu schlagen. Wir quatschten und quatschten und quatschten, mal ging es rechts, dann wieder links, Hügel rauf, dann wieder runter, irgendwann mussten wir klettern und quatschten, quatschten, quatschten (Frauen werden jetzt ein verständnisvolles Lächeln auf den Lippen haben, Männer missbilligend den Kopf schütteln). Inzwischen ging es nur noch bergauf, steil bergauf. Wir klebten plötzlich an einer Steilwand. Für einen geübten Kletterer wahrscheinlich ein Witz, mein Vater, der bei den Gebirgsjägern gedient hat, pflegte dann immer zu sagen: »Da fährt meine Oma mit dem Fahrrad drüber«, doch Mona und ich fanden es nicht witzig, da wir beide unter akuter Höhenangst leiden. Bei mir fängt der Schwindel ab einer Höhe von zwei Metern an, und ab einer Höhe von zehn Metern springe ich mit Juchhe in die Tiefe oder liege platt auf dem Boden, erstarrt in völliger Bewegungslosigkeit. Leiser Nieselregen setzte ein und machte die Situation nicht besser. Es galt, einen Steg zu erreichen, der ungefähr drei Meter lang und einen halben Meter breit war und in circa fünf Metern Höhe über einen rauschenden Wildbach führte.

Mona gab die Atmung vor: »Tief einatmen, ausatmen, einatmen, nur nach oben schauen!« So lotste sie mich zum Steg. Ich würde einen Teufel tun und das Höllending freihändig überqueren. Sie kroch auf allen vieren voran, doch diese Technik schien mir zu gefahrenlastig, ich beschloss, mich auf meinen Allerwertesten zu setzen und auf dem schlammigen Boden hinüberzurutschen. Inzwischen floss uns das Wasser den Rücken hinunter, die Haare klebten am Kopf, wir fluchten und lachten gleichzeitig. Gott sei Dank war niemand in der Nähe, denn im Zeitalter der Smartphones wären wir ein Hit auf YouTube geworden.

Endlich war es geschafft, wir waren heil am anderen Ende angekommen. Unsere Wirtin hatte etwas von einem Rundweg von anderthalb Stunden gefaselt, wir waren aber schon gute drei Stunden unterwegs. Normalerweise verfüge ich über einen guten Orientierungssinn, aber durch unser Gequatsche hatte ich weder auf die Richtung noch auf den Weg geachtet (die männlichen Leser haben jetzt ein hämisches Grinsen im Gesicht, die Frauen ein verständnisvolles). Während wir wie zwei kopflose Hühner durch den Wald irrten, kam uns das Glück in Form eines Jägers entgegen. »Wo bitte liegt Götzis?« Er musterte uns von oben bis unten, wir müssen wirklich bedauernswert ausgesehen haben, dann schickte er uns in die zu unserer jetzigen Laufrichtung entgegengesetzte Richtung – nicht auszudenken, wenn wir einfach weitermarschiert wären: »Noch eine Stunde immer geradeaus. Aber beeilen Sie sich, damit die Vorstellung pünktlich beginnen kann, ich freu mich schon.«

Wir schafften die Strecke in 45 Minuten, ich war völlig aus der Puste. Mit meinen kleinen Beinchen hatte ich Mühe gehabt, mit Mona mitzuhalten. Wir schworen uns für die Zukunft, Ausflüge nur noch innerhalb von Stadtgrenzen zu unternehmen.

Kennen Sie Barby? Ich meine nicht die langbeinige, großbusige Plastikpuppe, an deren Klamotten und Lifestyle sich eine ganze Generation kleiner Mädchen desorientiert hat, sondern eine kleine Stadt in Sachsen-Anhalt, die an der Elbe liegt. Begegnen Ihnen Autos mit den Kennzeichen SLK, ASL, BBG, SBK oder SFT sind Sie richtig. Barby wurde erstmals 961 als »barbogi« erwähnt, was so viel heißt wie, »Ort an der waldlosen Flusskrümmung«. Bis dato hatte ich noch nie im Osten gespielt, man hatte uns nie gebucht. Umso mehr freute ich mich, als der Anruf kam. Es gab nur ein Problem. Mona und ich würden zwar gemeinsam nach Barby fahren, aber da ich am nächsten Tag in Halle für den *Polizeiruf 110* vor der Kamera zu stehen hatte, würde ein Fahrer mich direkt nach der Vorstellung abholen. Mona würde übernachten und dann den Heimweg allein antreten müssen.

Wir hatten weder eine Ahnung, wo Barby lag, noch, was uns erwarten würde. Von 250 Plätzen war die Rede gewesen und die Gage stimmte. Also nix wie hin. Der Kunsthof entpuppte sich als ein hübsches Gebäude, der Veranstalter empfing uns sehr freundlich und zeigte uns die Bühne. Bei Wikipedia finden Sie unter der Bezeichnung »Bühne« an erster Stelle folgende Erklärung: Eine Konstruktion, auf der darstellende Künstler auftreten. In Barby traf das Wort »Konstruktion« voll ins Schwarze. Man hatte auf kleinstem Raum mehrere Holzpaletten zusammengebastelt, auf denen wir uns kaum umdrehen konnten. Des Weiteren fand ich die Erläuterung: In alemannischen Dialekten bedeutet »Bühne«

so viel wie Dachboden. Wieder richtig! Man musste eine steile Treppe erklimmen, denn der Zuschauerraum war unter dem Dach, juchhe, und bestand aus einem großen Raum, in dem vereinzelte Holzbalken standen, die das Dach abstützten (super für die Sicht). Dann wäre da noch folgende Funktion: ein wichtiger Bestandteil des psychotherapeutischen Handlungsraums im Psychodrama. Hoho, wieder richtig! Denn eine Therapie hatten wir dringend nötig, nachdem wir ... doch dazu später.

Wir begannen, unsere Stühle und Requisiten nach oben zu schaffen. Die Beleuchtung bestand aus vier Scheinwerfern, somit fiel eine künstlerische Lichtgestaltung flach. Nachdem wir die Bühne eingerichtet hatten, wollten wir uns den Garderoben zuwenden. Normalerweise befinden sie sich im Keller oder hinter der Bühne. Keller gab es keinen und hinter der Bühne befand sich eine stabile Wand. Wir stolperten zum wiederholten Mal die Treppe hinunter (Treppensteigen soll ja gesund sein) auf der Suche nach dem Veranstalter. Im Erdgeschoss, gleich neben dem Eingang, befand sich eine kleine Bar, an der das Publikum sich während der Pause verlustieren konnte. Auf der gegenüberliegenden Seite stand ein Campingtischchen, dahinter ein Klappstuhl. Diese Einrichtungsgegenstände fungierten als Kartenverkaufsstelle. Direkt daneben befand sich eine Tür, die in einen großzügigen Raum führte, ausgestattet mit fast bis an den Boden reichenden Fenstern. Einsam und verlassen standen zwei Tische an den Wänden, zusätzlich gab es noch zwei Hocker und als Sahnehäubchen einen Kleiderständer. Ah, unsere Garderobe. Netterweise hatte man eingeheizt.

Die erste Frage von Mona lautete: »Wo ist die Toilette?« Nichts ist nämlich unangenehmer und beschämender, als sich in der Pause durchs Publikum quälen und sich zusammen mit aufgebrezelten Damen anstellen zu müssen, die einen misstrauisch beäugen. Glauben Sie ja nicht, dass man Sie vorlässt, stattdessen befinden Sie sich in den Fängen von Fans, die Sie mit Fragen ausquetschen wie eine überreife Zitrone, denn wann bietet sich schon mal eine Situation, in der man mit seinem Star auf gleicher, sehr menschlicher Ebene kommunizieren kann. Ich betete inständig, dass man uns eine eigene Toilette zugewiesen hatte, doch die Antwort auf Monas Frage haute mich um. »Wir haben hier kein Klo. Sie müssen wie alle anderen über den Hof gehen, circa 150 Meter, dort befindet sich das Altersheim, die haben Toiletten.«

Hatte der Gute eine Vollmeise? Es war Ende November, scheißkalt, wir würden verschwitzt sein und die Kostüme bedeckten nur zum Teil unsere Extremitäten. Ich sah uns schon mit Lungenentzündung dahinsiechen.

»Das geht nicht!« Mona kollabierte fast. Wir hatten nicht mal ein Waschbecken, das zur Not herhalten konnte.

»Bisher gab es keine Beschwerden«, konterte der Gute.

»Es gibt immer ein erstes Mal«, schnappte Mona zurück, »lassen Sie sich was einfallen.« Um ihre Nerven zu beruhigen, beschloss Mona, eine rauchen zu gehen, und ich, mich umzuziehen. Ich ließ meine Hüllen fallen, war fast nackig, als Mona in die Garderobe gestürmt kam. »Bedeck deinen Busen, man kann dich von draußen sehen!«

Mist! Die Fenster hatten keine Vorhänge und das Publikum hatte begonnen einzutrudeln. Ich kauerte mich in eine Ecke, während Mona mit unseren Mänteln versuchte, die Fenster zu verhängen. Da klopfte es an der Tür und der Veranstalter präsentierte uns einen fahrbaren Toilettenstuhl, den er aus dem Altersheim entwendet hatte. Stolz wie Bolle fuhr er das Teil in unsere Garderobe. Wir starrten ihn sprachlos an. Als Schauspieler muss man leidensfähig sein und mit jeder Situation klarkommen, ABER ... Ich mag Mona ... wirklich, ABER mich vor ihren Augen entblößt auf dieses Ding zu setzen, plätschernde Geräusche von mir zu geben, das war zu viel verlangt. Ihr ging es nicht anders. Seinem Gesichtsausdruck nach begann der Veranstalter soeben, uns in die Kategorie »schwierig« einzuordnen. Außerdem verlangten wir zusätzlich Handtücher, um die Fenster blickdicht zu machen. Er verschwand, um kurze Zeit später mit einem Paravent und besagten Handtüchern wieder aufzutauchen. Den Paravent stellte er vor den Toilettenstuhl und mit den Worten »Und wegen der Geräusche – singen Sie einfach laut!« verschwand er.

Wir schoben den Stuhl in die hinterste Ecke, um wenigstens ein bisschen Intimsphäre aufkommen zu lassen. Vor der Vorstellung ist das Pipilassen eine Pflicht, in den hängenden Eimer unterhalb der Sitzfläche passte circa ein Liter, Mona allein füllte diesen zu zwei Dritteln, ich musste also genau berechnen, wie viel ich zulassen durfte, damit das Ding nicht überschwappte. Jedes Mal, wenn eine von uns den Stuhl benutzte, sangen wir lauthals unsere Eröffnungsnummer. In der Pause musste der Eimer geleert werden. Ich schnappte ihn und bahnte mir, vorsichtig balancierend, einen Weg durch die Menge. Es war mir ziemlich egal, was die Leute dachten. Dann schüttete ich meine Fracht neben der Eingangstreppe in den Garten oder zu mindestens dahin, wo ich eine Grünfläche vermutete.

Die Vorstellung kam hervorragend an. Das Publikum war von uns begeistert und wir vom Publikum. Während des zweiten Teils war die Außentemperatur unter null gesunken, ich begann, mir etwas Sorgen wegen meiner Fahrt nach Halle zu machen. Doch Thomas, mein netter Fahrer, der im Publikum gesessen hatte, beruhigte mich.

Während wir zusammenpackten, hörten wir von draußen Schmerzensschreie. Wir schickten Thomas nach vorn, um uns zu berichten, was passiert war. Laut seiner Aussage waren mehrere Personen auf ihrem Weg zum Parkplatz neben der Treppe auf einer Eisplatte ausgerutscht. Ups, ich hatte den Eimer an genau dieser Stelle zweimal entleert, war wohl doch keine Grünfläche gewesen.

Barby ist mir unvergessen und im Nachhinein betrachtet bin ich ja fast geneigt zu sagen: So ein Toilettenstuhl ist eine wirklich gute Erfindung!

Die *Weihnachtshexen* haben wir fast 80 Mal mit großem Erfolg gespielt. Zum Schluss war das Programm perfekt. Irgendwann, liebe Mona, ziehen wir das noch mal durch, denn Frau Dr. Gürtler und die oide Schnappinger waren zu gut, um sie in der Versenkung verschwinden zu lassen.

Alle Veränderungen, sogar die meistersehnten,
haben ihre Melancholie. Denn was wir hinter uns lassen,
ist ein Teil unserer selbst. Wir müssen einem Leben
Lebewohl sagen, bevor wir in ein anderes eintreten können.

Anatole France (1844–1924), französischer Dichter

Bella Donna

Stefan Vögel (geb. 1969)

Es gibt, glaube ich, im Moment keinen Autor, der so viel im deutschsprachigen Raum gespielt wird wie Stefan Vögel. Ich stand schon mit seiner Schwester Maria in den Achtzigerjahren in Wunsiedel auf der Bühne. Das Stück *Bella Donna* sah ich bei seiner Uraufführung in Götzis und war begeistert. Die Rolle war mir wie auf den Leib geschneidert. Sechs Personen, ideal für Tournee. Mit dem Verlag wurden wir uns schnell einig. Die Besetzung war auch schnell gefunden.

Zum Inhalt: Männermordendes Biest namens Carmen, ihres Zeichens prominente Kochbuchautorin, entsorgt pünktlich an Silvester und im Zweijahrestakt ihre Lover. Der Neue bekommt im Champagner erst mal einen Kräutermix verabreicht, der ihn zu erotischen Höhenflügen anspornt, während der Alte kurz vorher mit Belladonna um die Ecke gebracht wird. Die Leichen werden in eigens angelegten Hochbeeten verbuddelt und von den Hunden wieder ausgebuddelt. Ansonsten geben die Leichname hervorragenden Dünger für selbst gezogene Kräuter und organisches Gemüse her. Durch den unerwarteten Besuch der Tochter und deren Verlobten gerät Carmens Zeitplan etwas durcheinander. Dann mischt auch noch der zukünftige Schwiegerpapa mit.

Der neue Lover hat ein Geheimnis, der alte ersteht von den Toten auf. Alles kommt zu einem guten Ende. Die Tochter heiratet, der neue Lover, der sich als Kriminaler entpuppt, gesellt sich am Ende zu den anderen ins Hochbeet.

Mein Onkel Holger Schwiers gab den Kriminaler, Lesley Higl meine Tochter, Michael Fleddermann den wiedererweckten Toten, Frank Hangen den Verlobten, Dirk Bender den Schwiegervater. Die Technik fuhr Christian Vosswinkel.

In der Originalfassung ist von zwei Hunden die Rede, Castor und Pollux, die die Toten immer wieder ausbuddeln, ich veränderte den Text dahingehend, dass es sich nur noch um einen Hund handelte, dem ich den furchterregenden Namen »Ripper« verpasste. Ripper war während der Vorstellung nur akustisch anwesend durch Knurren und Gebell. Den Lauten nach, die einem das Blut in den Adern gefrieren ließen, musste es sich um einen mutierten Tyrannosaurus Rex handeln. Zum Schlussapplaus holte ich mit ausladender Geste den mysteriösen Ripper auf die Bühne, angewackelt kam Rosi, mein winziger Chihuahua-Yorkshire-Mix. Sie sieht wie eine aufgeplatzte Bürste oder ein genetisch verändertes Meerschweinchen aus. Sie bekam mit Abstand den größten Lacher und den meisten Applaus. Lesley holte sie immer kurz vor Schluss aus der Garderobe und warf sie dann auf die Bühne (ich höre den Aufschrei), okay, schubste sie auf die Bühne. Besonders schön war, wenn sie dem Publikum demonstrativ ihr Hinterteil zuwandte und gar nicht daran dachte, mitzuspielen. An guten Tagen allerdings kam sie bis vor an die Rampe, setzte sich und nahm hoheitsvoll ihren Applaus entgegen. Sie kann ein richtiges Mistvieh sein. Sie hasste das Tourneeleben und hat mir nicht nur einmal aus Protest in meinen Koffer gepinkelt. Irgendwann gab ich mich geschlagen und ließ sie bei meinen zwei anderen Hunden Buddy und Fips zu Hause. Ich sag's ja – Weiber! Ein schöner Übergang zu Lesley.

Lesley ist wirklich eine sehr schöne junge Frau mit einer atemberaubenden Figur. Kein Wunder bei der Nahrungsaufnahme. Veganerin mit Lactoseallergie. So was kommt gut auf Tournee. Da merkt man erst, wie fleischlastig in Deutschland gelebt wird. Durch Lesley, die in meinem Auto saß, lernten wir alle McDonald's-Filialen Deutschlands kennen, da es dort den laktosefreien

Chai (Tee) gibt. Auf einer Tour beginnt man solche Schnellrestaurants echt zu schätzen, da sie bis spät in die Nacht geöffnet sind.

Wir litten unter Lesleys beschränkter Nahrungsaufnahme und sie litt unter Liebeskummer. So was kommt auch nicht gut. Tournee ist ja schon bei einer gefestigten Beziehung gefährlich. Ich versuchte, mit Rat und Tat zur Seite zu stehen, aber auch meine Mittel sind begrenzt. Am liebsten hätte ich ihrem Kerl den Kopf abgerissen, denn es hatte sich so etwas wie eine Mutter-Tochter-Beziehung entwickelt und Lesley tat mir aufrichtig leid, da ich auch schon mehrmals durch das Tal der Tränen geschritten war.

Wir waren ein gutes Team und harmonierten. Es war fast langweilig zu nennen. Ich weiß nicht, woran es lag, an den Schauspielern oder an den verbesserten Bedingungen? Aber Zusammenkünfte nach der Vorstellung waren selten, da sich alle Herren immer schnell in ihre Zimmer verzogen. Michael, um Texte fürs Radio zu schreiben, Holger, der sein Süppchen auf dem Zimmer aß, Dirk wanderte gern noch nachts durch die Gegend, und Frank telefonierte stundenlang mit seiner Lebensgefährtin. Die Hotels waren durchweg gut und der Computer ersetzt in der heutigen Zeit Gespräche. Eigentlich traurig.

Mir war bewusst, dass es sich bei *Bella Donna* um eine der letzten Tourneen sowohl für Das Ensemble als auch für mich handeln würde. Auf dieser Tour würde ich 50 werden. Für mich ein echter Einschnitt. Ich hatte meine Mutter gebeten, mir eine Woche frei zu geben. Nachdem ich fast alle runden Geburtstage in irgendwelchen Kleinstädten gefeiert hatte, wollte ich diesen speziellen Tag mit meinen Freunden zu Hause verbringen. Niemand hatte jedoch damit gerechnet, dass sich die Städte um das Stück geradezu reißen würden, und meine freien Tage schwanden dahin. Meine Mutter kann sehr überzeugend sein und so knickte ich ein und gab die Woche zähneknirschend für Buchungen frei.

Als sie mir allerdings mitteilte, ein Autobahnhotel an meinem Jubeltag gebucht zu haben, war's mit meiner Gutmütigkeit schlagartig vorbei. Ich tobte. Aller Frust entlud sich über dem Haupt meiner armen Mutter, die mir immer wieder versicherte, dass das Hotel, obwohl neben der Autobahn gelegen, wirklich schön sei. Diesmal blieb ich knallhart, ich bestand auf einem

Edelschuppen. Das ist aber auf einer Tournee gar nicht so einfach, vor allem, wenn der Spielort sich im Nirwana befindet und man schon vor Freude in die Hände klatscht, wenn es einen annehmbaren Landgasthof gibt. Meine Mutter fand 30 Kilometer entfernt ein mit vier Sternen ausgezeichnetes Hotel (besagt gar nichts), das, wie sie hoffte, meinen Ansprüchen genügen würde.

Je näher der Tag rückte, an dem ich endgültig die magische Grenze zum Altsein überschreiten würde, umso panischer, gereizter, hysterischer wurde ich. Nein, ich hab die 50 nicht gut genommen. Überhaupt nicht! Ich war unausstehlich! Ich, die ich immer getönt hatte, Alter gibt es nicht, mutierte zu einem Häufchen Elend. Mona, die ein Jahr älter ist und schon durch das Tal des Todes geritten war, tröstete mich. »Du wirst sehen, am nächsten Tag ist alles vorbei und es wird toll. 50 sein ist geil! Freu dich!«

Ich wollte es weder toll noch geil finden, ich wollte mich verkriechen und leiden. Zwei Wochen vor meinem Geburtstag fingen meine hysterischen Anfälle an und die Kollegen begannen, mir aus dem Weg zu gehen, mein Mann verbat es sich, am Telefon nur angeschrien zu werden, und meine Mutter redete nur noch das Nötigste mit mir. Ich befand mich in der Isolation und garte im eigenen Saft. Dann war es soweit.

Ich kann mich nicht mehr an die Stadt erinnern, wohl aber an das Hotel. Meine Mutter war aus München angereist und hatte meinen Mann im Gepäck. Überraschung! Das Hotel entpuppte sich als riesiger, leicht angegammelter Kasten, umgeben von einem Park. Meine Mutter beteuerte später immer wieder, sie hätte keine Ahnung gehabt, dass es sich um eine Rehaklinik handelte, die auch Zimmer vermietete. Das erhöhte meinen Depressionsspiegel um einiges. Lauter alte Leute schlurften an Krücken durch die düstere Lobby oder saßen auf Rollstühlen vor dem Eingang und zogen gierig an ihren Zigaretten. Bei der Einrichtung des Etablissements hatten die Architekten nicht an dunklem Holz gespart und der Inneneinrichter war offensichtlich ein großer Fan von Blumenornamenten und Samt. Die riesige Lobby strahlte in farbenfrohem Design. Die Farben Schwarz, Dunkelbraun, Dunkelgrün, Lila und Dunkelblau waren vorherrschend und schlugen direkt aufs Gemüt. Mit einem Wort – scheußlich! Vielleicht wäre das Autobahnhotel die bessere Wahl gewesen. Zu spät!

Nach der Vorstellung wollte ich alle ins hoteleigene Restaurant einladen und in meinen Geburtstag hineinfeiern. Da hatte ich aber die Rechnung ohne den Wirt gemacht. Das Restaurant schloss um 21.30 Uhr seine Pforten, da die mehr oder weniger versehrten Reha-Patienten früh zu Bett wankten. Wenigstens kam man uns so weit entgegen, in der Lobby Häppchen zu servieren. Das Autobahnhotel wäre definitv die bessere Wahl gewesen!

Fassen wir zusammen. Alle meine runden Geburtstage habe ich in irgendwelchen Provinznestern weit weg von zu Hause gefeiert, in mehr oder weniger annehmbaren Hotels (am schönsten waren immer die urigen Landgasthäuser), aber noch nie, wirklich noch nie, in einer *Lobby*, in der sich höchstens die Addams Family wohlgefühlt hätte. So hatte ich mir meinen Geburtstag wahrlich nicht vorgestellt. Mein Stimmungsbarometer sank und sank und sank. Selbst die Anwesenheit meines Mannes konnte mich nicht aufheitern. Die Kollegen hatten Angst vor mir und meine Mutter strahlte mit jeder Pore aus, dass das Autobahnhotel tatsächlich die deutlich bessere Wahl gewesen wäre.

Nach der Vorstellung trafen wir uns alle in besagter Lobby. Mein Mann hatte Champagner bestellt, und ich ging daran, die Geschenke auszupacken. Eine entfernte Verwandte (diese Person muss aus verfolgungsrechtlichen Gründen geschützt werden) hatte meiner Mutter einen Schokoladenkuchen für mich mitgegeben, der vor allem meinem Mann sehr gut mundete, er vertilgte gleich drei Stücke. Man sollte Glückwunschkarten lesen, bevor man das Geschenk auspackt oder gleich zum Verzehr freigibt. Meine liebe Verwandte hatte das Theater um meinen Fünfzigsten mitbekommen und hatte mir einen speziellen Kuchen gebacken, in dem sie stimmungsaufhellende Ingredienzien verarbeitet hatte. Wahrscheinlich hatte sie gehofft, dass ich dann um Mitternacht derart weggetreten oder happy sein würde, dass ich den Übergang in mein 51. Lebensjahr gar nicht mitbekommen würde. War ja an sich ein ehrenwerter Ansatz. Nur leider hatte die Portion, die für mich bestimmt war, mein Mann intus, der ein erklärter Gegner jedweder Drogen ist. Als ich die Glückwunschkarte las, war es schon zu spät. Meine Mutter, das personifizierte schlechte Gewissen, schenkte mir einen Fiat 500, der erste, der in Deutschland vom Band gelaufen ist. Ich gebe zu, ich bin bestechlich, und dieses mehr als großzügige Geschenk begann mich allmählich mit dem Hotel und der Tatsache, in der Lobby feiern zu müssen, zu versöhnen.

Ich hatte über der Aufregung nicht mehr an meinen Mann gedacht. Jochen ist eher der Typ knallharter Geschäftsmann. Plötzlich hörte ich neben mir seltsame Geräusche, die aus seinem Mund zu kommen schienen. Es klang wie … Kichern! Mein Mann kichert nie. Besorgt fragte ich: »Geht's dir gut?«

»Klar *(unterdrücktes Kichern)*, super *(lautes Auflachen)*, echt gut *(ernst)*.«

»Ist dir klar, dass du völlig stoned bist?«

»So ein Blödsinn, ich merke gar nichts *(Grummeln)*! Null *(lautes Lachen)*!«

»Du kicherst und lachst die ganze Zeit.«

»Ich lache nicht *(Losprusten)*.«

Es wurde noch ein sehr schöner Abend, das einzige störende Element waren die völlig unmotivierten Heiterkeitsausbrüche meines Mannes, der, als wir endlich im Zimmer waren, wie tot auf's Bett fiel und die Nacht tief und fest durchschnarchte. Bis heute behauptet er, nichts von dem Haschkuchen gespürt zu haben, dabei habe ich Zeugen. Den Fünfzigsten habe ich unbeschadet überstanden und ich muss Mona in allen Dingen recht geben. Was für ein tolles Alter! In zwei Jahren werde ich 60 … tja meine Lieben, schnallt euch an.

Die Rolle der Carmen war anstrengender als gedacht und begann zu zehren. Das Wetter war durchweg grauenhaft. Wir fuhren durch Schneestürme, umschifften Megastaus, oft waren die Zimmer lausig kalt, die Mannschaft begann zu kränkeln. Ich habe eine Natur wie ein Pferd und bin fast nie krank, doch diesmal erwischte es mich voll. Es begann schon vor der Premiere in dem gruseligen Hotel, das meine Mutter seit Jahrzehnten buchte und das mit uns in die Jahre gekommen war. Der Schimmel kroch die Wände hinauf und bescherte mir den ersten allergischen Anfall meines Lebens. Ich bekam keine Luft mehr und rotzte und hustete mir die Seele aus dem Leib, da half nur ein Umzug.

Als wir in Hamburg gastierten, kam meine Freundin Christine zu Besuch, natürlich umarmten wir uns herzlich. Zwei Tage später kam der Anruf ihrer Tochter, die Schweinegrippe hätte ihre Mutter erwischt, sie hätte sich aber bei ihrem Besuch schon nicht wohlgefühlt, dies sei eine Warnung. Kein Thema, dachte ich bei mir, ein Schauspieler wird nie krank, vor allem wenn er ein paar Saisonen Freilicht gespielt hat. Wie man sich irren kann!

Noch während ich diese hirnrissigen Gedanken in meinem Kopf formatierte, schlug der Virus zu, unvermittelt und schlagartig. Wir hielten uns in Buxtehude auf. Ich schob gerade meinen Einkaufswagen durch einen Aldi, als mich ein Schwächeanfall niederstreckte. Die Beine gaben einfach unter mir nach, gefolgt von einem Schweißausbruch. Ich konnte das Fieber spüren, wie es in meine Knochen kroch. Mit letzter Kraft schleppte ich mich zurück ins Hotel und rief verzweifelt Holger an. Sofort packte er mich ins Auto und fuhr mich ins Krankenhaus. Dort herrschte Ausnahmezustand. So etwas habe ich noch nie erlebt. Ich wurde auf ein Bett gelegt und im Gang geparkt, direkt neben der großen Schiebetür, durch die die Notfälle transportiert wurden. Draußen herrschte Eiseskälte und jedes Mal, wenn sich die Tür öffnete – und das geschah andauernd –, kam ein Schwall eiskalter Luft herein und pfiff durch den Gang.

Ganz Buxtehude musste krank sein, ich war nicht die Einzige, die in diesem zugigen Gang dahinsiechte, und es wurden minütlich mehr. Es gab keine Decken mehr und inzwischen fror ich erbärmlich, meine Zähne klapperten nur so aufeinander. Wenn ich hier weiter verharren würde, wäre mir der Erfrierungstod sicher. Ich musste hier raus, sofort!

Inzwischen patrouillierte ein Arzt den Gang entlang. Ich hatte es geschafft, mich aufzusetzen, als er an mein Bett trat.

»Na, was haben wir denn?«

Wegen meiner geschwollenen Zunge konnte ich kaum reden. »Gripfe, vermupflich.«

Er griff nach meinem Handgelenk und fühlte meine Stirn. »Sehr hohes Fieber, erhöhter Puls. Hatten Sie Kontakt mit einer Person, die die Schweinegrippe hatte?«

»Ja.«

»Dann müssen Sie hierbleiben. Leider sind wir komplett überfüllt und Sie müssten die Nacht hier im Gang verbringen.«

Mein sicherer Tod!

»Die Schwester bringt Ihnen eine Decke *(immerhin)* und gibt Ihnen eine Spritze *(bei meiner Phobie – never ever)*.«

»Ich musch schpielen heute Apfend.«

»Sie müssen was? Sind Sie Schauspielerin? Hahaha, das können Sie sich abschminken.«

Arsch! Wegen mir war noch NIE eine Vorstellung ausgefallen, noch NIE! Kaum war das Gespann um die Ecke verschwunden, rief ich Holger an: »Hol misch ab, sopfort.« In diesem Chaos bemerkte niemand meinen Abgang. Schlotternd wartete ich auf dem Parkplatz. Mein Fieber stieg und stieg. Holger steckte mich sofort ins Bett. Lesley hatte es vor mir gehabt, nur nicht so schlimm. An Spielen war gar nicht zu denken.

Meine Mutter wurde informiert und zum ersten Mal in meiner Karriere wurde eine Vorstellung wegen mir abgesagt. Ich war am Boden zerstört, mein Verfall fing an. Drei Tage mussten wir in Buxtehude ausharren, bis es mein Zustand erlaubte, mich wieder ins Auto zu setzen. Sollte ich so meine Tourneezeit beenden?

Im wunderschönen Münster, dieser Traumstadt, erwischte mich eine Magen-Darm-Grippe, in Saarlouis krümmte ich mich vor Zahnschmerzen und in Butzbach hatte ich eine Ohrenentzündung. Aber ich überlebte. Die Tour war ein voller Erfolg gewesen und so beschloss meine Mutter eine Wiederholung.

Ein Jahr später starteten wir noch einmal durch, allerdings mit einer etwas anderen Besetzung. Lesley hatte einen Festvertrag bei einer Theaterkompanie bekommen und war inzwischen glücklich mit einem Kollegen liiert, für sie übernahm Liza Riemann die Rolle des Töchterchens. Dirk spielte in Ingolstadt, für ihn sprang Ingo Neise ein, ein altgedienter Ensemble-Schauspieler. Michael konnte aus persönlichen Gründen nicht mehr mitmachen, so übernahm Frank die Rolle des dahingemeuchelten und wiederauferstandenen Liebhabers, da er sich für die Rolle des Verlobten inzwischen zu alt fühlte. Den Verlobten gab jetzt Johann Anzenberger. Bis auf ihn waren alle schon mit uns getourt.

Premiere sollte in Hameln sein und schon ging es wieder los. Das Hotel, in dem wir wohnen sollten, war ein uralter Kasten mit winzigen Zimmern. Kaum hatte ich die Bruchbude betreten, meldete sich meine Lunge. Wieder hustete und rotzte ich, was das

Zeug hielt – es ging gar nicht. Mein Aufenthalt beschränkte sich genau auf zehn Minuten, dann verließ ich fluchtartig die Unterkunft. Liza und Frank kamen mir entgegen und wunderten sich nicht schlecht, als ich völlig aufgelöst an ihnen vorbeistürmte. Meine Mutter, die als Regisseurin zeichnete, wohnte auch dort. Wir waren in HAMELN! Da gab es bestimmt angenehmere Hotels als diese Kiste! Aber meine Mutter hatte schon immer einen fatalen Hang zu familiengeführten Hotels.

Google ist toll! Ich fand ein wunderschönes Hotel, nicht weit entfernt vom Theater, in das ich mich umgehend einbuchte. Alles war besser, als von einer Allergie dahingerafft zu werden. Meine Mutter zahnte zwar etwas, musste aber nachgeben. War ja ein vielversprechender Anfang dieser Tour. Nach diesem Vorfall buchte uns meine Mutter nur noch in feinsten Adressen, was leider auch nicht immer gut ankam.

Wir hatten drei Tage in Aachen, davon zwei frei. Aachen ist bekannt für seine bis in die Jungsteinzeit zurückreichende Geschichte. Der Aachener Dom wurde gemeinsam mit dem Domschatz 1978 als erstes deutsches Kulturdenkmal und zweites Kulturdenkmal weltweit in die Welterbeliste der UNESCO aufgenommen. Karl der Große residierte dort. Seine Gebeine befinden sich im Dom. Das Rathaus, das Grashaus, Haus Löwenstein, das Büchelpalais – die gesamte Innenstadt trieft nur so von Geschichte. In ganz Europa gibt es kein größeres zusammenhängendes Krankenhausgebäude als das Universitätsklinikum Aachen. Man freut sich immer ganz besonders, wenn man mal in den Genuss einer größeren Stadt kommt und dann auch noch spielfrei hat – und Aachen lohnt sich wirklich. Noch dazu würden wir dort Bergfest feiern.

Ich googelte eine Woche vorher das Hotel und fand heraus, dass es an einer Ausfallstraße circa 15 Kilometer vom Zentrum entfernt lag. Ging gar nicht! Wir wollten schließlich ins Stadtinnere und uns nicht mit den anderen um die Autos streiten müssen. Nach Absprache mit den Kollegen machte ich mich daran, nach einem Hotel in der Innenstadt zu suchen, das auch zu unseren Preisvorstellungen passen würde. Meine Mutter war zwar stinksauer, das andere Hotel absagen zu müssen, aber wir setzten uns durch.

Nun bringen Sie mal die Kollegen mit ihren unterschiedlichen Wünschen alle unter einen Hut. Holger wollte ein Zimmer mit Balkon, da Raucher. Johann und Liza bekamen Besuch, also Doppelzimmer. Frank wollte ein ruhiges Zimmer, nur Ingo war alles egal. Ich wurde bei Airbnb fündig, mitten in der Innenstadt, ruhig gelegen in einer Sackgasse, Parkhaus um die Ecke. Es handelte sich um ein vierstöckiges schmales Gebäude, auf jedem Stockwerk befand sich ein Zimmer, jeweils nach vorne zur Straßenseite oder nach hinten auf den Innenhof, ausgestattet mit einer kleinen Küche. Holger im obersten Stock fluchte nicht schlecht, da man einen Lift vergeblich suchte. Er hatte zwar ein großes Zimmer, das sich aber nicht verdunkeln ließ. Dafür erreichte er auf einer Hühnerleiter den versprochenen Balkon. Johann und Liza (zweiter und dritter Stock) hatten zwei enge Schläuche, aber ruhig. Frank und Ingo im Parterre bekamen zwei große Zimmer, aber leider zur Straßenseite hin und ich (erster Stock) hatte Glück (dachte ich) mit einem gemütlichen Zimmer zum Hof. Ich hatte kaum meinen Koffer aufs Bett geschmissen, als mich ein Anruf von unserem Techniker Christian ereilte, ich möge bitte sofort in den 20 Kilometer entfernten Spielort Alsdorf kommen, er hätte Probleme mit dem Aufbau.

Da es schon 15 Uhr war, musste ich meine Truppe, die in meinem Auto saß, wohl oder übel mitnehmen. Die Stadthalle Alsdorf sah eher wie eine Turnhalle aus, und als ich die Bühne betrat, wusste ich, dass wir hier in echten Schwierigkeiten steckten. Die Bühnenhöhe war ein Witz, höchstens vier Meter, wir benötigten aber Minimum fünf Meter, um unser Bühnenbild stellen zu können. Hier konnten wir, wenn überhaupt, nur Rudimente aufbauen und ansonsten mussten wir mit schwarzen Abhängen arbeiten. Unsere Türen würden wegfallen, die eigentlich dringend gebraucht wurden.

Wir stellten einzelne Wände, verschoben Blumenkästen, um zu kaschieren, bauten einen offenen Eingangsbereich, da die Türe fehlte. Am Ende sah es besser aus als vorher. Die Hälfte der Dekoration schlummerte noch im LKW. Da sieht man mal wieder: Oft ist weniger mehr. Nachdem wir die Übergänge wegen der fehlenden Türen geprobt hatten, konnten wir beruhigt in die Vorstellung gehen. Es ist grundsätzlich alles machbar!

Auf dem Weg zurück ins Hotel fühlte ich mich irgendwie unwohl. Kaum in meinem Zimmerchen angekommen, ging es auch schon los. Magen-Darm-Grippe, aber wie! Doch irgendwie wollten die Symptome nicht so richtig passen. Ich hatte vor der Vorstellung in einem veganen Restaurant noch schnell etwas gegessen. Die Bude war ziemlich verdreckt gewesen und das Essen hatte seltsam geschmeckt. Konnte man sich mit Tofu vergiften? Der herbeigerufene Arzt meinte: »Ja«, eindeutig eine Lebensmittelvergiftung! Die Nacht und den darauffolgenden Tag habe ich leidend auf meiner Toilette verbracht. Ich muss dazusagen, dass eine vegane Vergiftung nicht ganz so schlimm ist wie eine Fleisch- bzw. Fischvergiftung. Es ist im Übrigen bei diesem ersten und letzten Versuch geblieben, meine Ernährung auf vegan umzustellen, ich bleibe meiner Gesundheit zuliebe vegetarisch.

Das Hotel erwies sich als extrem hellhörig. Frank fluchte, da jeder an seiner Tür vorbeimarschierte und die Eingangstür sich mit einem lauten Knall schloss, der ihn jedes Mal aus dem Bett katapultierte. Holger hörte oben zwar nichts, baute aber sein Zimmer komplett um, da das gegenüberliegende Haus volle Einsicht in sein Gemach hatte – schließlich waren keine Vorhänge vorhanden. Liza und Johann konnten sich durch die Wände miteinander unterhalten, was die Intimsphäre empfindlich störte, und ich bekam die Kräche von meinen Nachbarn nebenan, die sich offensichtlich in einer Ehekrise befanden, voll mit. Hauptsächlich mitten in der Nacht und frühmorgens schlugen sie sich die Köpfe ein. Nur an Ingo perlte alles ab. Ziemlich geschlaucht reisten wir drei Tage später wieder ab (ich sehe meine Mutter triumphierend grinsen).

Weiter ging es nach Salzgitter, Niedersachsen. Salzgitter besticht nicht gerade durch Schönheit, da die Stadt aufgrund ihrer Eisenhütten im Zweiten Weltkrieg durch US-amerikanische und britische Bombardierung stark zerstört wurde. 1961 nahm die Zentrale Erfassungsstelle der Landesjustizverwaltungen ihre Arbeit auf. Sie hatte die Aufgabe, Hinweisen auf Gewaltanwendung an den Grenzen und im Strafvollzug der DDR nachzugehen. 1992 wurde sie nach getaner Arbeit aufgelöst. Die Behörde erfasste in den drei Jahrzehnten rund 42 000 Gewaltakte der damaligen DDR.

Wir wohnten in Salzgitter-Bad, etwa 15 Kilometer entfernt, in einem sehr schönen Hotel. Gespielt wurde in der Aula des Gymnasiums am Fredenberg in Salzgitter. Das Gymnasium liegt eingebettet zwischen Plattenbauten, eine seltsame Stimmung liegt in der Luft. Düster, alles ist Grau in Grau, der Beton strahlt Kälte aus, kein Ort, um sich wohlzufühlen. Wäsche flattert auf den Balkonen, Graffiti an den Wänden, dort wohnen viele Familien mit Migrationshintergrund. Der Hausmeister empfing uns freundlich mit den Worten: »Sperren Sie alles ab, fahren Sie die Autos direkt vor die Tür, hier wird geklaut.«

Während wir draußen standen, spielten ein paar Kinder Verstecken. Sämtliche Hautfarben waren vertreten. Ein kleiner Junge aus Ghana flüchtete sich auf die Bühne und wollte partout nicht gehen, bis der Hausmeister ihn ziemlich unsanft nach draußen setzte. »Ich kenne meine Pappenheimer, ich arbeite in der Sozialhilfe mit Jugendlichen zusammen, die sind mir hier alle bekannt. Ich versuche zu helfen, so gut es geht.« Wir würden zum wiederholten Mal unsere persönlichen Wertgegenstände auf der Bühne deponieren müssen.

Als wir in der Pause vor die Tür gingen, stand dort eine größere Truppe Jugendlicher zusammen, lässig an unsere Autos gelehnt. Unser Techniker Christian verscheuchte sie, da sie sich wohl an unserem Laster zu schaffen gemacht hatten. Der Kulturdezernent, der mit mir die Abrechnung machte, erzählte mir, dass die meisten Einheimischen nach Salzgitter-Bad gezogen wären, da ihnen hier nicht mehr wohl wäre und sie es als zu gefährlich empfinden würden. Ich muss ehrlich sagen, dass ich auch froh war, diesen Ort verlassen zu können, der so viel Traurigkeit, Verfall und Zukunftslosigkeit ausstrahlte. Und das Ganze nahm noch ein böses Ende: Die Jugendlichen, die Christian vertrieben hatte, kamen nach der Vorstellung wieder und verprügelten den netten Hausmeister, indem sie ihm einen Stuhl über den Kopf zogen. Christian war gegen diese Übermacht hilflos, konnte aber die Polizei rufen.

In Düren hatten wir eine ähnliche Begebenheit erlebt. Wir waren in dieser Stadt, so empfanden wir es zumindest, die einzigen Ausländer. Düren ist fest in türkischer Hand. Die Dame vom Hotel riet mir, auf keinen Fall zu Fuß in das 200 Meter entfernte Theater zu gehen, da man durch eine Unterführung musste und dort die hiesige Jugend abends herumlungerte, die es nicht gern sah, wenn Frauen ab 19 Uhr unterwegs waren. Ich ging trotzdem oder gerade deshalb und traf auf eine Gruppe von jungen Türken, die sich mir tatsächlich in den Weg stellten. Oh ... so was hab ich gern!

Ich möchte jetzt nicht den Disput im Detail wiedergeben, das würde zu lange dauern. In Kurzform lief es etwa so ab:

»He, eine gute Frau geht abends nicht mehr allein auf die Straße!«

»Es gehört zu meinem Beruf. Ich bin Schauspielerin.«

»Fernsehen oder was?«

»Kommt doch einfach mit!«

Das Ergebnis jedenfalls war, dass die Jungs alle in der Vorstellung saßen und hellauf begeistert waren. Sie brachten mich nach der Vorstellung bis zum Hotel und bedankten sich 1000 Mal. Kommunikation ist alles!

Meine letzte Vorstellung habe ich in Nordhorn, Niedersachsen gespielt. War ich traurig? Ja, aber auch erleichtert. Deutschland hat sich in den 37 Jahren, die ich getourt bin, stark verändert. Es ist bunter geworden! Einige Landstriche, etwa im Saarland oder in den neuen Bundesländern, fallen der Vergessenheit anheim, dort wandert die Jugend ab, andere wiederum erfahren einen kulturellen Wandel, sei es das große Berlin oder das kleine Bad Salzuflen. Viele wunderschöne Theater sind geschlossen worden. Den Städten fehlt das Geld, diese Kulturbetriebe weiterhin zu unterhalten. Auch unsere Situation hat sich verändert. Durch das vereinigte Europa gibt es andere Bestimmungen und Gesetze, die uns das Tourneefahren extrem erschweren, zum Beispiel die Anforderung, einen zweiten Tourneefahrer und Techniker (wegen der einzuhaltenden Pausen) dabei zu haben, die Benzinpreise sind uns davongaloppiert, Hotelkosten sind gestiegen, mit einem Wort, es lohnt sich nicht mehr für ein kleines Unternehmen, wie wir es sind. Meine Mutter ist nicht mehr die Jüngste und hat sich 2016 nach 70 Berufsjahren von der Bühne verabschiedet. Der Vorhang hat sich für Das Ensemble für immer geschlossen.

Theaterfachausdrücke

Um Ihnen mein Kauderwelsch zu verdeutlichen, gebe ich Ihnen einen Crashkurs in der Theatersprache.

Applaus: das Brot der Schauspieler.

Abstecher: kommt aus der niederländischen Seemannssprache (*afsteken*) und heißt, dass ein kleines Beiboot vom Schiff abgestoßen wird. Auf das Theater gemünzt bedeutet ein Abstecher, vom festen Haus aus andere Bühnen zu bespielen. Auf Tournee ist ein Abstecher, wenn man vom Hotel aus ausschwärmt und Bühnen im Umkreis von 100 Kilometern bespielt.

Bühne: von den Zuschauern abgegrenzte, meist erhobene Spielfläche. Haha, schön wär's! Ganz besonders toll, wenn der Zuschauer sich über die »Abgrenzung« hinwegsetzt und seine Füße oder Taschen auf dem Bühnenrand abstellt. Wir hatten auch schon Cola-Dosen und Chips dort liegen. Meine Mutter sagt immer: »Die Seite zum Zuschauerraum ist wie die vierte Wand.«

Bühnenbild: laut Theaterlexikon »Sammelbezeichnung für alle Versuche, eine entsprechende Inszenierung durch die Gestaltung des Bühnenraums künstlerisch zu unterstützen«. Besonders gefällt mir dabei das Wort »Versuch«, denn sehr oft bleibt es im realen Leben auch dabei. Ein Tournee-kompatibles Bühnenbild zu schaffen, ist eine wahre Kunst. Jeden Abend eine andere Bühne, mal lang, mal breit, mal hoch, mal gar keine Höhe, das Bühnenbild muss sich anpassen können. Doppelstöckige Bühnenbilder können der Horror sein, wenn die Bühnenhöhe so gar nicht stimmen will und man auf den Knien rutschend seinen Text von sich geben muss.

Bühnentechnik: sowohl die Bühnenausstattung mit technischen Geräten und Vorrichtungen als auch die Berufsgruppe der auf der Bühne nicht künstlerisch tätigen Personen. So die Idealvorstellung ... auf Tournee muss meistens auch der Techniker mitspielen, vor allem bei personenstarken Stücken. Manchmal sind wir ja schon froh, wenn es wenigstens ein paar Lampen gibt und ein anständiger Vorhang vorhanden ist. Man wird bescheiden als Tourneefahrer.

Blackout: das plötzliche Verdunkeln der Bühne. Passiert unfreiwillig öfter, als man denkt, vor allem bei altersschwachen Stromkreisen in Aulen oder Sälen, die an eine Gastronomie angeschlossen sind. Ansonsten zeigt der Blackout gern den Szenenschluss an oder das Ende des Stückes, damit es auch jeder kapiert.

Dernière: die letzte Aufführung einer Inszenierung an einem Spielort.

Ensemble: die gesamte Schauspielertruppe eines Theaters. Kommt aus dem Französischen und bedeutet »miteinander« ... kein Kommentar!

Gage: Entlohnung der Künstler. Normalerweise bekommt der Schauspieler sowohl am festen Haus wie auch auf Tournee eine Monatsgage. Nur Stars bekommen eine Abendgage.

Generalprobe: letzte Probe vor einer Premiere. Findet unter Aufführungsbedingungen statt. Auf Tournee sitzen in der Generalprobe meist die Bewohner von Altenheimen oder Freunde und Angehörige der Mitarbeiter. Läuft die Generalprobe gut, wird die Premiere scheiße, so der Aberglaube der Schauspieler. Auch darf man sich bei der Generalprobe NICHT verbeugen, das soll Unglück bringen.

Hänger: wenn dem Schauspieler kein Text mehr einfällt. Passiert meistens aus Nervosität bei der Premiere. Man nennt es auch in »die toten Augen von London« schauen. Egal wie gut Sie Ihren Text gelernt haben, bei über 100 Vorstellungen kommen unweigerlich Hänger, weil Sie plötzlich wieder über Ihren Text nachdenken und schwups, ist er weg! Beten Sie, dass Ihre Kollegen Sie mögen und aushelfen können. Man unterscheidet zwischen dem normalen Hänger und dem Generalhänger. Beispiel eines Generalhängers: Ein alter Kollege hing wie eine Glocke, die Souffleuse wisperte sich die Seele aus dem Leib, da baute sich der alte Herr vor dem Souffleusenkasten auf und sprach mit sonorer Stimme: »Keine Einzelheiten, welches Stück?«

Inspizient: der Spielwart (noch nie gehört?). Er steht hinter den Kulissen und verantwortet den reibungslosen technischen Ablauf einer Vorstellung. Er gibt die Zeichen für den Auftritt, die Lichtwechsel und den Vorhang. Auf Tournee hat diesen blöden Job meist der Techniker.

Lampenfieber: starke Nervosität vor einem öffentlichen Auftritt. Oh ja, davon kann ich ein Liedchen singen, wenn der Kollege kurz vor dem Auftritt fast kollabiert, plötzlich seinen Text vergisst oder im schlimmsten Fall gar nicht erst auftreten möchte. Ist meist nur bei der ersten Vorstellung, der sogenannten Premiere, der Fall. Danach spielt es sich meistens ein. Kommt allerdings Besuch eines wichtigen Regisseurs oder Produzenten, liegen die Nerven wieder blank. Gott sei Dank leide ich nicht daran.

Neuberin: Die Schauspielerin Friederike Caroline Neuber, die *Neuberin,* (1697–1760) leistete einen wesentlichen Beitrag zur Begründung des regelmäßigen deutschen Schauspiels und setzte sich gekonnt und entschlossen für das Tourneetheater ein.

Nullgasse: rechts und links von der Bühne, mit Abhängen kaschierte und vom Publikum nicht einsehbare Gassen, in denen die Kollegen auf ihre Auftritte warten. In der vordersten Nullgasse sitzt meistens jeweils links und rechts ein Feuerwehrmann, dort steht auch der Techniker mit seinem Pult oder, je nach Bedarf, der Ton.

Requisiten: für die Aufführung benötigtes Zubehör. Extrem wichtig! Alles muss hinter der Bühne an seinem Platz liegen. Stellen Sie sich nur mal vor, das Mordinstrument, mit dem man gleich gemeuchelt werden soll, befindet sich nicht dort, wo es sein sollte. Ein grauenhafter Gedanke! Das Stück könnte nicht beendet werden.

Souffleuse: eine Theaterhilfskraft, die den Text mitliest und den Darstellern, falls nötig, weiterhilft. Gibt es auf Tournee nicht, da muss man sich auf die Kollegen verlassen. Allerdings hatte meine Mutter bei der Tournee *Gin Rommé*, einem Zweipersonenstück, das sie mit ihrem Bruder Holger spielte, ihre Freundin Lilo Schöttler als Souffleuse dabei. Bei dem Stück (sehr gut) wird so viel gelabert und immer irgendwie dasselbe, extrem schwer für einen Schauspieler zu lernen, sodass meine Mutter darauf bestand. Bei der Premiere hörte man eigentlich ausschließlich Lilo. (Jetzt reißt mir meine Mutter den Kopf ab!) Mam, du warst GROSSARTIG!

Tourneeplan: Auf einem Tourneeplan stehen die Adressen und Telefonnummern der Spielorte, wo und wann man zu spielen hat, die jeweiligen Hotelanschriften und die Telefonnummern der Darsteller und des Technikers.

Versprecher: wenn die Worte, die aus Ihrem Mund quellen, nicht der Originalzusammensetzung der Buchstaben entsprechen. Wir nennen es auch »Schwampf«. Ursprung: Ein junger Mann aus dem Chor wurde gebeten, einen Satz in einem Schauspiel für einen erkrankten Kollegen zu übernehmen, welcher lautete »Alle Schiffe liegen unter Dampf«. Vor lauter Aufregung stürzte er auf die Bühne und das einzige Wort, das er herausbrachte, war »Schwampf«. DAS Synonym für Versprecher. Berühmte Versprecher gibt es zu Tausenden. Manchmal hakt es nur an zwei Buchstaben, wie bei mir als Gretchen im *Faust*. Original heißt es: »Bin weder Fräulein weder schön, kann unbegleitet nach Hause gehen.« Nun tauschen Sie bitte bei »unbegleitet« das G und das erste T gegen ein K und ein D aus. PEINLICH! Mein Faust ging fast ab.

Wanderbühne: Das sind wir, auch Tourneetheater genannt. Theaterensembles ohne festes Gebäude. Klingt irgendwie traurig. Allerdings auch frei.

Tourneetheater

Wie funktioniert Tourneetheater, werde ich immer wieder gefragt. Die Voraussetzungen sind: 1. Man sollte etwas von Theater verstehen. 2. Man braucht die Adressen aller deutschen Kulturvereine, um seine Vorstellung an den Mann bringen zu können. 3. Geld ist eine notwendige Voraussetzung, denn man braucht eine Ausstattung mit Laster, Beleuchtung, Bühnenbild etc., eine Halle, ein Probenlokal muss angemietet, ein Bühnentechniker bezahlt werden, die Gagen für die Schauspieler nicht zu vergessen. Plakate, Programmhefte müssen gedruckt werden.

Die Adressliste aller deutschen Bühnen findet man im jeweiligen Bühnenjahrbuch. Tourneen werden ausschließlich im Herbst und im darauf folgenden Frühjahr angeboten. Eine Spielzeit geht immer 16/17 oder 17/18 usw. Gebucht wird immer eineinhalb Jahre im Voraus, dann sollte auch die Besetzung schon stehen, da viele Stücke auf den Namen der Stars verkauft werden. Es wird ein Angebotsheft verschickt, die Städte stellen sich aus dem großen Angebot der Tourneeanbieter ihren Spielplan zusammen. Meine Mutter hat Stunden am Telefon verbracht, um die Vorstellungen an den Mann bzw. Frau zu bringen. Es wird gefeilscht, Termine werden ständig verschoben. Eine Tournee zu legen, ist eine Kunst. Die Fahrten dürfen eine bestimmte Länge nicht überschreiten, maximal 450 Kilometer kann man dem Techniker zumuten, mehr geht nicht! Hat eine Stadt sich für ein bestimmtes Stück entschieden, wird bei dem Unternehmer angerufen und gebucht. Die Stadt bezahlt dem Unternehmer eine Summe X, der davon wiederum seine Schauspieler, den Techniker, die Diäten und das Hotel bezahlt. Wir sind nicht an den Abendeinnahmen beteiligt, sondern bekommen eine Festgage von den Städten, das ist für uns risikofrei. Egal wie viel Zuschauer im Theater sitzen, wir haben unser Geld. Steht die Tournee, beginnt man, die Hotels zu buchen, eine langwierige und nervenaufreibende Angelegenheit, die wir am Schluss einer Agentur übertragen hatten. Dann wird der Tourneeplan erstellt, von dem jeder Schauspieler eine Kopie bekommt. Circa drei Monate vor Tourneebeginn wird das Bühnenbild gebaut, vier Wochen davor beginnen die Proben. Unsere langjährige Mitarbeiterin Christiane war jedes Mal heilfroh, wenn die Truppe endlich unterwegs war.

Kommt eine Tournee zurück, heißt es das Bühnenbild und die Requisiten zu verstauen, die Kostüme müssen zur Reinigung gebracht werden, die Abrechnungen gemacht werden. Klingt einfach, ist es aber nicht! Es ist grauenhaft! Jeder will alles zur selben Zeit, da alle müde und abgespannt von der Tour sind. Am härtesten trifft es wie immer den Techniker, der mindestens noch mal drei Tage dranhängen muss, bis alles seinen Platz gefunden hat.

Jetzt haben Sie in sehr groben Zügen eine Vorstellung davon bekommen, wie man eine Tour auf die Beine stellt. Dann gibt es noch INTHEGA, den Interessenverband deutscher Städte mit Theatergastspielen, der jedes Jahr einen Preis für die beste und erfolgreichste Tournee vergibt. Anbei unsere Erfolgsliste:

- 1985: 1. Preis *Biografie: Ein Spiel* von Max Frisch
- 1990: 2. Preis *Romeo und Julia* von William Shakespeare
- 1994/95: 1. Preis *Was ihr wollt* von William Shakespeare
- 1995/96: 2. Preis *Medea* von Jean Anouilh
- 1999/2000: 1. Preis *Mutter Courage und ihre Kinder* von Bertolt Brecht
- 2000/01: 1. Preis *Der Widerspenstigen Zähmung* von William Shakespeare
- 2002/03: 2. Preis *Die Frau in Schwarz* von Stephen Mallatratt
- 2005/06: 1. Preis *Martha Jellneck* von Beate Langmaack
- 2008/09: 1. Preis *Jedermann* von Hugo von Hofmannsthal
- 2012: 2. Preis *Altweiberfrühling* von Stefan Vögel
- 2013: 3. Preis *Bella Donna* von Stefan Vögel

Und hier die Städteliste meiner letzten Tournee *Bella Donna* 2014, damit Sie einen Eindruck gewinnen, wohin es uns immer verschlagen hat, inklusive der Kilometerangaben, viel Spaß!

Premiere in Hameln (von Berg am Starnberger See kommend, 629 km), St. Augustin (280 km), Erkelenz (88 km), Beverungen (260 km), Obertshausen (263 km), Neustadt in Holstein (588 km, ein Fahrtag dazwischen), Norderstedt (93 km), Emmerich (433 km), Eschborn (315 km), Fulda (120 km), Balingen (333 km), Ravensburg (108 km), Nördlingen (168 km), Tirschenreuth (221 km), Röthenbach an der Pegnitz (144 km), Bad Homburg (243 km), Landau in der Pfalz (146 km), Andernach (194 km), Bad Orb (191 km), Salzgitter (286 km), Fahrtag nach Berg (629 km), Götzis/Österreich (204 km), Aalen (204 km), Bietigheim-Bissingen (90 km), Freudenstadt (97 km), Mainaschaff (248 km), Bad Saulgau (344 km), Fahrtag nach Alsdorf (608 km), Dinslaken (131 km), Fahrtag nach Berg (675 km), Immenstadt (150 km), Heidenheim (182 km), Ottobrunn – Abstecher von Berg (42 km), Villingen-Schwenningen (303 km), Schwalbach im Taunus (310 km), Biedenkopf (116 km), Nienburg an der Weser (265 km), Witten (218 km), Weinheim (294 km), Fahrt nach Berg (379 km), fünf Tage frei, Fahrtag nach Düren (621 km), Lehrte (352 km), Fahrtag nach Neckartenzlingen (551 km), Nordhorn (571 km) zurück nach Berg. 43 Vorstellungen, in manchen Städten haben wir zwei Mal gespielt. Für eine Wiederholungstournee beachtlich. Früher waren über 100 Vorstellungen am Stück keine Seltenheit.

Dass aber auch Kulturdezernenten ihre liebe Not mit uns Schauspielern, dem Publikum oder sogar ihrem Haus haben, zeigt folgender Brief aus jüngster Zeit von Gisela Lang aus Kronach.

Liebe Katerina,

ja, auch auf der Veranstalterseite hat man so seine Erlebnisse – Niederlagen, komische Ereignisse, Lachhaftes, Trauriges und Beflügelndes…

Da muss man schon mal während der Vorstellung einen Reißverschluss in ein eng anliegendes Kleid, möglichst ohne Verletzung der Künstlerin, eintackern oder eine Diva mit Blutdruck 200, die partout nicht ins Krankenhaus möchte, mithilfe einer befreundeten Ärztin, die eigentlich ihren Gartenzaun streichen wollte und mit Farbspritzern auf den Händen wenig vertrauenerweckend im Theater erscheint, höchstpersönlich »herunterfahren«. Am Sonntagmorgen eine Hühneraugeneinlage im Fachhandel organisieren oder dafür sorgen, dass der »russische Landwein« in Wodkaflaschen während der Vorstellung nicht von den Bühnenhelfern aus der Reichweite des Protagonisten entfernt wird, da er sonst die Vorstellung nicht durchsteht, Hoteldirektoren beruhigen, weil eine Künstlerin ihr Zimmer bei der Dessouswäsche unter Wasser gesetzt hat. Und mal schickt man lieber seinen Mann am Morgen zum Semmelnholen, da das Publikum die Vorstellung am Vorabend nicht goutierte, auch wenn sie der Kreiskulturreferentin (mir) überaus gefallen hatte

Ein absolutes Highlight in meiner dreißigjährigen Dienstzeit war aber der Saisonstart 2016 nach einer zweijährigen Totalsanierung im funkelnagelneuen Kreiskulturraum Kronach mit einem Konzertabend der Hofer Symphoniker. Wir hatten sicherheitshalber zur Eröffnung zwei Bühnenmeister, einen Lüftungstechniker, einen Klempner und einen Heizungstechniker hinbeordert, aber was dann geschah, damit hatten wir nicht gerechnet.

Während das Orchester unter Publikumsapplaus die Bühne betrat, gab es Unruhe in der ersten Reihe, als außer dem Landrat und seiner Kreiskulturreferentin (mir) mit Mann noch weitere 15 Personen plötzlich fast auf dem Boden saßen, weil sich ganz lautlos die Dübel aus der Betonstufe gelöst hatten und die ganze Stuhlreihe sanft nach vorne kippte. Nun, die Musiker waren schon auf der Bühne, wir haben uns schnell verteilt auf Feuerwehrstühle und nicht besetzte Abonnentenplätze, denn der Abend war eigentlich ausverkauft. Ich fand noch ein Plätzchen im oberen Parkett, räsonierte, wie ich die zusätzlichen Notreihen aktivieren könnte – in dem Glauben, dass die inkriminierte Reihe ja die letzte war, die eingebaut worden war, und dort vielleicht der Dübelzement noch nicht richtig ausgetrocknet gewesen war. Die Hofer spielten gerade den dritten Satz von Mozarts Hornkonzert Nr. 2, *der Solist brillierte aufs Vortrefflichste, als ich von oben mit einem mehr als flauen Gefühl im Magen zusehen musste, wie die siebte und dann die sechste Reihe ebenfalls nach vorne sanken*

Andernorts hätte es bestimmt eine Panik gegeben, wenn nicht mindestens übelste Beschimpfungen, aber mein Publikum hat wohl ein unerschütterliches Vertrauen und ist offensichtlich kampferprobt. Während sich die einen mit vollem Körpereinsatz gegen die vorkippenden Reihen stemmten – hier sind vor allem die Eltern einer am Bau beteiligten Architektin zu nennen, die danach über einen dreitägigen Muskelkater klagten –, verließen andere ganz leise die Bereiche, setzten sich auf die Treppe und nahmen nach der Pause auf den mithilfe von Abonnenten hereingerollten Ersatzreihen Platz.

Und sie trösteten mich sogar noch in der Pause! Das gibt es wahrscheinlich nur in Kronach. Glücklicherweise kam der Regierungspräsident wie vereinbart erst nach der Pause. Der Landrat verstreute bei dessen Begrüßung blumige Worte über die sich vor der hohen Kunst der Hofer Symphoniker verneigenden Stuhlreihen. Auch der Dirigent äußerte sich launig darüber, dass bei solchen Problemen, ob seines nicht gerade grazilen Körperbaus, die Schuld immer bei ihm gesucht würde. Ich war schon froh, dass der Landrat nicht mich in Verdacht hatte, denn ich bin dem Dirigenten in dieser Hinsicht nur gering unterlegen.

Nach der Vorstellung gab es noch einige Bemerkungen wie etwa: dass ich die Liegesitze falsch herum hätte einbauen lassen – und ich konnte nur noch kontern, dass der Satz vom »festen Platz im Abonnement« nunmehr eine ganz neue Bedeutung erfahren habe. Obwohl mich ja bei diesem Desaster wirklich keine Schuld traf, fühlte ich mich hundsmiserabel und habe mir danach die Kante gegeben. Drei Bier – ein sonst leicht wegsteckbares Quantum – haben dafür gereicht.

Tja, so viel aus dem schönen Kronach,
deine Gisi

Wenn wir über den Charakter eines Menschen
Auskunft erlangen wollen, dann muss die Frage lauten:
Wie scheißt er?

Jonathan Swift (1667–1745), irischer Schriftsteller und Satiriker

Scheißgeschichten

Es gibt Geschichten, die müssen zu Papier gebracht werden, bevor sie der Vergessenheit anheimfallen. Sie alle haben mit einem äußerst menschlichen Bedürfnis zu tun, nämlich der Notdurft.

Bei der ersten Geschichte haben meine Probeleser und ich gewaltige Diskussionen gehabt, ob sie drinbleibt oder rausfliegt. Im Endeffekt habe ich beschlossen, dass der Leser da durchmuss. Seit 40 Jahren wird diese Geschichte unter Tourneefahrern als abschreckendes Beispiel erzählt und zeigt deutlich, mit welchen Widrigkeiten man in manchen Hotels zu kämpfen hat. Ich hörte sie von meiner Mutter, die sie wiederum von Brigitte Horney gehört hatte, die sie von Gustav Knuth erzählt bekam, der die Geschichte von ... usw., usw. Der Ekelfaktor ist nicht ohne, ich warne schon mal vor, also beschweren Sie sich nicht, wenn es Sie am Schluss der ersten Geschichte vielleicht mit Würgereiz beutelt. Ein Tipp am Rande ... Kopfkino aus! Denken Sie an rosa Ponys.

Stellen Sie sich vor: Sie sind auf Tournee, der Bus steht im Stau, Sie müssen um 20 Uhr auf der Bühne stehen und die Zeit rinnt wie Honig. Zu allem Unglück haben Sie sich beim letzten Italiener oder Griechen (oder war es die Tütensuppe?) eine Magenverstimmung zugezogen. Im Bus möchten Sie sich auf keinen Fall erleichtern, aufgrund der Geruchs- und Geräuschentwicklung, die Sie für den Rest der Tournee dem Gespött der Kollegen ausliefern würde. Endlich, endlich erreicht der Bus das Theater und somit eine rettende Toilette!

Sie sprinten aus dem Bus – zuerst das Hotel anzufahren, dafür blieb keine Zeit –, rasen an dem verblüfften Portier vorbei. Die Toiletten sind immer in der Nähe der Garderoben, wenn nicht sogar in den Garderoben. Es ist Ihnen egal, ob es sich um das Frauen- oder Männerklo handelt. Hauptsache, eine Schüssel und Klopapier. Sie erreichen mit zusammengepressten Arschbacken das rettende Ziel und sind für fünf Minuten der glücklichste Mensch. Sie bringen mit Magenblubbern und einigen Unterbrechungen Ihrer abendlichen Routine die Vorstellung über die Bühne und möchten nur noch ins Hotel, da Sie ahnen, dass noch kein Ende Ihrer Qual in Sicht ist.

Um 22.45 Uhr hält der Bus endlich vor dem Hotel, und Sie versuchen, möglichst als Erster an die Rezeption zu gelangen. Sie möchten, ach, was sag ich, Sie BRAUCHEN Ihren Zimmerschlüssel. Beladen mit Ihren Taschen schleppen Sie sich so schnell es geht in Richtung Ihrer Unterkunft. Ihr Darm schreit bedrohlich nach Entleerung. Sie schließen mit zittriger Hand Ihre Zimmertüre auf, schmeißen Ihre Taschen in irgendeine Ecke und wollen nur noch aufs Klo. Verdutzt halten Sie inne. Es gibt nur zwei Wände, rechts und links, sonst nichts. Nirgends eine Tür, geschweige denn ein Bett oder einen Tisch, nichts, absolut nichts. Sie stürzen auf den Flur! Irgendwo muss es doch eine Toilette geben! Sie rennen den Flur auf und ab, nichts. Der Drang ist inzwischen so groß, dass es bald zur Katastrophe kommen wird. In Ihrer Qual beschließen sie kurzerhand, Ihre am Morgen gekaufte Zeitung zweckzuentfremden, reißen sie aus dem Gepäck, breiten sie auf dem Fußboden aus und erleichtern sich. Doch wohin mit dem Unrat? Sie wohnen Parterre und es liegt hoher Schnee. Also beschließen Sie, die stinkende Ladung aus dem Fenster zu werfen. Gedacht, getan! Doch die Ladung fliegt nicht weit. Mit Entsetzen müssen Sie feststellen, dass vor dem Fenster, aus dem Sie den stinkenden Haufen gekippt haben, ein Fliegengitter installiert ist. Doch nun ist es zu spät! Sie sind den Tränen nahe, torkeln ermattet durchs Zimmer, um Putzutensilien in Ihrem Gepäck zu suchen, und stellen bei dieser Aktion fest, dass das Zimmer sehr wohl ein Bett und eine Toilette, ja sogar eine Küchenzeile besitzt, doch dies alles verborgen hinter Falttüren wie in einem Flugzeug. Das Bett kommt auf Knopfdruck aus der Wand geschwenkt.

Bis morgens um fünf hat es gedauert, bis der bedauernswerte Mime das Fliegengitter mithilfe seiner Zahnbürste gesäubert hatte.

Diese Geschichte spielte einst in Meran, Südtirol, und wurde, wie gesagt, oft von tourenden Schauspielern erzählt. Ich hakte sie unter »nett, aber unwahrscheinlich« ab, bis wir selbst in Meran ein Gastspiel gaben.

Es handelte sich um meine erste Tournee, *Der Richter von Zalamea*. Wir waren mit dem Bus unterwegs und schafften es gerade so zum Theater. Da ich schwanger und mir ständig schlecht war, wollte ich nach der Vorstellung nur ins Hotel und mich aufs Ohr legen. Ich wartete in der Nullgasse auf meinen Auftritt, als der Techniker einen der schwarzen Abhänge, der sich am Bühnenbild verhakt hatte, mit einer schnellen Bewegung von oben nach unten riss und mir bei dieser Aktion so dermaßen auf die Nase haute, dass ich k. o. ging. Ich kam schnell wieder zu mir, aber alles drehte sich und ich hatte schlimmes Nasenbluten. Man stellte mich wieder auf die Beine, aber so wirklich bemitleidete mich niemand (Hallo! Ich war schwanger), also beweinte ich mich selbst. So war meine Stimmung auf dem Nullpunkt, als wir nach der Vorstellung beim Hotel ankamen, das sich als viereckiger Kasten mit dem Charme eines Studentenheims herausstellte.

Der Portier, der auf die Truppe hatte warten müssen, war mehr als unfreundlich. Mürrisch übergab er uns die Schlüssel. Ich wohnte direkt neben Hans Wyprächtiger, unserem schwer übergewichtigen Hauptdarsteller. Als ich die Zimmertür aufschloss, sah ich nur zwei Wände und erinnerte mich sofort an die Geschichte mit dem Fliegengitter. Es gab dieses Hotel also wirklich?! Ich war beeindruckt! Und siehe da ... drückte man gegen die Wand, öffnete sich wie von Geisterhand eine Falttür und gab sowohl eine Küche als auch ein Bad frei. Und da war ja auch der besagte Knopf an der Wand! Begeistert beobachtete ich, wie das Bett aus der Wand klappte.

Ich hatte mich gerade ausgezogen und wollte mich zur Ruhe begeben, als ich aus dem Nebenzimmer unterdrückte Laute hörte.

Mit dem Ohr an der Wand glaubte ich, das Wort »Hilfe« zu verstehen. Ja, eindeutig! Wypi rief um Hilfe. Ich stürzte auf den Gang und hämmerte gegen die Tür. Da kamen auch schon die anderen Kollegen aus den Zimmern geeilt. Wir hörten Wypi wimmern und dachten voller Entsetzen an einen Herzinfarkt, was bei seiner Körperfülle naheliegend war. Endlich kam auch der alarmierte Nachtportier angeschlurft, um das Zimmer zu öffnen. Innerlich machte ich mich auf einen schlimmen Anblick gefasst, doch was ich erblickte, löste einen sofortigen Lachkrampf bei mir aus.

Wypi hatte sich auf das Klappbett geschmissen und dieses hatte, unter dem Ansturm der Kilos, beschlossen, sich wieder in die Wand zurückzuziehen. Sprich, es war mit Wucht zurückgeschnellt. Von Wypi ragten nur zwei Füßchen aus der Wand, der Rest seiner stattlichen Figur war wie ein Hot Dog zwischen Wand und Bett eingeklemmt. Wir versuchten nun zu dritt, das Klappbett wieder in die Horizontale zu bewegen, aber jedes Mal krachte es auf der Hälfte des Weges wieder zurück. Wypi schlug sich bei dieser Aktion blutige Schienbeine.

Inzwischen hatte sich die ganze Truppe versammelt, und mit vereinten Kräften gelang es uns, das Bett so lange auf dem Boden zu halten, bis Wypi sich heruntergerollt hatte und schnaufend wie ein gestrandeter Wal auf der Auslegeware zu liegen kam. Kaum ließen wir das Bett los, krachte es zurück in die Wand. Die Rettung war eine langwierige Unternehmung gewesen, und mit einem Mal erbleichte Kurt Müller-Graf, unser ältester Mitstreiter, plötzlich. Er hatte als Einziger ein »normales« Zimmer mit Badewanne bekommen. Ohne ein weiteres Wort raste er in Richtung Treppe. Doch zu spät ... sein Badewasser kam ihm schon auf den Stufen entgegen.

Nur durch ein hohes Trinkgeld ließ sich der Nachtportier erweichen, Wypi ein neues Zimmer zu geben und so viele Handtücher herauszurücken, dass wir wenigstens den größten Schaden beheben konnten. Viel geschlafen hat keiner in dieser Nacht, aber ab da hielt ich die Fliegengittergeschichte für absolut wahrheitsgetreu.

Meine Mutter ist jahrelang für die Münchner Schauspielbühne getourt, bis sie sich mit Dem Ensemble selbstständig gemacht hat.

Die Prinzipalinnen der Schauspielbühne hießen Maria Caleita und Mariello Momm. Maria, eine hochgewachsene, kühle Blondine, war Schauspielerin und spielte in ihren eigenen Produktionen meist die Hauptrolle. Sie sprudelte nur so über vor Ideen und war eine gute Skatspielerin. Mariello war das genaue Gegenteil. Klein, dunkelhaarig, mager, sie hatte den geschäftlichen Part inne. Beide sind übrigens die Patentanten meiner Tochter. Sie waren ein offizielles Paar, wobei Maria ab und zu einen Ausrutscher zum anderen Geschlecht hatte. Wie sagt man so schön: Bi zu sein ist eine Gnade!

Die Truppe war mit *Maria Stuart* unterwegs, meine Mutter spielte die Elisabeth und Maria die Maria Stuart. Die Chefinnen fuhren die Tour in ihrem Jaguar Sovereign, mit an Bord ihre zwei Cockerspaniels. Es muss irgendwo in Niedersachsen gewesen sein, diesem platten Land mit seinen Mooren und Äckern. Mariello fühlte sich nicht wohl und hielt am Straßenrand, um frische Luft zu schnappen. Weit und breit nichts, außer nicht enden wollenden, frisch gepflügten Äckern rechts und links von der Straße. Mariello musste wirklich dringend, und so steuerte sie auf eine kleine Lichtung am Horizont zu, die ihr bei ihrem Geschäft wenigstens eine gewisse Deckung versprach. Maria sollte inzwischen die Hunde Gassi führen.

Es hatte tags zuvor kräftig geregnet und der Ackerboden war völlig aufgeweicht. Das erschwerte jeden Schritt in Richtung Wäldchen und unter Mariellos Schuhen begannen sich dicke Klumpen zu bilden. Mühsam! Immer wieder blieb sie stecken und kam nur minimal vorwärts. Der Wind pfiff und es war bitterkalt. Meter für Meter kämpfte sie sich vorwärts. Zu allem Überfluss begann es wieder zu regnen und ihr Magen rebellierte so stark, dass ihr einfach keine Zeit mehr blieb. Was raus muss, muss raus! Sie nestelte verzweifelt an ihrem Gürtel, da beschloss ihr Anus dem inneren Druck nachzugeben. Zu spät! Sie riss sich die besudelte Hose vom Körper und beschloss, sie direkt in dem Acker zu vergraben. Mit bloßen Händen buddelte sie in dem weichen Boden ein Loch und versenkte darin ihre stinkende Hose samt Unterhöschen. Dann steuerte sie auf eine am Straßenrand stehende Kuhtränke zu, um sich dürftig zu waschen. Vor lauter Scham liefen ihr die Tränen über die Wangen.

Maria kam indessen von ihrem Ausflug zurück. Es regnete heftig. Völlig durchgeweicht und nur mit einem Pullover und Trenchcoat bekleidet, erreichte Mariello endlich das Auto. Dort – daneben – wartete Maria.

»Warum setzt du dich denn nicht ins Auto?«, wollte Mariello wissen.

»Warum bist du unten herum nackt? Außerdem kann ich mich nicht ins Auto setzen, du hast den Schlüssel«, kam es von Maria.

Schweigen!

Mariello tastete in vergeblicher Hoffnung die Taschen ihres Mantels ab. Ein schrecklicher Gedanke mutierte zur Gewissheit. Die Schlüssel waren in der Hose gewesen, die ihr Grab in dem Acker gefunden hatte. Die Spuren waren durch den Regen verwischt und ihre verzogenen Cockerspaniels keine brauchbaren Fährtenhunde. Vier vergebliche Stunden verbrachten die beiden auf der Suche nach der verschollenen Hose, bis ein Bauer auftauchte, der für sie den ADAC anrief. Es eilte! Es waren nur noch ein paar Stunden bis zur Aufführung und sie hatten ja noch einige Kilometer vor sich. Der Wagen wurde kurzgeschlossen und zwei völlig derangierte Damen erreichten gerade mal so das Theater.

Kennen Sie Finnentrop? Nein? Also gut ... Finnentrop liegt in Nordrhein-Westfalen, Hochsauerlandkreis, daneben findet man Attendorn und Lennestadt, vielleicht sagt Ihnen Olpe etwas. Alles beliebte und viel bespielte Tourneeorte. Nun ja, egal. Kommen wir zurück auf Finnentrop. Wir spielten den *Damenkrieg* und waren zum ersten Mal in Finnentrop (ich mag den Namen, Finnentrop). Als Spielort war uns die dortige Halle angegeben worden. Wir erreichten ein Gebäude, das eher wie eine der alten Holzscheunen, wie wir sie aus Western kennen, aussah, nur ohne Fenster. Die Bühne war groß und mit alten Planken belegt, schlecht für mich, da ich barfuß auf der Bühne unterwegs sein musste. Die Garderoben waren klein, aber sauber. Die Beleuchtung gruselig, da nicht vorhanden.

Gert, unser Techniker, hatte schon alle zur Verfügung stehenden Beleuchtungskörper aus dem Laster gezerrt und angeschlossen. Dies ließ aber der völlig veraltete Verteiler nicht zu und es kam ständig zu Kurzschlüssen. Also gab es nur zwei Möglichkeiten. Im Halbdunkeln zu spielen, für eine spritzige Komödie doof, oder mit ab und zu anfallenden Stromausfällen zu leben. Meine Mutter entschied sich für Zweiteres.

Wir waren gerade mal zehn Minuten auf der Bühne, als sich jemand aus dem Publikum erhob und auf uns zusteuerte. Rechts und links vom Zuschauerraum gab es zwei Treppen, die auf die Bühne führten. Bei vielen Theatern nichts Ungewöhnliches, da es dem Schauspieler die Möglichkeit gibt, auch aus dem Zuschauerraum aufzutreten. Wir verstummten, als der Zuschauer diese Treppe erklomm und auf eine Tür zusteuerte, die rechts am Bühnenrand lag, und in selbiger verschwand. Dieselbe Tür gab es auch auf der linken Seite der Bühne. Plötzlich gab der Strom seinen Geist auf und wir standen in völliger Dunkelheit da. Auf anfängliches Gelächter folgte Stille, die plötzlich jäh von einer Toilettenspülung unterbrochen wurde. Dann ging das Licht wieder an und gerade, als wir wieder anfangen wollten, öffnete sich die Tür und der Zuschauer latschte in aller Seelenruhe an uns vorbei, um sich wieder in den Zuschauerraum und auf seinen Platz zu begeben. Wir waren sprachlos. Das waren doch hoffentlich nicht die öffentlichen Toiletten für das Publikum, die da brezelbreit auf der BÜHNE standen? Nach dem dritten Zuschauer, der die Bühne erklomm, um sich zu erleichtern, platzte meiner Mutter der Kragen und sie wandte sich ans Publikum: »Meine Damen und Herren, wir reißen uns zusammen, also tun Sie's bitte auch! Wir wollen hier oben unsere Arbeit machen. In der Pause haben Sie genug Zeit, Ihr Geschäft zu verrichten.«

»Sie können ruhig weiterspielen, uns stört's nicht, wir sind's gewohnt«, kam da die Antwort aus dem Zuschauerraum.

Was soll man darauf noch erwidern?

Zwei Gründe, warum ich niemals einen Schauspieler geheiratet hätte

Diese zwei »Gründe« stehen hier als Beispiel für die unglaubliche Dämlichkeit männlichen Fehlverhaltens, wenn der Trieb die Führung des Gehirns übernimmt. Dazu ein kleiner Witz am Rande: Im Gehirn eines Mannes wacht eine kleine Gehirnzelle auf. Sie schaut sich um, es ist ein düsterer, stiller, kalter Raum. Sie ist völlig allein. Da öffnet sich plötzlich eine Tür und eine andere Gehirnzelle betritt den Raum. Erstaunt fragt sie: »Was machst du denn hier oben? Wir sind alle eine Etage tiefer.«

Da ich die Kollegen schützen möchte, werde ich weder das Stück noch die Namen der Unglücksraben nennen.

Bei dem einen Stück war meine Mutter mit an Bord. Insgesamt waren wir zu fünft. Der Kollege, der in dieser Geschichte die Hauptrolle spielt, war ein großer blonder Hüne, immer gut gelaunt, und er glaubte fest an eine (in weiter Ferne liegende) Hollywoodkarriere. Doch der Weg nach Hollywood führte ihn zuerst durch die deutsche Provinz und endete fast in einer deutschen Kleinstadt. Dort wohnten wir in einem schnuckeligen kleinen Hotel mitten in der Stadt.

Der Wirt und seine Frau waren sehr nett und nach der Vorstellung trafen wir uns alle an der hauseigenen Bar, um die erfolgreiche Vorstellung zu begießen. Nach einigen Schoppen zog ich mich auf mein Zimmer zurück. Es muss so gegen drei Uhr früh gewesen sein, als mich lautes Gebrüll weckte, dann wurden Türen geschlagen, untermalt von weiblichem Gekreische, Poltern, gefolgt von Stille. Plötzlich wurde meine Tür aufgerissen und ich starrte in das wütende Gesicht des vormals so netten Wirtes, der mich aufforderte, sofort meine Sachen zu packen und zu verschwinden, und zwar *pronto*. Untermalt wurde die Forderung von einem Gewehr, das er sich unter den Arm geklemmt hatte.

Völlig verschlafen und verwirrt schälte ich mich aus den Federn und raffte ziemlich verängstigt meine Habseligkeiten zusammen. Ein wütender Mann mit Gewehr ist nicht zu unterschätzen. Draußen auf dem Flur entdeckte ich die anderen, denen es nicht besser ergangen war. Auf unsere berechtigte Frage –»Warum?« – gab der erboste Wirt keine Antwort, sondern schubste uns nur mit dem Gewehrlauf Richtung Ausgang. Kaum im Freien wurde hinter uns die Tür mit einem lauten Knall zugezogen und abgeschlossen. Wir waren rausgeflogen, aber so was von.

Auf der Straße verteilt lagen Anziehsachen, ein Koffer, Schuhe und ein Kulturbeutel, die eindeutig unserem Kollegen gehörten, den wir aber nirgends entdecken konnten. Dies war ein Indiz dafür, dass er etwas mit dem Rauswurf zu tun hatte. Doch wo war er abgeblieben? Wir sammelten die verstreuten Sachen ein und stopften sie in den Koffer. Es war bitterkalt und wir mussten uns eine neue Bleibe suchen. Haben Sie nachts um drei mal versucht, in einer deutschen Kleinstadt Quartier zu bekommen? Da bleiben alle Türen fest verschlossen und verrammelt. Außerdem schwante uns, dass es ohnehin nur dieses eine Hotel gab, aus dem wir gerade so vehement rausgeschmissen worden waren.

Allmählich machten wir uns auch Sorgen um den verschollenen Kollegen, vielleicht lag er ja gemeuchelt in der Badewanne? Da schwankte aus der Dunkelheit eine dick vermummte Gestalt auf uns zu. Vier Augenpaare starrten der unheimlichen Erscheinung entgegen, keiner rührte sich, wir standen da wie angewurzelt. Doch bevor wir erkennen konnten, um wen es sich bei dieser Geistererscheinung handelte, denn unser Kollege war es eindeutig nicht, traf uns ein penetranter Geruch nach Schnaps, Schweiß (bei dieser Kälte ein Wunder)und nassem Hund. Dann machte das Wesen seinen Mund auf und nuschelte zwischen seinen verfaulten Zahnstümpfen hervor: »Seid ihr die Schauspieler? Isch hab ne Nachricht für eusch. Der Typ, den ihr vermisst, wartet am Bahnhof auf eusch, hinter 'ner Litfaßsäule bei den Toiletten, und ihr sollt ihm die Klamotten mitbringen. Isch krieg zehn Mark von eusch für die Info, hat er jesacht.«

Meine Mutter gab dem Obdachlosen 20 Mark, er zeigte uns die Richtung und wir hasteten zum Auto. Nach wenigen Minuten erreichten wir den Bahnhof und suchten nach der besagten Litfaßsäule. Da sahen wir einen nackten Arm, der uns hinter einer Reklametafel zuwinkte. Ich hielt das Auto an und der Kollege trat ins Scheinwerferlicht – oder sollte ich eher sagen, der Abklatsch einer nicht ganz fertiggestellten ägyptischen Mumie? Strategisch wichtige Teile seines Körpers waren mit gräulich weißen Papierfahnen umwickelt, die im eisigen Wind seinen blau gefrorenen Leib umflatterten. Barfuß, schlotternd vor Kälte, mit angstgeweiteten Augen, blauen Lippen und einem zugeschwollenen Auge wankte er aufs Auto zu. Ich hätte gern unsere entgeisterten Gesichter gesehen.

Der Geschundene kroch ins Autoinnere und lehnte sich bibbernd und hilfesuchend an meine Mutter, die das Ganze überhaupt nicht komisch fand. »Ich erbitte mir eine Erklärung, warum wir alle um drei Uhr nachts auf die Straße gesetzt werden und du dich in solch einem Aufzug befindest.« Aus dem Gestammel, welches von Zähneklappern untermalt wurde, konnten wir uns folgende Geschichte zusammenreimen. Der Kollege hatte mit dem Wirt und seiner Frau noch weitergesoffen, als wir uns schon auf den Zimmern befunden hatten. Irgendwann schmiss auch der Wirt das Handtuch und ließ seine angeschickerte Frau, die begann, dem Kollegen eindeutige Avancen zu machen, allein. Der Geist war stark, doch der Körper schwach, und so endeten die beiden auf seinem Zimmer.

Auf dem Höhepunkt der körperlichen Vereinigung wurde das Liebesspiel durch das Auftauchen des Wirtes, der seine Frau inzwischen vermisste und zu Recht Unheil witterte, empfindlich gestört. Das war das Gekreische, das wir vernommen hatten. Der Betrogene fackelte nicht lange, zog kurzerhand den Kollegen von seiner Frau, führte damit einen knallharten Coitus interruptus herbei und beförderte den Nackten in hohem Bogen, ungeachtet der Minustemperaturen, auf die Straße, doch vorher hatte er ihm noch ein blaues Auge verpasst und wilde Morddrohungen ausgestoßen. Dem Kollegen blieb nichts als die Flucht, die am Bahnhof, aufgrund von Erfrierungen an den Füßen, endete. Bis auf ein paar Obdachlose, die auf dem Bahnhofsgelände herumlungerten und bei denen er sich Hilfe erhoffte, waren die Straßen menschenleer. Gedemütigt hatte er sich dann in die Toilette geschlichen und dort versucht, sich aus Klopapier eine Hose zu basteln, um seine eh schon geschundenen Genitalien vor dem Erfrieren zu retten. Dann hatte er einen der Obdachlosen losgeschickt, um uns zu informieren.

Unser Mitleid hielt sich in Grenzen! Meine Mutter beschloss, auf die Autobahn in Richtung des nächsten Spielortes zu fahren und (auf Kosten des Kollegen) in einem der Fernfahrerhotels unterzukommen. Die paar Stunden, die uns noch blieben, wollten wir im Warmen verbringen. Die Stimmung im Auto passte sich der Außentemperatur an und blieb bis zum nächsten Abend eisig, dann konnten wir schon wieder über das Geschehene lachen.

Was lernen wir daraus? 1. Finger weg von verheirateten Frauen! Vor allem, wenn der Mann zugegen ist. 2. Wenn schon flüchten, sofort die Schuhe schnappen. 3. Waffen jeglicher Form gehören verboten. 4. Obdachlose haben ein großes Herz. 5. Danke dem Erfinder des Klopapiers, der uns einen jämmerlichen Anblick erspart hat. Trotzdem, danke, lieber Kollege, für die schöne Geschichte, wo immer du jetzt auch sein magst, vielleicht wirklich in Hollywood.

Auch bei der zweiten Geschichte spielen der Trieb und der Alkohol eine nicht geringe Rolle. Es war Ende November. Alle freuten sich auf die Weihnachtspause, die kurz bevorstand. Die Stimmung im Team war nicht gerade die beste, da unser Hauptdarsteller ziemlich viel soff und sich als Star aufspielte. Nennen wir ihn Casanova. Das Hotel, in dem wir wohnten, war ein scheußlicher Bau aus den Sechzigerjahren, hatte aber ein nettes Restaurant und eine Bar, in der Casanova nach der Vorstellung völlig abstürzte.

Zu Hause hatte seine Frau beschlossen, zusammen mit meiner Haushälterin Christiane, die hervorragend backen kann, die Weihnachtsplätzchen in Angriff zu nehmen. Dies bedeutete eine viertägige Backarie, wichtige Info für später. Da Casanova sich unter einem ständigen Promilleeinfluss befand, war ich die Fahrerin des Tourwagens, wichtige Info für später. Wenn man ständig unter Strom ist, weicht leider auch die Birne auf, und so hatte Casanova in einem der zahlreichen Hotels das Aufladegerät seines Handys vergessen. Da wir jeden Tag in einer anderen Stadt weilten, beschloss er, sich das Aufladegerät nach Hause schicken zu lassen. Nun war sein Handy nutzlos (ach ne). Also kam er auf die geradezu glorreiche Idee, sein Telefon auch an die heimische Adresse zu senden, im Gegenzug dazu sollte ihm seine Frau ihr Handy inklusive Aufladegerät schicken. So weit alles klar?

Schnitt: Der nächste Morgen fing schon damit an, dass der Herr nicht zur Abfahrt erschien. Ich war stocksauer. Nach fast zwei Stunden torkelte er sichtlich mitgenommen Richtung Auto und ließ sich schwer auf den Beifahrersitz plumpsen, stinkend wie eine Destille. Wir fuhren los, schweigend.

Schnitt: Währenddessen in der Küche seiner Frau. Lustige Weihnachtsbäckerei ... da meldete das Casanova-Handy eine SMS ... die Frau las sie, erbleichte und zeigte sie Christiane. Auf dem Display standen die Worte: »Was für eine wunderschöne Nacht, du warst großartig. Ich hoffe, ich sehe dich irgendwann wieder, deine ...« Die Frau fing an zu toben und rief den Absender an. Es meldete sich eine Dame. Nun ging's richtig zur Sache. Laut der Erzählung von Christiane in etwa so: »Sie haben meinen Mann gevögelt! ... Woher ich das weiß? Sie haben ihm doch gerade eine SMS geschickt und sich für die wunderbare Nacht bedankt ... Es ist mir egal, ob Sie verheiratet sind und Kinder haben, ich werde Ihren Mann über Ihr unsittliches Verhalten aufklären ... Heulen nützt Ihnen nichts!« Aufgelegt.

Schnitt: im Auto. Casanovas Handy, vielmehr das seiner Frau, klingelte. Er hob ab. Erschrocken hielt er sofort den Apparat vom Ohr weg, denn das Gekreische, das aus dem Lautsprecher scholl, tat selbst mir, die ich keinen Hangover hatte, weh. Ich werde hier auf die Aufzählung der Schimpfwörter, von denen ich viele noch nie gehört habe, aus Gründen der Ethik verzichten. »Du ... piep ..., du ... piep ... hast mich mal wieder betrogen, du kannst deinen ... piep ... einfach nicht in der Hose lassen, du ... piep! Wenn du nach Hause kommst, bin ich weg! Ich werde mir auf deine Kosten den teuersten Urlaub der Welt buchen, dann kannst du dich um die Viecher kümmern und Lesungen im Altersheim machen, du ... piep! Weihnachten ist gestrichen!« Aufgelegt! Casanova legte mit unbewegter Miene das Handy auf seinen Schoß, ansonsten keinerlei Reaktion. Wow!

Schnitt: die Küche. Christianes Erzählung. Die Frau rief wieder bei der Dame an. »Ich werde Sie fertigmachen, Sie … piep! Ich werde Ihren Mann und Ihre Kinder über die … piep… von Mutter aufklären, die sich an fremde Männer ranmacht … nein, keine Gnade, hören Sie auf zu winseln!« Aufgelegt. Dann schoss die Frau an den Computer, um sich ihre Reise zu buchen.

Schnitt: Auto. Klingeln. Casanova hob ab. Gekreische: »Ich hab gebucht. Drei Wochen Spa-Urlaub, 25 000 Mark! Von deinem Konto. Tschüs!« Aufgelegt. Wow! Damit wäre der Kollege umsonst die Tour gefahren, denn das war so ziemlich die Summe, die nach Abzug der Steuern übrig blieb. Allmählich begann er mir – ein bisschen – leid zu tun. Wie konnte man aber auch so blöd sein und seine Telefonnummer rauslassen, eigentlich wissend, dass dieses Handy im kurzzeitigen Besitz seiner Frau war? Derart im Alkohol- und Liebestaumel konnte man doch gar nicht sein. Noch immer kam keine Reaktion von ihm, nicht mal ein Zucken. Wow! Er hatte nicht mal versucht, sich zu rechtfertigen. Entweder war er im Laufe seiner Ehe völlig abgestumpft oder die Nacht musste gigantisch gewesen sein und das Geld wert. Er hat nie ein Wort über diesen Vorfall, den ja unsere ganze Autobesatzung mitgekriegt hatte, verloren.

Seine Frau hat den Urlaub angetreten und konnte von Christiane so weit beruhigt werden, dass sie die Ehebrecherin nicht mehr zur Rechenschaft zog. Es gab keine Weihnachtsplätzchen und einige Jahre später die Scheidung. Gewundert hat es keinen.

Regieanweisungen der eher seltsamen Art

Schauspieler müssen sich oft mit Regieanweisungen herumschlagen, die oftmals Übermenschliches verlangen oder einen Knoten im Hirn verursachen. Ein paar möchte ich Ihnen nicht vorenthalten.

Tschechow spielt man auf der zweiten Ebene!
Irgendwann kam der Kollege Udo Thomer mit einem Stuhl, stellte sich darauf und verkündete. »Endlich hab ich die zweite Ebene erreicht.«

Sie müssen die Rolle gegen den Strich bürsten!
Der Kollege, der diesen Satz ununterbrochen zu hören bekam, schenkte seiner Frau an Weihnachten einen Osterhasen. Auf ihre Frage, was das zu bedeuten habe, meinte der Gepeinigte nur: »Wenn du ihn gegen den Strich bürstest, wird ein Weihnachtsmann draus.«

Spielen Sie die Rolle wie zerschreddertes Glas!
Meine Mutter war ziemlich ratlos. Bis heute.

Zu dir fällt mir nichts ein, mach irgendwas!
Auch nett, für so was gibt es hochbezahltes Fachpersonal, welches sich Regisseur nennt.

Kommt jetzt mal von rechts!
Die Meute tobt von rechts auf die Bühne.
Nein, kommt lieber von links!
Die Meute tobt von links auf die Bühne.
Sieht beides scheiße aus, ich geh mittagessen!
Kurt Wilhelm bei den Proben zu *Romeo und Julia*.

Versuchen Sie, Ihre erotische Ausstrahlung zu zügeln!
Entweder man hat oder man hat nicht.

Spielen Sie schlanker!
Und das einem Kollegen, der 140 Kilo auf die Waage brachte.

Nehmen Sie mal das Wissen der Dinge aus Ihrem Kopf!
Hiermit würde sich bestätigen, dass der Beruf des Schauspielers nur was für Blöde ist.

Sei eine offene Wunde!
Ohne Worte

Das war ja schon ganz nett!
Ein Satz, den ich sehr liebe.

Das muss knistern!
Wenn man Fantasie hat, kann man das umsetzen.

Sei ganz einfach!
Hm ... das versucht man ja schon im normalen Leben vergeblich.

Den ersten Teil müssen Sie naiv spielen und im zweiten Teil vergessen Sie alles, was ich Ihnen zum ersten Teil gesagt habe!
Da soll man nicht schizophren werden?

Du musst bei mir ein Gefühl erzeugen, als ob ich wieder im Mutterleib wäre!
Die Kollegin hat lange gebraucht, bis sich ihr Kopfkino wieder beruhigt hatte.

Verdammt noch mal, lassen Sie mich meine Fehler doch erst mal machen!
Der arme Kollege, der ständig von seinem Regisseur unterbrochen wurde.

Ellen, du holst schon falsch Atem!
Meine Mutter wurde mit diesem Satz von Leonard Steckel schon beim ersten Wort unterbrochen.

Brecht die Verse auf!
Aha … mit einem Nussknacker?

Das sind sechsfüßige Jamben, also bedient sie auch!
Leider hatte ich als junge Schauspielerin keinen Schimmer, was Jamben (Versfuß. Na? Sind Sie jetzt schlauer?) sind und dann auch noch sechsfüßige … Als ich es endlich wusste, habe ich nie wieder Lessing gespielt.

Verzweiflung, Reue, Freude, Liebe, das alles muss sich in deinem Gesicht in dem Moment widerspiegeln!
Ein bisschen viel auf einmal.

Versuch's mal mit weniger atmen!
Zum Schluss dachten wir, die Kollegin erstickt auf offener Bühne.

Du musst glühen, Junge, du musst glühen!
Meine Mutter zu einem jungen Kollegen namens Konstantin Graudus.

Wie alles begann

Den Wunsch, Schauspielerin zu werden, habe ich nie gehegt. Ganz im Gegenteil! Ich wollte Genetikerin werden (bis ich feststellte, dass man dazu eine Menge Chemie büffeln muss), Verhaltensforscherin (na ja, Schauspielerei ist nichts anderes), Archäologin (zu viel Geschichte), bis ich aufgrund meiner schlechten Schulnoten einsehen musste, dass mir allenfalls der Weg zur Tierpflegerin offenstand (im Nachhinein betrachtet wahrscheinlich die beste Wahl). Die Schauspielerei wurde mir ja schon von meinem Großvater und meiner Mutter vorgelebt und ich hatte null Bock auf Existenzängste, 18-Stunden-Tage und das ewige Schlottern: »Wer kriegt die Rolle?«

Wenn meine Mutter nach einer viermonatigen Tournee völlig fertig nach Hause kam, nur um ihre Koffer umzupacken und sofort in die Freilichtsaison zu entschwinden, war das nicht gerade dazu angetan, die Liebe zu diesem Beruf zu schüren. Schauspieler wird man eigentlich nur, wenn man, wie in meinem Fall, zu blöd für die Schule und genetisch vorbelastet ist. Oder sich einbildet, mit seiner Kunst die Welt verändern zu können. Manche wollen einfach nur berühmt werden und eine Menge Geld verdienen (träumt weiter).

Nun wollte es der Zufall, dass meine Mutter 1973 in England den Dreiteiler *Der rote Schal* drehte und man sie in jung suchte. Was lag näher, als die Rolle mit mir zu besetzen. Ich hatte genau einen Satz, es machte Spaß, ich wurde umhegt und umpflegt, lauter nette Leute – und das Beste an der Sache, ich bekam so viel Geld dafür, dass ich mir mein lang ersehntes Mofa kaufen konnte. So einfach ging das? Genial! Ich hatte Blut geleckt. Die zweite, etwas größere Rolle ließ nicht lange auf sich warten. Diesmal hatte ich schon fünf Sätze. Das konnte man unmöglich als Arbeit bezeichnen, ich empfand es als reines Vergnügen (das hat sich später grundlegend geändert).

Mein Vater bestand darauf, dass ich Abitur machen sollte, und meine Mutter war alles andere als begeistert, dass ich mich plötzlich für die Schauspielerei zu interessieren begann. Inzwischen war ich eine holde pubertierende Sechzehnjährige und mit allen Wassern gewaschen. Da begegnete ich in der S-Bahn einer Kollegin meiner Mutter, der berühmten Cordula Trantow, die mit dem damaligen Theatergott Rudolf Noelte verheiratet war. Die beiden wohnten nur zwei Kilometer von meinem Elternhaus entfernt und man war befreundet.

Cordula betrachtete mich eingehend und sagte den folgenschweren Satz, der mein ganzes Leben verändern sollte: »Noelte sucht für seine Inszenierung des *Othello* an den Münchner Kammerspielen noch eine Desdemona, du wärst perfekt. Komm zum Vorsprechen!« Wenn meine Eltern Wind davon bekommen würden, würde sich die Hölle auftun. Also musste alles heimlich vonstattengehen. Ich klaute in der Bibliothek meiner Mutter das Reclamheftchen mit Shakespeares *Othello* und fuhr mit dem Fahrrad zu Noeltes Haus. Cordula öffnete mir die Tür und führte mich ins Wohnzimmer. Dort saß der Titan der deutschsprachigen Bühnen, vor dem alle zitterten. Wenn er jemanden engagierte, war das der Ritterschlag, dann gehörte man zur Crème de la Crème der Theaterschauspieler.

Ich erinnere mich noch an die markanten Lippen und die wässrigen blau-grauen Augen, die etwas hängenden Wangen und das graue Haar, das ihm von seinem großen Kopf abstand. Er betrachtete mich von oben bis unten und unter seinem scharfen Blick drohte mein Blut zu gefrieren. Allmählich begann ich, an dieser Idee des Theaterspielens zu zweifeln. Das sah nach harter Arbeit aus. Er gab mir zur Aufgabe, die Sterbeszene der Desdemona zu lernen, die ich dann auch auf der Probebühne vorsprechen sollte. Nachdem er mit mir zwei Stunden gearbeitet hatte, schickte er mich nach Hause. Ich hatte also mein erstes Vorsprechen ergattert.

Ich lernte die Rolle aus dem Effeff, Pech nur, dass ich meinen Bus nach München verpasste und so gezwungen war, meine Mutter um Hilfe zu bitten. Sie musste den Chauffeur für mich spielen. So flog die ganze Geschichte auf. Sie tobte! Aber sie fuhr mich.

Vorsprechen ist eine ganz grausige Angelegenheit. Ich hasse Vorsprechen! Ich bin auch nie gut, da viel zu verkrampft. Man sitzt mit all den anderen Kollegen, die auch für die Rolle in Frage kommen, in einer Art Wartezimmer. Einige beten, da sie die Miete für den nächsten Monat schon nicht mehr bezahlen können, andere wiederum sagen den Text wie ein Mantra immer und immer wieder auf, man blickt in traurige, gehetzte Augen oder in triumphierende, aber alle haben eins gemeinsam, die Hoffnung, der oder die Erwählte zu sein.

Mit meinen 16 Jahren hatte ich bisher in zwei Filmen ein paar Sätze von mir gegeben und Theater war mir, bis auf das Krippenspiel in der Schule, in dem ich aufgrund meiner langen Haare immer den Verkündigungsengel geben durfte, ein Fremdwort. Mein Name wurde aufgerufen. Ich betrat die Probebühne, einen düsteren Raum, in dessen Mitte ein Sofa stand. Im Halbdunkel konnte ich die massige Gestalt Noeltes ausmachen, der ein paar Meter vom Sofa entfernt auf einem Stuhl saß. Der Regieassistent, ein gewisser Michael Peter, sollte mir den Text von Othello einlesen. Sicherheitshalber hatte ich mein Reclamheftchen in der Hosentasche versteckt.

Wir waren nur zu dritt. Othello sollte mich auf dem Sofa meucheln. Wir legten los. Höchst dramatisch! Alles lief wunderbar. Othello holte nach einem nimmer enden wollenden Dialog endlich mit dem Dolch aus und rammte mir die Klinge zwischen die Rippen und ich begann dahinzuscheiden, um dann mit einem finalen Seufzer mein Leben auszuhauchen. Stille! Michael Peter schaute mich verwirrt an. Stille! Michael Peter schaute mich inzwischen verzweifelt an. Dann, aus dem Dunkel, das gezischte Wort: »WEITER!« Wie, weiter? Ich war tot! »WEITER!«, kam es erneut bedrohlich aus dem Halbschatten. Sollte das hier so eine Operninszenierung werden, wo die Herrschaften noch stundenlang mit dem Schwert im Herzen ihren eigenen Tod besingen? Insgeheim nenn ich das immer Kadaverarien. »Weiter!«, diesmal mit Nachdruck. Michael Peter beschloss in diesem Moment, sicherheitshalber zu verschwinden, und flüchtete türenschlagend von der Probebühne.

Nun war ich mit Noelte allein. Kampflos würde ich mich nicht geschlagen geben, schließlich war ich im Recht und tot ist tot. Ich setzte mich auf, während Noelte ganz langsam auf mich zukam. War das nun ein gutes Zeichen oder der Beginn meiner Hinrichtung? Zur Sicherheit kramte ich das Reclamheftchen hervor, um aufgrund des Textes eindeutig beweisen zu können, dass Othello mich ermordet hatte, denn der letzte Satz am Ende der Seite besagte Schwarz auf Weiß ... Othello ersticht Desdemona. Und das hatte Michael Peter ja getan. Wie sollte eine Tote dann noch weiterspielen, ohne dass es lachhaft wäre?

Trotzig zeigte ich auf den alles erklärenden Satz und begann zu argumentieren, dass erstens Michael Peter mich zwischen den Rippen getroffen hätte und man mit so einer Verletzung höchstens noch eine Minute schnaufen könne, bevor der Exitus eintritt. Das ich es zweitens als absolut lächerlich erachten würde, einen ewig dauernden Tod zu gestalten. Punkt! Ganz langsam und behutsam nahm mir Noelte das Heftchen aus der Hand, schlug die Seite um und hielt mir das Büchlein vors Gesicht. Ups ... von wegen tot ... die labern noch zwei Seiten lang, bis Othello Desdemona erwürgt und ihr damit endlich den Rest gibt.

Vielleicht hätte ich doch das ganze Stück lesen sollen, aber ich fand es stinklangweilig, und so hatte ich nur die Todesszene gelernt, wie Noelte mir aufgetragen hatte. Dieser stand indes drohend wie ein Fels über mir, hob langsam seinen rechten Arm und zeigte mit dem Finger Richtung Ausgang. Okay, ich hatte kapiert, raus, und zwar schnell. Doch bevor ich reagieren konnte, brüllte er schon los: »RAAUUUSSS, gehen Sie mir aus den Augen. SOFORT!«

Die Lautstärke war beeindruckend, aber ich war von zu Hause einiges gewohnt, allerdings hatte er auch etwas Beängstigendes in seiner Wut, und so trollte ich mich schnellstens von der Bühne, um einem weiteren Ausbruch keine Nahrung zu geben. Im Wartezimmer angelangt, starrten mich alle mit großen Augen und völlig verschüchtert an. Michael Peter schüttelte bei meinem Anblick leicht angewidert den Kopf. Ein bisschen fühlte ich mich wie die einzige Überlebende einer Naturkatastrophe.

Als ich auf die Straße trat, kam mir meine wartende Mutter entgegengeeilt. »Sag mal, warum hat Noelte denn so geschrien?« Wow ... ganz München wusste also jetzt von meinem Versagen, es war aber auch wirklich eine beeindruckende Phonzahl gewesen. Ich erklärte ihr meinen Fauxpas mit kurzen Worten und dachte, sie bekommt auf der Stelle einen Herzinfarkt. Und andererseits hätte sie doch hochzufrieden sein können, denn die Rolle war ich los.

Schweigend fuhren wir nach Hause. Am nächsten Tag klingelte das Telefon. Noelte. Meine Mutter hörte sich schweigend an, was er ihr zu sagen hatte, und das schien eine Menge zu sein. Ab und zu wechselte sie die Gesichtsfarbe und warf mir eigentümliche Blicke zu. Ohne sich zu verabschieden, legte sie schließlich auf. Dann starrte sie mich eindringlich an: »Du hast die Rolle, gratuliere!«

Doch das Schicksal hatte anderes mit mir vor. Die ganze Produktion platzte. Eine der Regieassistentinnen Noeltes, Heidi Genée, bereitete allerdings ihren ersten Film vor, *Grete Minde*, eine Fontane-Verfilmung. Sie hatte die Hauptrolle schon besetzt, aber Noelte intervenierte für mich und so lud sie mich zu einem Casting ein. Gesucht wurde eine feurige Spanierin, ich dagegen hatte grüne Augen und rötliche Haare, also nicht gerade die Punktbesetzung. Meine Eltern waren bei den Probeaufnahmen anwesend und meine Mutter erzählte mir später, dass mein Vater, als ich die Szene zu Ende gespielt hatte, sagte: »Tja, Ellen, das können wir wohl nicht mehr verhindern, dazu ist sie zu begabt.«

Ich bekam die Rolle, der Film wurde auf der Berlinale mit dem Silbernen Bären ausgezeichnet und ich mit einem Bambi. Was habe ich daraus gelernt? Erstens: Ich habe nicht immer recht. Zweitens: Ich sollte immer das ganze Stück lesen (zu meiner Schande muss ich gestehen, mich nicht daran gehalten zu haben). Drittens: Karrieren bestehen aus Zufall, Glück, dem richtigen Zeitpunkt, und wenn noch ein Quantum Begabung mitspielt – umso besser.

So viel ich auch gedreht habe, meine Liebe hat immer der Bühne gehört, der Kaiserdisziplin. Danke an all die wunderbaren Schauspieler und Regisseure, die mir ihr Wissen vermittelt haben. Noelte, der mir den Satz eingehämmert hat: »Denken, fühlen, sprechen.« Meiner Mutter, die mir die Sprechtechnik eintrichterte: »Töni*ch*«, »weni*ch*« anstatt das bayrische »König« oder »wenig«, und danke Cordula Trantow. Wenn du mich nicht angesprochen hättest, würde ich mich heute in einem Zoo um die Nilpferde kümmern.

Danksagungen

Mein Dank gilt:

Meinem Verlag MVG, jung und dynamisch, allen voran Oliver Kuhn, Birgit Sander und Julian Nebel.

Meiner Lektorin Antje Steinhäuser. Alles eine Vertrauens- und Intelligenzsache! Es ist mir immer wieder eine Freude. Man fühlt sich aufgehoben und geliebt.

Meiner Agentin Dagmar Konsalik, die wie immer das Heft in der Hand hält.

Meinem Mann Jochen, der mich mit Sätzen wie »Jetzt unterbrich mal kurz, meine Sachen sind wichtiger!« zur Höchstform gepeitscht hat.

Meiner PR-Agentin (Zierer Communication) und Freundin Annette Zierer, immer zur Stelle, wenn man sie braucht.

Meinen Testlesern, die sich durch eine Flut von E-Mails lesen mussten. Dr. Claudia Kunkel, Christine Westenhoff, Margit Maurer, Dr. Susi Weyerstahl, HarDy, Renate Dietrich und Dr. Günter Dangela. Nur mal so am Rande ... ich vertrage Kritik.

Milton James und Carsten Greb, meinen Computergenies ... ich hasse Computer!

Stefan Elmshäuser (XSEL) ... du weißt, warum.

Meiner Familie im Allgemeinen ... Michi, Ela und speziell meiner Tochter Josie, du machst mich jeden Tag stolz (@Yoga_Mami) ... plus der ganze Anhang.

Meiner Facebook-Gemeinde, ich hab euch auch lieb.

Meiner Volksschullehrerin Frau Gleich, die meinen ersten Erlebnisaufsatz »Eine Schneeballschlacht« mit einer Eins plus bewertet und mich ermutigt hat weiterzuschreiben. So wichtig und zukunftsweisend sind gute Lehrkörper! (Okay, dazwischen war ich ein paar Jahre Schauspielerin.)

Ein ganz spezieller Dank geht an meine Leser! Jeden einzelnen könnte ich knutschen.

Natürlich darf die Mannschaft nicht fehlen!

Meine Technikercrew ... Gert Piller, Michael Merkel, Marcus Halbig, Christian Vosswinkel ... ich verneige mich vor euch!

Die Schauspieler, die dem Ensemble immer die Treue gehalten haben ... Holger Schwiers, Jürgen Bauer, Ingo Neise, Eva Röder, Günter Hörner, Ingrid Stein, Liza Riemann, Lesley Higl, Thomas Ney, Caro Hetényi, Frank Hangen, Magda Kropiunig, Dirk Bender, Hagen Marks, Josefine Merkatz, Markus Maria Winkler, Jost Heider, um nur einige zu nennen.

Alle diese Schauspieler haben mehrfach für uns auf der Bühne gestanden und wir haben uns immer noch gern, das spricht für sich!

Das Team im Hintergrund: Lilo Schöttler, immer hilfreich an der Seite meiner Mutter. Christiane Goeke, die der gute Geist des Ensembles war, und Andrea Schwiers, die wie ein Wirbelwind durchs Büro gefahren ist und mir eine wunderbare Agentin (Drolerie) für meine Kabarettaufführungen war.

Dank an alle Kulturreferenten, die uns über Jahre die Treue gehalten haben.

Und
last, not least
dem Publikum!